江苏省基础教育前瞻性教学改革实验项目（重大研究项目）
"物型课程建设的研究与推广"成果系列丛书

# 蕊春物语
## 物型课程的探索与实践

王笑梅　蒋晓飞　朱国忠　著

东南大学出版社
SOUTHEAST UNIVERSITY PRESS
·南京·

## 图书在版编目（CIP）数据

蕊春物语：物型课程的探索与实践 / 王笑梅等著. —南京：东南大学出版社, 2020.11

（江苏省基础教育前瞻性教学改革实验项目（重大研究项目）"物型课程建设的研究与推广"成果系列丛书）

ISBN 978-7-5641-9164-1

Ⅰ.①蕊… Ⅱ.①王… Ⅲ.①课程－教学研究－中小学 Ⅳ.① G632.3

中国版本图书馆 CIP 数据核字（2020）第 201635 号

## 蕊春物语　物型课程的探索与实践

Ruichun Wuyu Wuxing Kecheng De Tansuo Yu Shijian

| 著　　者 | 王笑梅　蒋晓飞　朱国忠 | 责任编辑 | 陈　跃 |
|---|---|---|---|
| 电　　话 | 025-83795627 | 电子邮箱 | chenyue58@sohu.com |
| 出版发行 | 东南大学出版社 | 出 版 人 | 江建中 |
| 地　　址 | 南京市四牌楼 2 号 | 邮　　编 | 210096 |
| 销售电话 | （025）83794121/83795801 | | |
| 网　　址 | http://www.seupress.com | | |
| 经　　销 | 全国各地新华书店 | 印　　刷 | 南京迅驰彩色印刷有限公司 |
| 开　　本 | 700 mm × 1000 mm　1/16 | 印　　张 | 19.75 |
| 字　　数 | 379千字 | | |
| 版 印 次 | 2020 年 11 月第 1 版　2020 年 11 月第 1 次印刷 | | |
| 书　　号 | ISBN 978-7-5641-9164-1 | | |
| 定　　价 | 70.00元 | | |

\*本社图书若有印装质量问题，请直接与营销部联系。电话：025-83791830。

《江苏省基础教育前瞻性教学改革实验项目（重大研究项目）
"物型课程建设的研究与推广"成果系列丛书》

编委会主任：孙其华　马　斌

主　　　编：陈瑞昌　陈　宁

编委会成员：林慧敏　王笑梅　庄惠芬　刘　慧
　　　　　　陈燕飞　储昌楼　刘湉祎　孙陆培

《蕊春物语　物型课程的探索与实践》

著　　　者：王笑梅　蒋晓飞　朱国忠

# 总 序

教育理念作为一定历史时期人们对教育发展的理性认识，体现了教育的价值取向和理想追求，是教育改革发展的重要价值引领和实践导向。

在过去数十年中，伴随着教育理念的变革，全球教育正在经历一场"范式转换"的革命。20世纪70年代开始，西方的教育科学研究由探究普适性的教育规律转向寻求情景化的教育意义。课程研究开始超越以"泰勒原理"为典型代表的具有工具理性主义取向的"课程开发范式"转向"课程理解范式"，对课程的理解不再简单定义为"跑道"，而是转为一种多元的"文本"，对教学的研究亦走出教育心理学的单一视域，"开始运用多学科的'话语'来解读教学的无尽意义"。育人模式从封闭式的知识传授系统转向以"素养中心、能力中心、学生中心"为特征的开放式的学习社区。

20世纪80年代开始，中国教育也拉开了现代化的序幕，教育范式从"应试教育"转向"素质教育"、课程范式从"灌输传递"转向"对话中心"，教育思潮从"教师中心"转向"儿童中心"再到"双主体"……教育现代化在学者的争鸣论辩、国家方案的迭代更新和教育实践的持续检验中深入推进。情境教育、跨学科课程、主题学习课程及体验式学习、浸润式学习等得到广泛实践，课程多样化渐成常态。

物型课程正是在时代内涵充分发展与教育范式转型变革的历史背景下，由江苏教育人进行的一次前瞻性理念探索与创新性教育实践。它历经了近7年的实践探索与理论推演。

2013年12月4日，时任省教育厅基教处处长马斌在《江苏教育报》发表了《物型课程：环境育人的新维度》一文，首次明确了物型课程的概念，并从"四个空间"进行了阐述。2016年6月，《江苏教育报》连续刊发物型课程系列文章，进一步阐发了物型课程的内涵、具体表现和实施途径，省内外多家媒体予以转载。2017年7月，省教育厅文件《关于启动实施江苏省中小学省品格提升工程的通知》（苏教基〔2017〕4号）中明确提出：重视全过程的校园物型课程建设，体现物态造型的教育价值、课程意识、学科文化、人文寓意和学生身心需求。2018年6月1日，由江苏教育报刊总社牵头实施的"物型课程建设的研究与推广"被批准为江苏省基础教育前瞻性教学改革实验项目（重大研究项目）。从理论研究层面，教育部原副部长王湛，江苏省委教育工委副书记苏春海、徐子敏，江苏省教科院副院长王国强，知名教育专家杨九俊、成尚荣、彭钢、倪娟、操太圣等对物型课程的基本内涵、理论架构、实践原则等进行了专业指导。专家们认为，物型课程拓展了优质教育的内涵，拓展了发展素质教育的空间，拓展了深化课程改革的路径；物型课程是教育媒介功能价值的再发现，是对传统教育观念、课程模式、教学方式的再突破，是在新的时代背景下实现教育根本任务新路径新方式的新探索；物型课程项目为推动基础教育改革和江苏教育现代化开拓了新场域，贡献了新方案，探索了新经验；物型课程体现的最为重大的意义就是由物关联起学校全部的生活意义、价值所在，让学生从认识物体到探究物体最后转为对物的创造力，由此建构起课程；要从建筑美学的角度去理解优美的校园环境的特征和基本元素，由美学主客体间的对话，产生独特的体验、认知和情感，形成与显性课堂教学的功能互补。

在项目运作过程中，江苏教育报刊总社充分发挥媒体平台和组织优势，建构了以设区市执行学校为核心，中小幼各学段基地学校为主体的行动方阵，形成了执行学校、基地学校分层研建推进，五大区域研建联盟合作的立体化研建网络。同时，由全国、省知名学者，教育专业媒体专家，基础教育研究领域专家，及一线校长、骨干教师组成项目研究的专业团队，为项目实施提供专业保障。江苏一大批名校名师参与到物型课程研建之中。项目研建始终坚持"贴近学校现场的实证研究与基于证据的教育思考"，在区域调研、区域研讨和学校行动研究中不断开展概念反思、逻辑反思和实践反思，致力于结构更为丰满系统的课程形态与结构，物型课程研究成果不断涌现，截至2020年9月，《人民教育》《江苏教育》《江苏教育报》等媒体以专栏、专版的形式，刊载了近40篇物型课程研究文章。项目组分别在张家港市实验小学、淮安市周恩来红军小学、常州市武进区星河实验小学、阜宁师范学校附属小学、南通市通州区实验小学、南京市金陵中学河西分校举办了物型课程专题研讨活动，形成了在实践研讨中实现理念推进升华的双螺旋式的理论建构路径。

学校空间变革—场馆建设—课程建构—教与学方式演进—儿童学习意义重构……从立项到研建推进的两年时间里，项目组逐步形成了自己的理念架构。在物型课程的概念界定上，我们认为物型课程是以物为载体，以型为着力点，以学习者能力素养提升与意义建构为核心的综合化课程体系，是学校物质空间教育意蕴的总体设计和综合育人载体，是国家整体教育观统领下的校本课程探索与实践。物型课程从中国古代的格物致知思想、马克思主义唯物史观、现代建构主义环境理论中汲取教育智慧，充分挖掘"物"的教育意蕴，开发覆盖整座校园的课程资源、物型育人模式具有"以物育人""在场学习""全域学习生态""文化塑形""智慧情境探究"等特征，重点培养学生5种能力——"物道"，即道德养成；"物理"，即学习能力；"物情"，即人格情感；"物趣"，即审美能力；"物行"，即实践能力。

物型课程超越传统的环境课程和学科课程，整合教育、建筑、文化等资源，形成贯通办学理念、历史、特色的综合课程，也是符号性的个性化校园课程。物型课程通过空间形态、学习方式的深度革新来全面升级校园建筑设施的教育意蕴，升级学习空间及其价值，实现主体赋权，它试图建构一种全新的学习系统，整个校园就是一个"活着"的学习系统，它提供一个全域的生长的学习情境系统，使学习者置身于真实生活，置身于本原世界，通过手脑体验感知、智慧情境互动等新型教育方式，在元认知层面实现主体知识建构与意义生成。公共教育系统负责提供主体教育资源支持，学习者在全域学习系统中获取智慧给养，建构深度认知，其创造性发现与探究亦可为全域学习系统不断带来新的生长点。由此，物型课程建构着一种公共教育体系与个体学习方式有机融合、系统生长的新型教育生态。

教育理念的产生与演绎始终是在教育实践的土壤中生发的，也必然离不开教育实践的历史检验。但凡真正有历史价值的教育理念，无不遵循这样的发展规律——由教育实践产生教育命题，由教育命题产生教育概念，由教育概念推演教育命题，由教育命题指导教育实践，这是一个循环往复、螺旋上升的过程。物型理念的产生发展就遵循这样的逻辑。相应的，作为《江苏省基础教育前瞻性教学改革实验项目（重大研究项目）"物型课程建设的研究与推广"成果系列丛书》，在结构方面也必然遵循这样的基本逻辑。《物型课程 理论探索与实践路径》是项目整体理论体系与实践框架，《蕊春物语 物型课程的探索与实践》《教育与设计 物型课程场馆建设的维度》《物型课程 教育的空间诗学》《物型课程 打开创想城里的儿童学习》4本专著分别从课程范式研究、场馆设计与课程建构、教育的空间变革、未来学习方式转型等维度对物型课程进行了全方位解读。其理论内核紧密相关，呈现维度各自不同，既可以相互印证，又得以相互补充，五位一体共同构成物型理念与实践的开放、多元化系统。

当然，我们非常清楚地认知到，尽管物型课程是在传统优秀文化和教育智慧结晶中不断孕育生长的系统，它充盈着丰富的活力和可能，但它还处于理论体系和实践形态的雏形阶段，仍然不尽完善，其存在或超越唯有赖于长期教育实践的历史检验。

我们所探索的课程变革和共同期待的物型未来，是为着推动教育现代化迈进更深刻细致的内涵，为着每一所校园更充实教育意蕴，为着每一个生命更全面发展，愿我们终将相会于这样的时空。谨以此套丛书的出版作为2020年的一次见证。

孙其华

（江苏教育报刊总社党委书记、社长，

江苏省教育厅教育宣传中心主任，编审，教育学博士）

# 目 录

第一章　溯源：蕊春物型课程的本地文化 …………………………………… 001

第一节　蕊春物型课程与江海文化 ……………………………………………… 002

一、江海文化改造蕊春物型课程的园林图 …………………………………… 002

二、江海文化提供蕊春物型课程的嬉乐场 …………………………………… 003

三、江海文化打造蕊春物型课程的研究室 …………………………………… 004

第二节　蕊春物型课程与实小文化 ……………………………………………… 005

一、实小文化是一种饱含意蕴的物型文化 …………………………………… 007

二、实小文化是一种以学愈愚的物型文化 …………………………………… 007

三、实小文化是一种人淡如菊的物型文化 …………………………………… 008

四、实小文化是一种养护诗心的物型文化 …………………………………… 009

第三节　蕊春物型课程与生命化校园建构 ……………………………………… 010

一、从校本课程到物型课程，为校园建构引灌儿童生命的发展性潜力

　　………………………………………………………………………………… 011

二、从物态园林到文化意象，让校园成为儿童生命的审美情境场 ………… 012

三、从自然观察到课程建设，让教育过程成为儿童生命的审美历程 ……… 014

## 第二章 唤醒：蕊春物型课程的新理念 016

### 第一节 物型与儿童 016
一、铺展儿童的嬉乐园 017
二、舒展儿童的生命态 019
三、丰展儿童的学习场 020

### 第二节 物型与生命 023
一、唤醒生命的感官 023
二、舒展生命的姿态 026
三、激发生命的灵性 029

### 第三节 物型与学习 031
一、指向"高感性智慧"：物型课程，人工智能时代的"自然"选择 031
二、成全"有机学习"：物型课程，学习意蕴重构的"童样"宇宙 032
三、追求"神与物游"：物型课程，构建儿童学习的"超然"境界 035

## 第三章 蕊春物型课程的三维模型 037

### 第一节 "参与—关联—创生—合一"模型 038
一、参与：创设真实情境让学习者悦纳 038
二、关联：勾连学习要素让学习者沉浸 038
三、创生：激发意义建构让知识迁移 039
四、合一：引领主旨回归让性灵同生长 040

### 第二节 "亲物—话物—融物—明物"模型 041
一、亲物：身体在场 041
二、话物：对话在场 042

　　　　三、融物：情感在场 ················································· 043

　　　　四、明物：发现在场 ················································· 043

　第三节　"审美—怡情—明德—生智"模型 ································· 044

　　　　一、审美："物趣"和融，赏天地大美 ······························· 044

　　　　二、怡情："物情"共生，塑人格情感 ······························· 045

　　　　三、明德："物道"启迪，养道德品性 ······························· 046

　　　　四、生智："物理"引领，长学习能力 ······························· 046

第四章　创生：蕊春物型课程的开发模式与运行策略 ························· 048

　第一节　合作开发模式 ······················································· 049

　　　　一、教育行政与学校合作模式 ········································· 050

　　　　二、研究机构与学校合作模式 ········································· 050

　　　　三、执行学校与学校合作模式 ········································· 051

　　　　四、学校学科与学科合作模式 ········································· 051

　　　　五、领衔人与教师合作模式 ··········································· 051

　第二节　运行策略 ··························································· 052

　　　　一、打开：原型生发策略 ············································· 054

　　　　二、打通：群落开发策略 ············································· 060

第五章　铺展：蕊春物型课程的校本化群落开发 ······························· 066

　第一节　蕊春园的课程化：铺展成具有"创美"风格的"实景课程群" ········· 067

　　　　一、清风云影课程群 ················································· 067

　　　　二、草木四季课程群 ················································· 071

　　　　三、"比德花草"课程 ··············································· 076

　　　　四、"连环水道"课程群 ············································· 079

　　　　　　五、"步道广场"课程群 ································· 085

第二节　课程群的生态化：建设成具有"丰美"体征的"复合资源带" ········· 089

　　　　　　一、"桂林山水"资源带 ································· 089

　　　　　　二、"国色天香"资源带 ································· 092

　　　　　　三、"蕊春诗路"资源带 ································· 097

　　　　　　四、"四时君子"资源带 ································· 103

　　　　　　五、"本草纲目"资源带 ································· 107

第三节　资源带的自选化：打造成具有"灵美"特质的"彩色工作坊" ········· 114

　　　　　　一、江海蓝印工作坊 ··································· 114

　　　　　　二、节日红灯工作坊 ··································· 119

　　　　　　三、四时绿玩工作坊 ··································· 123

**第六章　统整：蕊春物型课程的学科新视野** ································· 128

第一节　蕊春物型课程与以美育德 ········································· 129

　　　　　　一、以草木山石之美，认识德性 ························· 129

　　　　　　二、以人文景观之美，体悟德性 ························· 130

　　　　　　三、以四季气象之美，熏染德性 ························· 131

　　　　　　四、以习耕劳作之美，践行德性 ························· 132

第二节　蕊春物型课程与田园嬉乐语文 ····································· 133

　　　　　　一、田园嬉乐语文重视以"绿色田园物型"建设"童样学习空间" ····· 134

　　　　　　二、绿色语文重视导入"全语田园物型"发展"完形观察力" ······· 135

　　　　　　三、田园嬉乐语文重视以"田园嬉乐活动"生长"童年作文" ······· 137

第三节　蕊春物型课程与人文数学 ········································· 138

　　　　　　一、物型课程与数学学习 ······························· 138

　　　　　　二、人文数学让物型止于至善 ························· 142

| 第四节 | 蕊春物型课程与全感英语 | 146 |
| --- | --- | --- |
| | 一、激活全时空的物感 | 146 |
| | 二、生长全意义的物感 | 150 |
| | 三、创获全艺术的物感 | 151 |
| 第五节 | 蕊春物型课程与"我锻炼" | 155 |
| | 一、蕊春物型课程中的"我锻炼"内涵 | 155 |
| | 二、蕊春物型课程中的"我锻炼"内容 | 156 |
| | 三、蕊春物型课程中的"我锻炼"载体 | 156 |
| | 四、蕊春物型课程中的"我锻炼"策略 | 157 |
| | 五、蕊春物型课程中的"我锻炼"追问 | 159 |
| 第六节 | 蕊春物型课程与南通非遗艺术 | 160 |
| | 一、以物连古今：南通非遗艺术跨时空的本域课程 | 161 |
| | 二、以物生创意：南通非遗艺术追求生长的统整教学 | 163 |
| | 三、以物呈朴美：南通非遗艺术浸入生活的本味展示 | 168 |
| 第七节 | 蕊春物型课程与新劳动教育 | 170 |
| | 一、"性本爱丘山"——基于物型课程的劳动教育载体设计 | 171 |
| | 二、"悠然见南山"——"山水田园"劳动课程的目标和体系 | 172 |
| | 三、"采菊东篱下"——"山水田园"融创劳动教育新样态 | 175 |
| | 四、"但使愿无违"——"山水田园"物型价值的彰显 | 176 |
| 第八节 | 蕊春物型课程与科学PDC | 178 |
| | 一、以三趣项目照亮科学精神：科学PDC蕊春物型课程的原型力 | 179 |
| | 二、以审美力量拉动科学项目：科学PDC蕊春物型课程的实践力 | 181 |
| | 三、以全态物型激发科学潜能：科学PDC蕊春物型课程的核心力 | 184 |

## 第七章　参与："蕊春物型"课程范式的童心美学 … 186

### 第一节　一级参与：亲物赏美 … 186
一、具身体验，享受斑斓诗意世界 … 187
二、涵养诗心，提升绿色审美能力 … 187
三、格物致知，进入物我同一境界 … 188

### 第二节　二级参与：植物种美 … 189
一、走进田间地头，赏自然之美 … 189
二、尝试种植体验，学技术之美 … 190
三、实践一米菜园，品耕种之美 … 191

### 第三节　三级参与：化物创美 … 192
一、化物以合其物性 … 193
二、深度参与以化物 … 193
三、化物指向创美 … 194

### 第四节　四级参与：融物合美 … 195

## 第八章　关联：蕊春物型课程的活动设计 … 198

### 第一节　因地嬉游：田园综合体关联活动 … 199
一、苇海听音 … 200
二、农场耕织 … 203

### 第二节　适时布设：老江海制作型活动 … 207
一、元宵灯会 … 207
二、兔儿灯 … 219
三、巧手做香袋 … 222
四、粽子 … 224
五、蛋画 … 227

第三节　体味自然：蕊春物型课程的直用案例 ……………………………… 230
 一、蕊春之紫薇 …………………………………………………………… 230
 二、蕊春之虫趣——诗化童年：激发孩子的一百种语言 …………… 234
 三、蕊春之乐手——蟋蟀 ………………………………………………… 241
 四、蕊春之雪趣——"数雪"时光妙趣课程案例 ……………………… 244
 五、蕊春之步道——"数学实景探究"课程案例 ……………………… 249
 六、蕊春之寻宝 …………………………………………………………… 251
 七、蕊春之楹联——以"蕊春文化"楹联课程建构为例 …………… 254
 八、蕊春之圈层 …………………………………………………………… 259
 九、蕊春之豆趣——"飞舞的豆豆"儿童诗教学漫谈 ……………… 263
 十、蕊春之影趣 …………………………………………………………… 273
 十一、蕊春之纸趣——"小蔡伦"古法造纸物型课程开发 ………… 281
 十二、蕊春之南山水趣 …………………………………………………… 286

**后　记** ……………………………………………………………………………… 293

# 第一章　溯源：蕊春物型课程的本地文化

一方水土养一方人，一方文化育一方文明。所有的生命，经过浓郁的本土文化的耳濡目染，也就逐渐形成有别于其他地区个体的独特的精神面貌与外在气质。

南通，万里长江从这里奔腾入海，浩瀚的大海又在这里与大江拥抱，江涛海浪，无际无涯，雄伟壮阔的景象给人心灵带来的震撼和启迪是无与伦比的。沐浴江风海浪，江海精神、江海品格早就融入了南通儿女的血液中，成为他们共同的理念、情操、规范和价值取向。南通独特的自然地理环境，是南通文化生成的根基，也是南通成为"教育之乡"的育人根基。

天下无一物无礼乐。教育是基于物质、超越物质的人的精神和灵魂的再造。南通很美，滨江临海，钟灵毓秀，人杰地灵。江海文化的源远流长、丰富多彩都化作一幅幅动人的画卷，成为南通教育的资源，成为南通人成长的基础性土壤，是学校教育容易接近的现实情境。

学校在窗外。南通市通州区实验小学物型课程建设结合江海文化的核心要素，带领学生从校园走向江海大地，引导学生目视之、耳闻之、心触之；再从江海大地走进校园，汲取江海精神、江海文化之精髓，挖掘、审视、传承和完善学校文化，开展"生命化校园"的实践和探索，把学生带向更深远、更广阔的文化空间，让学校物型课程与江海文化有机融合，让本土文化资源走进学生的课堂。引领学生置身于本土文化,开展儿童化的创造学习,这是学校教育走向"未来教育"的必经之路。

# 第一节 蕊春物型课程与江海文化

南通东抵黄海,南望长江,与上海、苏州灯火相邀,西、北与泰州、盐城接壤,"据江海之会、扼南北之喉",集"黄金海岸"与"黄金水道"优势于一身。襟江负海,聚沙成陆,长江文化与海洋文化的碰撞交汇,孕育了丰富繁荣的地域文化——江海文化。

这充满灵性的江海文化为学校课程的建构与开发提供了丰富的资源。习总书记说:"中华文化是我们民族的'根'和'魂'。"作为江苏省物型课程项目学校,南通市通州区实验小学努力解读江海文化的物型密码,在江海文化中寻找与当下课程建设相匹配的文化基因。

## 一、江海文化改造蕊春物型课程的园林图

江海文化内蕴丰厚,给蕊春物型课程的开发奠定了基础。在江海大地上有一座著名的园林——水绘园。水绘园是江南才子冒辟疆与秦淮佳丽董小宛曾栖隐过的园林,是我国江南园林建筑的孤本代表,是我国

众多名园之中一处出类拔萃的典范，是江海平原上一颗璀璨的明珠。通州区实验小学在水绘园以水为贵、倒影为佳的基础上，将学校的百年园林——蕊春园进行了整体改造，在原先的葫芦池中安装水循环系统，种上各种水生植物，放入锦鲤；用山，用水，用亭台楼阁，用曲回廊道，用一切美好的心意造园；用花，用草，用桃李遍地，用姹紫嫣红，用一切美好的事物造境；用鸟儿，用鱼儿，用秋虫鸣啾，用冬雪清幽……通过美好的事物让孩子找到诗意的栖居。

学校还在园子里种上了能够在南通地区生长的近一百种植物，整个园林就是一座天然的植物园。我们着力打造了香樟林、海棠园、梅园、菊圃、水生植物园等近20个主题园。课间休憩抑或是晨间漫步时，孩子们置身林间，可以认识、观赏、熟悉多种植物的名称和生活习性，园子成为一本立体的自然读本。蕊春园成为"有意义感""有生命"的物型情境，物型文化成为孩子们抬头可见的"温情关注"。丰富审美经验，培养审美情趣，推动审美生成，增容审美现量，让一山一水、一草一木、一花一树，在实小校园里成像、成型、成景。

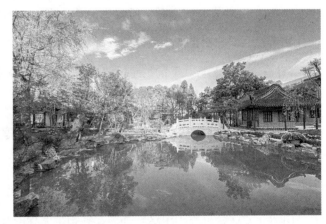

## 二、江海文化提供蕊春物型课程的嬉乐场

江海文化的旅游资源为蕊春物型课程的开发提供了丰富多彩的嬉乐场。被称为"江海第一山""全国八小佛教名山"的狼山和军山、剑山、马鞍山、黄泥山（包括啬园）合称狼山风景名胜区，是江苏省省级风景名胜区。这几座山虽不甚高，但在一马平川的江海平原上，却十分引人注目。它们玲珑娇小，秀丽多姿，千百年来，

为多少文人墨客所赞颂。环绕南通老城区的濠河是国内保留最为完整且位于城市中心的古护城河，距今有千余年的历史，是国内仅存的四条古护城河之一。它形如葫芦，宛如珠链，被誉为南通城的"翡翠项链"，是国家5A级旅游景区。

物型课程重在情境化的生成性知识。因此，在蕊春物型课程的实施过程中，狼山、濠河、金蛤岛等景区就为儿童的物型课程学习提供了一个嬉乐场。儿童在其间嬉游、奔跑、跳跃，所有的学习都在实践中真实地发生。著名现象学哲学家梅洛·庞蒂认为，人通过身体认识世界，身体是人认知世界的通道，身体知觉具有认识世界的能力。对儿童来说，触觉、视觉、听觉、味觉、嗅觉等感官运动的过程就是其认识过程和思考过程，儿童只有从看到、听到、感到、闻到、触摸到他们所想了解的事物入手，才能对事物有全面而深刻的认识。

江海文化所孕育的文明、所提供的嬉乐场为物型课程提供了诗意的环境，从而让儿童对感知的对象产生浓厚的兴趣，其乐融融、乐此不疲、积极愉悦、情不自禁，"专注、入迷、喜欢"的情感体验让活动本身变得迷人有趣。

## 三、江海文化打造蕊春物型课程的研究室

江海文化传承了独特的地域文明，使得南通教育首屈一指，南通建筑名扬四方，南通非遗饮誉世界……这些都为蕊春物型课程的开发提供了非常好的资源。我们带儿童走进南通博物馆，在一张张老照片里，在一个个老物件里探寻南通教育的发展轨迹；我们带儿童走进一座座园林，破译廊道设计的密码，领会建筑的文化意义。我们还近距离选择"乡土资源"：走近南通非遗文化。儿童在老师们的引导下先期阅读《南通文化研究》等书籍，遍访南通地区的非遗传人，全力寻找符合传承优秀传统文化标准的课程资源，把南通板鹞风筝、南通仿真绣、通州蓝印花布、南通剪纸、南通木版年画、南通木偶等六项非遗项目，作为蕊春物型课程开发的重要资源，通过激发儿童对南通地域文化的认同感和历史责任感，探寻南通文化艺术古

老的生命记忆，传承最原生态的文化基因。

博物馆、非遗工坊、老街……这些都成了蕊春物型课程的研究室，在这里，所有的学习都通过任务和项目的方式呈现，使课程成为愉快的邀约，学习过程成为一次次美的探索。多维交互的空间，让孩子在物境中手脑并用，帮助学习者与真实世界产生联结，通过激发学习者主动创造的热情，使知识不再是驻留，而是镶嵌在儿童的生命中。

## 第二节　蕊春物型课程与实小文化

未来世界的竞争，不仅是人与人、人与国家的竞争，更是人与科技的竞争。人类超越机器的，在于体验，在于审美，在于创造。纪伯伦说："人生为美而来。"木心说："没有审美力是绝症，知识也解救不了。"人的本质的最高实现，就是自由的实现，就是美的创造。

物型课程，为儿童发现美、感受美、传播美，提供了触手可及的舞台。

儿童的学习是怎么发生的？什么是儿童有意义的学习？关于学习的意义美国，哈佛大学零点项目主持人戴维是这么阐述的——"也许，我们需要一种更具有未来智慧的教育视角，在复杂而多变的世界努力培养人的好奇心、启发人的智慧、增进人的自主性和责任感，引导学生积极地、广泛地、有远见地追寻有意义的学习。"物型课程，恰是一种基于情境、指向未来、综合整体、关乎审美和道德的有意义的学习。

物型课程是一种场域，是超越单一的知识、概念符号、公式文字的另一种存在，在物型课程的学习中，儿童打开感官，实现了身体在场、对话在场、情感在场和发现在场。物型课程延展了儿童学习的广度、深度，改变了儿童学习的形态与质态，赋予了儿童学习的温暖与美丽，引领儿童学习的主旨与归宿。在这样的框架下，儿童将在学习过程中经历"物是物""物是我""物非物"的境界超越，与物相宜、忘情融物。

物型课程让儿童身体在场，孩子们用自己的眼睛去观察，用自己的耳朵去倾听，用自己的嘴巴去说话，用自己的双手去操作，用自己的身体去接触，现场学习、体验学习、做中学、玩中学、手脑合一，使做中学成为常态。

物型课程通过对话交互式学习使知识增值，通过任务群、项目化、主题性、跨学科的方式进行，在彼此的合作中，孩子们感觉自己是在共同创造有意义的东西，是在创造一种团体共同学习的经历和体验，学习成为一种交互活动，合作成为生命的日常情态。

这一切，让儿童的心理参与成为自发的本能，情绪色彩成为主动的外显，专注

和投入成为水到渠成的自我需求。

物是一个多棱镜，会呈现理解的多样性。物型情境，构建在真实的物境和问题中进行学习的认知路径。物型课程，有利于儿童站在自己的视角，拥有独特的生命发现，使学习由表层知识进入深层知识，去发现学习之真、之善、之美；去感受探索之神、之韵、之情、之趣。

## 一、实小文化是一种饱含意蕴的物型文化

在物型课程的理念下，学校的一草一木、一砖一瓦都成为学校的课程资源及知识场。在学校的蕊春园里，亭榭楼阁、花草藤木被赋予了课程的指向，具有了教育的意蕴。校园里的每一条小径都化作了跳跃的诗行，每一扇窗户后面都掩藏着动人的画卷，每一缕微风拂过都会奏出清越的交响。物型课程让百年校园拥有了崭新的气象。

作为一所百年老校，要想努力建构美丽和诗意的物态环境，除了表面的物境，更需要内在的理念张力，需要浑厚的文化支撑。

## 二、实小文化是一种以学愈愚的物型文化

实小文化，源远流长，积淀久远。早在清末状元孙儆建校之初，张謇先生就赠字匾一块，上书"以学愈愚"四字，悬挂于校园"鞠寿堂"内，后来"以学愈愚"就被选作实验小学的校训，这既是对实验小学百年文化积淀的传承，更是对

未来发展的重新建构与定位。以学愈愚：愚丛杂草，惰怠则愚，止学是愚；愚可以愈，格物致知，勤学愈愚；恶愚爱智，明澈为高，祛愚为乐；远愚亲善，学以养心，脱愚达圣。

在新的时期，"以学愈愚"更被赋予了新的解读：校园要发挥师生生命的整体性和个体发展的主体作用，使他们成为更真实、更自由的具有主体道德力量的人；要按照人生命成长、发展的规律和社会需求实施教育与培养，更有效地践行全人教育，加速教师的个人专业成长；其终极目标是培养、构建健全的人格，充分开发人的生命潜能、培养人生智慧，为师生提高生命质量和实现终身幸福奠定基础。物型课程的物境陶冶、性情熏染，更为"以学愈愚"的校训提供了更多解读的空间与角度。

## 三、实小文化是一种人淡如菊的物型文化

学校是一个美丽的地方。学校是一个温暖的、明媚的，只要心中想起就充满无比愉悦、无限向往的地方。学校的美丽体现在校园物态的美丽诗意。实验小学的大门口，有着两幅巨型菊花地雕，给人无比厚实的笃定感。实小校园内的蕊春园里，有一条青石路，路上嵌有王羲之、米芾等著名书法家书写的九个"菊"字，这九个"菊"字，分别由楷书、行书、隶书、草书等多种字体写成，这条青石路被命名为"菊径"，与校门口的地雕以及校园内无处不在的"菊"文化遥相呼应。

自 1982 年 8 月 20 日南通市第七届人民代表大会第十六次常委会议通过关于以广玉兰为南通市市树、菊花为南通市市花的决定以来，菊花就成为南通人最为喜爱的花卉之一，其"花中四君子之一"的美誉，使它在美丽外形之外，更多了一层精神内核。史料记载，学校创办之初，第一任美术老师兼园艺师张謇在园里栽种了几

百种菊花引得众人来观赏。清末状元张謇、国学大师王国维等文人墨客都曾到园中相约赏菊。菊花傲雪凌霜、不逢迎的高尚品格,被竞相称颂。漫步于校园内,行走于"菊径",仿佛置身于中国数千年的文化长河之中,眸光与灵魂同时受到洗礼。

菊文化对实小的浸润与沉淀,使其成为物型课程中不可或缺的重要一环。

## 四、实小文化是一种养护诗心的物型文化

王阳明说:"大抵童子之情,乐嬉游而惮拘检,如草木之始萌芽,舒畅之则条达,摧挠之则衰痿。今教童子,必使其趋向鼓舞,中心喜悦,则其进自不能已。"儿童是天生的游戏者,好奇、贪玩,都是儿童的天性,是儿童生态性的表现。在传统的作文教学中,教师用枯燥的章法技巧讲解和大量的空洞命题来塞满他们的写作教程,导致孩子的天性被压抑,童年的生态被破坏。嬉乐作文,极大地顺应了儿童的天性,努力让儿童成为自然的宠儿、自由的天使、本能的缪斯。

嬉乐作文尊重儿童的自然天性,将大自然看作是天然的游乐场,让儿童在田园中嬉戏,学会拥抱自然并融入自然、认识自然、体验自然、热爱自然。"四面八方水陆空",儿童嬉游的触角抚摸到大自然的每一个角落。自然完全向他们开放,嬉乐活动有了宏大的绿色背景。在一系列的活动中,儿童亲近自然、欣赏自然的情怀得到了激发。儿童从自然中走来,他们的生命与自然的气息水乳交融、血脉相连。一棵树、一朵花、一

片叶、一只虫、一滴水、一座山、一条河，无论有生命，还是无生命，都被儿童赋予了意义与情感，成为其精神世界中不可分割的重要组成部分。

嬉乐作文的内核，与物型课程何尝不是一脉相承？

生命是大自然最美妙、最生生不息的循环，物型课程将物境中一切可观可感可碰触的事物集结于一道，让儿童有一条路径可以融入其中，互动、对话、交流，物境丰满了儿童的生命，儿童成了物境的一部分，彼此嵌入对方的生命之中，与日月星辰、花鸟鱼虫共生生命的涟漪。

## 第三节　蕊春物型课程与生命化校园建构

校园是生命活动发展的载体，赋予其生命化的蕴藉，是对其承载生命孕化与勃发的灵性浸润。早在 2004 年，南通市通州区实验小学就着手开展"基于儿童幸福存在的'生命化校园'构建研究"。经过"十一五""十二五""十三五"期间的努力，学校"生命化校园"品牌已形成了鲜明的特色。

"生命化"是对校园功能性的建构与赋予。通过对校园物型背景的诗意铺展和文化的活力建设，教育教学指向生命成全的流动性运转、介入性观照、个性化舒展，使校园物型成为师生释放生命潜能、享受生命旋律、成长生命心体的幸福乐园、诗意栖居的天堂。

基于儿童的生命化校园，其价值旨趣指向儿童的全面发展。同时，生命化校园在进行建构时是基于儿童需求的，其实施应从儿童的视阈出发，是儿童心中的生命化校园和校园的生命化。

从"生命树"构建模型可以看出，校园物态文化建设是生命化校园构建的重要组成部分。这里的校园物态文化建设其实就是一种显性的物型课程的开发与实践。

基于生命化校园的物型课程的开发是从人文关怀和全人教育的视阈出发,聚焦和提升环境课程品质,从环境育人的新维度去关注学生的生命,给每一个生命个体以自由发展的空间,浓化校园文化的熏染;引领学生去珍爱生命,关切个体生命的心理健康和身体健康,拥有敬畏生命的情怀;引领学生去欣赏生命,让学

Greenery 模型
通州实小生命化校园构建模型——"生命树"

生体味到人的生命的精彩和自然生命的绚丽;引领学生去放歌生命,搭建没有天花板的舞台,让学生展示才华,放飞心曲,走进生命的林子。

学生在生命化校园里学习和生活,时刻与各种物态文化标识、载体进行"交流""对话",从中感受和汲取"物型"所承载的各种文化信息,进而获得新的知识、经验和艺术的享受,唤起强烈的拥有感、满足感和珍惜感。长此以往,有助于学生形成积极向上、崇高美好的进取人格,实现育人目的。

## 一、从校本课程到物型课程,为校园建构引灌儿童生命的发展性潜力

物型课程是新型的课程,物是载体,型是着力点,课程是核心,重在物的文化塑形和课程意象,发展学生的地域适应性和未来挑战性能力。我们将物型课程建设与"生命化校园建设"有机融合,加大校本课程开发力度,构建满足学生生命个体发展的校本课程体系,打造充盈着生命活力的课程文化。

1. 强化课程意识，提高课程改革的自觉性

其一，有计划地引导广大教师学习当代课程理论，更新课程观念，建立课程即经验、课程即过程、教师即课程等思想。其二，逐步理清生命化教育课程的思路。

2. 回归生活世界，构建生命化课程资源

通常系统性的生命化教育课程体系的开发，主要有：校园物态文化课程的开发和研究，基于校园物态文化的生命教育课程的开发与研究，基于物态文化与学科课程融合的开发与研究，隐性课程中生命教育的开发与研究，等等。

3. 满足生存与发展需要，开展生命教育课程

就是说，要立足学生生存的视角，发现学生学习生活的需求，促进学生在校园里诗意地发展。充分依托蕊春园的丰富物型资源，大力开发具有蕊春园特质的主题校本课程，以满足学生自身发展需要。低年级的主题有敬畏生命、做我真好；中年级的主题有生于忧患、应变与生存；高年级的主题有良心的培养、人活在关系中等。我们将学生带进蕊春园，让孩子了解生命的起源、生命的本质；将孩子带入自然，开展活动，让孩子亲近生命、感受生命，从而激发了孩子热爱生命、珍惜生命的意识。

## 二、从物态园林到文化意象，让校园成为儿童生命的审美情境场

南通市通州区实验小学素有"花园学校"的美誉。一直以来，学校把创建回归自然灵性的生态文化校园，作为校园建设的目标，经过多次的校园改造建设，学校依然保持着古朴典雅的园林风貌，体现出深厚的文化底蕴和审美情调。在课程开发

实践中，我们融合生态美学与生命美学的多维价值，融入了天人合一的东方哲学、知行合一的实践理性、情景合一的美学命题，将蕊春学园建构成一个童心世界的乐园、一个梦的伊甸园。

1. 栽种花树，集成一本"静美"的物型自然读物

我们在园子中种上能够在南通地区生长的近一百种植物，整个园林就是一座天然的植物园。我们着力打造了香樟林、海棠园、梅园、菊圃、莲池等近20个主题园，孩子们置身其间，可以认识、观赏、熟悉多种植物的名称和生活习性，园子成为一本立体的自然读本。

2. 诗化园林，合成一册"唯美"的物型诗集

树，成排地长；花，成片地开。置身园林，不同的时节呈现不一样的诗情画意："桃花一簇开无主""映日荷花别样红""停车坐爱枫林晚""墙角数枝梅"，孩子们从园子里的植物世界读到了四季的诗，熏染童心，孕育诗心。整个园林，就是一册唯美的自然诗集。

3. 阅读大地，养成一种"纯美"的物型情愫

天然的生态园，唤醒"草木之心"，打开博物之眼，蓄积草木之情。让孩子将头埋在草根底，越过盛开的花朵和修长的花茎，感受草木的呼吸，看凌霄风中摇摆着，听蚂蚁爬行的声音……贴近自然的清新快乐，感知美的心灵打开，美在这里生长。

4. 自然嬉乐，育成一份"至美"的物型情缘

让每一个孩子在园中选择一种植物作为自己的自然伙伴。静静地，坐在亭下石凳上，看鱼儿嬉戏、听鸟儿欢歌……日日亲近，日日牵挂，成为生命中永远的温馨与美丽。孩子在童年就与自然缔结了一段美好的生命情愫。

## 三、从自然观察到课程建设,让教育过程成为儿童生命的审美历程

基于蕊春园的物态文化建设其实就是具有学校特质的蕊春物型课程。我们要求学生自主选择课题,主动学习,掌握必要的科学考察方法、课题研究方法等等,学生们用自己的眼睛观察,用心感受,懂得学习从身边开始。在生动的课程群中,学生抛弃了过去的"罐头知识",发展触觉,从玩乐中吸取经验,通过与自然沟通得到灵感,在童年储存快乐的力量。

1. 地域文化美:藏在屋脊里的"灰色密语"

园子里古建筑屋檐屋脊的建造风格,也暗藏着课程元素:那进门处厚厚方方略显笃实厚重的屋檐,与如皋水绘园如出一辙,这代表着古屋脊的南通地方风味;矗立在园中心的古建筑鞠寿堂,四个檐角古朴精细、玲珑有致,展示的是扬州古建的风格;那造型新颖独特的临池水榭,飞檐翘角,灵动别致,代表的是苏州古建风格。一方水土养一方人,一种屋脊现一方风情。孩子们在比较研究中发现,原来研究古建筑的屋檐,就是在研究一个地域的文化。通过对屋檐的造型研究,品味到南通人笃实、淳朴与内敛、厚重的个性特质。

2. 景观变幻美:多种材质的"彩色园路"

蕊春园里的园路有十多种,水泥路、青石路、鹅卵石路、防腐木路、沙子路、泥路、青砖路……对园路的研究,不同的年级、不同的孩子选择了不同的研究方式:有的用摄影机拍摄不同材质制成的地面产生的不同的视觉效果,研究园子的观赏价值;有的用脚触摸大地,感受不同的质地踩在脚底产生的不同质感,传递给身

体的不同体验……

3. 古典文化美：刻在门框上的"绿色楹联"

园子里多处对联经典耐读，是儿童学习对联的珍贵范本。正门两柱上的楹联是"赏蕊观园知物理，寻春踏院悟天真"。物理，事物的规律、蕴含的道理；天真，童真，童心。这幅嵌字联，节奏明快，独具个性，体现了科学与人文的并重，感性与理性的相容，直抵人全面发展的核心素养。最值得一提的是水榭前的楹联，"静观鱼读月，笑对鸟谈天"，安静悠闲，大气灵动，这种人与自然和谐的美感，可以穿越千年而不朽，优美的文字、动感的韵律闪耀着对生命的意义追寻。

4. 现代科技美：挂在树干上的"黑色二维码"

园子里的植物，很多都挂上了量身定做的二维码，二维码的内容都是高年级的孩子在经过多层次搜集研究以后制作的。当你在一棵老树前驻足，拿起手机扫一扫二维码，这棵树的所有信息就尽收眼底，涵盖了科学、文学、数学、美术、摄影、绘画等多个学科。同时，孩子们还为园子里的各种植物命名建档，制作电子书，描绘园林地图，为每样植物编号。园林成了书本、网络的中转站。

# 第二章 唤醒：蕊春物型课程的新理念

夸美纽斯说："一切知识都是从感官开始的。"一朵花显真情，一粒米看世界。陶行知说："要把教育和知识变成空气一样，弥漫于宇宙，洗荡于乾坤，普及众生，人人有得呼吸。"一根竹子，是器物，也是美食；是玩具，也是乐器；是笔墨春秋，也是君子品格，这是文化的力量。万物都承载着文化要素，以物入心、格物致知、万物有灵、取物造境、感物喻志、万象之美，都是人对物质世界的了解与体悟。苏霍姆林斯基说："校园环境是教育过程中最微妙的领域。"蕊春物型课程秉承"环境即是无声的教育者"的理念，关注环境的创设，将环境的课程意识、教育价值和专业化视野融入校园环境建设中，将校园打造成天然的生态园，唤醒"草木之心"，打开博物之眼，蓄积草木之情，让儿童与自然"两情相悦"，在童年就与自然缔结着一段生命情缘。

## 第一节 物型与儿童

宋代理学家程颢说："天下无一物无礼乐。"物型课程是基于文化入古出新视野下学生学习的课程创造。认识物型课程，把握切入点"物"，一是基于世界是物质的这一哲学思维，而人是唯一能接受暗示的动物；二是基于物的"造型"，强调可视化、立体感。校园审美向形成文化心智和教育意义载体的物象倾斜，自然意象表现为负载人格精神的人文符号，形成基于人类心智活动的人文气象，以物情助学情，借物启学。

## 一、铺展儿童的嬉乐园

王阳明说："大抵童子之情，乐嬉游而惮拘检，如草木之始萌芽，舒畅之则条达，摧挠之则衰痿。今教童子，必使其趋向鼓舞，中心喜悦，则其进自不能已；譬之时雨春风，沾被卉木，莫不萌动发越，自然日长月化。"教育儿童一定要使他们向精神振作的方向发展，如此内心喜悦，他的进步自然不能停止；这就像应时的雨水和春风，浸润吹拂草木，草木没有不发芽抽枝、茁壮成长的，自然就会日日月月成长、变化。

儿童是自然之子，是诗意地栖居在大自然中的精灵，他们有着比成人更贴近自然的本性，儿童从自然中走来，他们的生命与自然水乳交融，血肉相连。一只蜻蜓，一只蚂蚁，一粒石子，一片树叶以及天上的太阳，无论有生命的还是无生命的，都被儿童赋予了意义与情感，也都成为其精神世界的重要组成部分，须臾不可分离，儿童的这种对自然的热爱与亲近是朴素的、原始的，是儿童的生命存在最本真的状态，是儿童的精神归复于自然、同步于世界的活生生的体现。

作为一所具有百年历史、人文底蕴丰厚、办学水平闻名遐迩的老牌省实验小学，通州区实验小学拥有 32 000 平方米左右的占地面积，活动面积达 12 000 平方米，校舍面积 18 000 平方米，绿化面积 15 000 平方米，素有"花园"学校的美誉。在南通，有"西有张謇、东有孙儆"之说。1920 年，开明绅士孙儆先生投资万元建立了我校的前身"孙氏高等小学"，学校创办初期，张謇先生亲手书写"以学愈愚"

木匾相赠。经过几十年的风风雨雨，经过多次的校园改造建设，学校依然保持着古朴典雅的园林风貌，体现出深厚的文化底蕴和审美情调。

学校拥有一座百年园林——蕊春园。绿意盎然的草地，蜿蜒伸展的樱花大道，造型独特的紫薇树，高大茂密的香樟林……蕊春园作为一个美丽的、立体丰富的场境，具有空间多维度、时间多频度、思维多向度、理解多角度的特点，学校以此为依托，建设教育依四时而生长的学习环境，坚持让学生置身自然中认识和探究自然的教育哲学，为学生铺展了一个贴近自然的嬉乐园。

园子里处处是楹联。"含山含水天地，若芷若兰春秋""新韵穿云读曙色，古亭抱物延月华"是对园林美景的生动描摹。"傍桃倚李三春暖，赏桂品茗一水香"是享受自然的一份超然心境。

走进园子，亭台楼阁，廊道曲回，水榭池鱼，气象万千。正门往北的青石路上，嵌着王羲之、米芾等著名书法家书写的"菊"字。东侧，是银杏园，最古老的一棵银杏树是20世纪60年代学校的老校长栽下的，我们在银杏树下专门开辟出一块中草药园，决明子、芍药、柴胡、金银花等多种草药在园子树木空隙间生长，让孩子感受东方传统药学文化……九菊大道西侧的紫薇树，每一个人看到它都会惊叹。它的树干全部被掏空，树皮上也是千疮百孔，可是，依然顽强地向上生长，枝头绿意盎然，夏天也繁花满枝。关于这棵树，我们和孩子一起探讨生与死、枯与荣、美与丑，让孩子从小带着哲学的眼光观察周围的事物。

在葫芦池边，鞠寿堂前，新建一组群雕"菊花盛会"。史料记载，学校创办之初，第一任美术老师兼园艺师张蓁在园里栽种了几百种菊花，引得众人来观赏。清末状元张謇、国学大师王国维、中华人民共和国原副主席荣毅仁的父亲、朱德总司令的老师等社会名流、文人墨客都曾到园里来相约赏菊，品酒邀月，搭台唱戏，泼墨作画。这组雕塑再现了张謇、孙儆、张蓁当年在一起赏菊、题画、作诗的场景。雕塑旁边，竖一景观说明，上写"沧叟创校之初，聘画家张蓁为教员。馨谷乃莳菊巧匠，于园中育名菊数百种，甲于一邑。每至秋月，菊开香溢，儆乃遍邀通城及四乡名流，云聚沧园，品茗赏菊，吟诗作画，谓之为'菊花盛会'。菊之会盛况空前，实乃古沙教坛之佳话。此雕塑即为孙儆（左）、张蓁（右）陪同张謇（中）赏菊情景之再现。"这段雕塑说明，体现了情、境、人的和谐统一，文
言写作呼应了当时的历史场境，孩子在雕塑前，既赏雕塑，又读历史，还尝试初步的文言阅读。小小的雕塑说明，又独立成一景。

## 二、舒展儿童的生命态

人天生都是追求美的，乐意当美的俘虏，儿童也不例外。美具有强大的力量，学校是一个美丽的地方。

学校的美丽体现在校园物态的美丽诗意。大自然总是向人类敞开爱与美的怀抱，漫步园中，凌霄在风中摇摆着，贴着树干掉下花瓣，蚂蚁爬行的声音，蝴蝶停落枝头的轻盈……似乎是园子精致的歌唱。孩子心灵之眼睁开，美在这里生长……大道天下，许多真知都在自然的言语中，洞悉其中，豁然开朗。在大自然的课程里，儿童的精神在与自然的零距离中成长，生命样态在少惊扰、不干预、静关注、顺灵性中舒展。

学校的美丽体现在师生关系的和谐美好。冰心说过："情在左，爱在右，走在生命的两旁，随时撒种，随时开花。"老师心中有爱，爱生活，爱教育，爱孩子，爱学校，爱课堂……当爱成为生命的主题词，教师就会心似莲花，姿态优雅，馨香弥漫，芬芳永远。同样，"情在左"，教师对生命的热情，对知识的热情，对未知的探究的热情，对事业的激情，对梦想的激情，对课堂的激情，都是让孩子喜欢老师喜欢校园的因素所在。

学校的美丽体现在文化丰富厚重，博大深远。我校是一所百年老校，为了挖掘校史的美丽，我们启动了一场伟大的文化抢救，将散落在民间、沉睡在博物馆、掩盖在众多资讯中的校史文化一丝一丝拾起，一点一点找回——发黄的照片、破损的纸页传递着跨越世纪的美感，丰富的校史文化润泽着师生的心灵——清末状元张謇为学校题写的"以学愈愚"的校训，"教育救国"的初心彰显着张謇"以天下为己任"的襟怀；第一任美术老师张蒃"欲听鸟语多种树，不识人情只看花"的心声，展现出独善清美的文人气节；学校创办者清末举人、开明绅士孙儆先生"愿与一方

垂不朽，百年人具万年心"，穿越百年的歌词闪耀着一代人的责任与担当。还有园中挺立百年的古柏名木，经历风雨愈显苍翠，百年印迹积淀成学校厚重的底蕴，给人以沧桑的美感，给予师生文化的滋养，在师生心中升腾起一种尚美的崇高与敬仰。

蕊春物型课程是顺应，是发现，更是激发。它以激扬生命、诗化生命、放飞生命为核心旨趣，追求儿童生命的美化与超越——获得高度的审美自由与全人发展。

## 三、丰展儿童的学习场

课程是一场美好的邀约。今天的课程，就是明天的素养；今天的快乐，蓄积着明天的勃发；今天的美丽，就是明天的精彩。儿童是课程的主角，遵循儿童年龄特点和成长规律的课程，在充分了解学生学习愿望基础上合力建构的课程，才是真正适合儿童的课程。

我校是通州地区唯一拥有园林的学校。实验小学园林的百年积淀成为儿童学习中最佳的学习资源。园子里的每一棵树、每一朵花、每一块砖、每一条路……每走一处，都能触摸到美的元素，感受到美的熏陶。那么，如何将校园物性文化的美育功能继续落地生根，实现普及化？

### （一）布局设计，突出原生态的山水气象

学校有山——两座假山东西遥相呼应，一座玲珑剔透，一座笨笨拙拙；有水——瀑布与葫芦池中的水日夜循环，让整个校园充盈着水的灵动。古人云：无山不美，无水不秀；仁者乐山，智者乐水；做人如水，做事如山。历代学道哲人多是长期游历和卧居于山水之间，借助于山川大地以求悟得宇宙自然的本质，启发灵性，从中获取宇宙精神的体验。山水与人事相连，山水的物理效应，对于精神和情感有非同一般的功效。

### （二）植被配置，每株植物都是一个知识源

学校绿化，绿艺更在绿意，要围绕绿化、美化、寓化、教化不断地升级，使植被配置的教育价值、课程意识、学科文化、学习场景得到充分的重视和应有的开发。

树木是最具人文意象的植物。植被配置应创造丰富而有意境的校园，使教育能漫入学生灵魂深处。学校蕊春园的角角落落栽种了各类深具人格意象的树木，如柳梅松竹等，并形成与课堂教学内容对接的实境。在意境上，学校有百年老槐树，有高大的银杏树，有躯干已成一桩枯木的紫薇树。冬日，枯树隐映淡淡的高远、沧桑和质感，将人的思维引向苍穹，引向高远；夏日，枯木上繁花满枝，演绎着美与丑，枯与荣。学校中间贯穿南北的带状"樱花大道"突显出林荫大道的"线感"，

学生徜徉其中，并借时令季节的机会，在梅花林里咏雪梅，樱花树下赏樱花，那是一种唯美的教育意境。

让孩子走上草坪亲近大地，改变草坪被围挡不得入内的现象。草坪等诸多景观都需要遵循让学生亲近自然的原则，解决促进学生走进自然的问题。我们努力养护好香樟林以及紫薇等名贵树木，建设生态群落树林，让学生每天都能穿过绿色氧吧步入校园，从绿色丛林中走出学校；呵护好中草药园，开设以认识中草药为主题的语文单元主题学习活动，带领孩子认识、了解中草药，让孩子感受东方传统药学文化；带领孩子到蕊春园认领草地，播种绿色，亲自参与养树、护树，亲手呵护生命成长的过程；重新让孩子们给花草树木挂牌，为林子命名，在葫芦池中放养鲜活的生命，研究水循环处理的各种方法，在昆虫园内观察、实验，让每一个孩子发现"草虫村落"的迷人之处，让孩子们给果皮箱喷上环保标语，在草地上插上警示牌，自觉爱护小花小草。

学校的植被设计追求专题化、专业化，一花一草、一树一木都是新的知识源，我们还通过花木学科标识名或二维码，为学生精准知识的学习提供一切方便。

### （三）铺装设计，校园的交通组织者

所有学生户外活动的场所都要有精心的设计、艺术化的铺装。道路和桥梁要有风景故事。路是感性的，有温度的。路形富于变化。既有笔直的大路，也有"曲径通幽"的弯弯小道，还有"拾级而上"的梯路。孩子们欣赏着建造路的过程中拍摄的连续画面，切身体会到"自然的，真的才是最美的"。路名重立意。九菊大道突显了学校的菊文化意象，樱花大道则彰显了诗情画意，师生行走、徜徉在路上能感受大地之母的自然温度、校园生活的温馨。葫芦池上的摇篮桥则更有故事，更有渊源，形如弯拱，状如葫芦中间的腰带，其"摇篮"一词与学校颇有异曲同工之妙。

### (四)文化小品——在于彰显内涵文化

北京大学"一塔湖图"——博雅塔、未名湖和北京大学图书馆,是北大校园最有代表性、最醒目的风景,它们是使用功能、艺术造型、环境协调三方面高度统一的建筑杰作。文化小品,可以彰显学校的内涵建设。蕊春园内,古朴典雅的晚香阁,它青砖黑瓦,飞檐翘角,是品花香、听鸟语、观池鱼的绝佳场所。晚香阁后,曾建有著名的鞠寿堂。在葫芦池边,鞠寿堂前,新建一组群雕"菊花盛会"。这组雕塑再现了张謇、孙儆、张蓁当年在一起赏菊、题画、作诗的场景。具有浓厚书卷气的雕塑,散发着独特的书香。晚香阁、延月亭、雕塑群像等既是仿古,也在诉说着一段段沁人心脾的人文往事。"含山含水天地,若芷若兰春秋",学校鞠寿堂的联,从时空两个维度描摹了学校纵横百年、驰骋天地的大立体课程。

结构决定性质,形象改变气质。物型课程起于物的"形而下"但求于物的"形而上"。物象有限,意象无穷。教育是基于物质、超越物质的人的精神与灵魂的再造,这也就是物型课程的实质所在。我们力求通过我们的努力,让校园成为充盈温馨关怀的家园、弥漫文化芳香的乐园、流淌自然灵性的生态园;让校园成为学生转变学习方式的体育场、提升生命品质的发射场、增添生命能量的加油站;让校园成为教师闪烁生命光环的天空、追寻专业成熟的领空、驾驶创造飞船的星空。

## 第二节 物型与生命

### 一、唤醒生命的感官

人类的感官是感受外界事物刺激的器官。亚里士多德将人体的感官分为5种,即视觉、听觉、嗅觉、味觉和触觉。人类用它们分别接受来自外界事物光线、声音、味道、触摸等的刺激，建立对世界的印象，以此感觉世间万物，进而形成概念，最终成为认识。

蒙特梭利曾说过："感官发展必在认知发展之前。"而世界上存在的所有的物，都是对感官最初的唤醒。太阳以其耀眼的光芒使得你睁开双眼，唤醒你的视觉；鲜花以其馥郁的芬芳使得你加深呼吸，唤醒你的嗅觉；蜂蜜以诱人的甜蜜使得你垂涎欲滴，唤醒你的味觉……换言之，没有光芒，你的视觉存在，但不知光明为何物；没有鲜花，你的嗅觉存在，但不知芬芳因什么而迷人；没有蜂蜜，你的味觉存在，但不知香甜是怎样令人心醉……故，物，之于儿童感官而言，是一种促进性的存在，发展性的存在。蕊春物型，以这样的理念呈现在校园里，呈现在孩子们眼前。"学校无空地，处处皆育人"，以丰盈的物态，通达人心。

### （一）视觉·睁开晶亮的双眸，看万紫千红

视觉是人类最重要的感觉之一，它主要由光刺激作用于人眼所产生。进而，人能看世间万物，看山河壮丽，看色彩缤纷。目之所及，物型呈现，以美呼唤儿童睁开双眼，望冬之雪梅傲然盛开，看春之海棠落英缤纷，赏秋之枫叶热情似火，观夏之睡莲静浮水面。四季之美，冲击儿童视觉，从此，儿童的视野中，有了高洁之美，灿烂之意，热情之光，静谧之韵。

### （二）听觉·竖起灵敏的耳朵，听天籁之音

听觉是获得信息的主要渠道之一，是感知世界、与人交流的重要器官。人体器官"用进废退"，蕊春物型的唤醒活动，让孩子有机会感受自己身体的潜能。

"静，听！"蕊春物型在这样的理念下，带领儿童听车水马龙，听落叶着地，听

瀑布流水，听树头蝉鸣……儿童听觉在这样的物境中打开，自觉与不自觉地倾听，捕捉着来自自然的、社会的声音。从听鸟鸣的清脆到白云飘动，从听流水的叮咚到水草摇摆，从听蝉鸣的热闹到阳光穿过，从客观存在到心灵之声。声声天籁叩击听觉，张开耳朵倾听世界。

### （三）嗅觉·翕动柔软的鼻翼，闻暗香浮动

嗅觉是人类出现最早的感觉，作为五官中重要的一环，嗅觉是强大的。我们的鼻子能辨别出几千种气味，婴儿在出生后不久就能辨别出其母亲的气味。气味在物理的、心理的和社会的层面上都在影响着我们。

在人类的五感之中，嗅觉记忆是最古老、最精细、最恒久的。美国的科学家针对小鼠进行了一个有趣的实验：他们在这些小家伙睡眠状态下释放一些特定的气味，而实验结果也印证了小鼠在醒来后对这些接触过的气味仍有记忆。这说明，气味在记忆的形成中起着关键作用。

这就很好地解释了为什么我们的记忆有很多是和气味联系在一起的，当闻到某一种味道时，会突然想起以前的事情。蕊春物型的花香，草香，泥土香；果香，蔬香，稻米香从未缺失。秋日桂子满校园，雨后春泥吐芬芳，一米菜园闻丰收，课本墨香心中藏，这些是儿童童年时光里最生动的记忆，也是校园物型打开感官的最初生命印痕。

### （四）触觉·张开敏感的双手，抚寒凉温暖

作家海伦·凯勒在《假如给我三天光明》中这样写："我安静地站着，全身关注老师（安妮）指尖的运动，突然，我恍然大悟，有种神奇的东西在我脑中激荡，呈现给我语言文字的奥秘。我知道了水就是正在我手上流过的这种清凉而奇妙的东西，水唤醒了我的灵魂，并给予我光明，希望，快乐和自由。"海伦对水的认知，来自水流过手指的感受，通过触觉刺激达成，触觉的重要性不言而喻。

儿童的手、脸颊、鼻尖、身体……最喜欢的莫过于触碰。好奇的小手撩一撩葫芦池的水，冬寒夏暖；好奇的脸颊蹭一蹭树叶的脉痕，叶薄意长；好奇的身体在草地上滚上一滚，四季分明。

蒙特梭利曾言："只要准备一个自由的环境来配合儿童生命的发展阶段，孩子们的精神与秘密便会自发地显现出来了。"蕊春物型正是这样一个环境，一个唤醒儿童感官的物境场。在这里，以打开视觉、听觉、嗅觉、味觉、触觉的统合，调动所有的感官，悦纳世间万象，通达心灵，让生命自由地蓬勃地生长。

## 二、舒展生命的姿态

最早由卢梭提出，而后杜威做了进一步教育理念的阐发——教育即生长。在周国平看来，言简意赅地道出了教育的本义，就是要使每个人的天性和与生俱来的能力得到健康生长。让青草长成旺盛碧绿的青草，进而覆盖大地；让玫瑰长成芬芳馥郁的玫瑰，进而赠人美好；让大树长成直指苍穹的大树，进而成为实际意义的栋梁。一切以舒展生命最美的姿态、最旺盛的姿态为教育的理念。蕊春物型视学生存在的生命为等候被唤醒的"种子"，为他们提供最适当和最所需的物境，加以精心的呵护，直等时机成熟，儿童生命自然舒展，长出本应属于自己的最美最欣欣向荣的姿态。

### （一）自由自主·生命欣然之发芽

任何伟大的科学发明与创造，最初都是源于个人的新创意，而这些创意都只能在无拘无束自由的环境中萌发，蕊春物型的价值在于，创造最大的儿童成长空间，使儿童享有最大程度地自我创造。在蕊春物境场中，想踏一踏通幽的小径就踏一踏通幽的小径；想踩一踩圆润的鹅卵石小路就踩一踩圆润的鹅卵石小路；想凝视爱跳舞的水蜘蛛，就凝视爱跳舞的水蜘蛛；想听听叽叽喳喳的黄鹂声儿就听听叽叽喳喳的黄鹂声儿……一切都可以是遵从内心的积极向上的选择。

六(12)班姜天成同学说:"学校蕊春园里新建了瀑布,每天我走进校园,看到瀑布脚下小小的喷泉在阳光照射下喷射出五彩的水柱,一会儿柔情万分,一会儿激情四射,分外美丽……"她选择研究"希罗喷泉"喷水原理。三个矿泉水瓶,几根透明塑料皮管,掺了颜料的水……几番问询,几番实验,几次失败,几次重来。最终看到水从 C 号管中缓缓喷出,她在实验报告中激动地形容"(水柱)就像一朵花,又像一朵透明的大蘑菇……"

这是物境场中的自由,让兴趣的种子在生命里发芽,一切只要我喜欢,就能随心去追求。儿童生命最美的姿态,是这样自由自主的姿态。

## (二)快乐温暖·生命怡然之开花

在人的心理发展中,环境是一个重要的因素。光线明亮、色彩柔和的环境,容易使人产生恬静、舒畅的心情,优美的湖光山色令人神采飞扬;红色给人以力量,绿色、蓝色则能减轻人的紧张焦虑;贝多芬的《命运交响曲》能带给人力量,施特劳斯的《蓝色多瑙河》则能让人缓解些许疲惫……人的很多行为都受到环境潜移默化的影响,长期生长于不见阳光条件下的鱼往往是双目失明的,长期生活在更丰富环境中的小白鼠则会更聪明。故中国古代有"近朱者赤""染于苍则苍,染于黄则黄"的说法,也是有力地证实了生活空间的重要性。

而从儿童开始步入校园的那一天开始,校园里的一草一木、一门一廊无不是其生活空间的点点滴滴。当因有收获而快乐时,那春日艳阳下的玉兰,定是为你斟酒庆祝的酒杯;当因遇坎坷而伤心时,那寒冬里的蜡梅,定是因为你带去坚强而绽放;当灵感不显而苦恼时,廊道内的书画作品,定是为打开儿童的

视野而鲜活；当思路不清而焦虑时，那假山石凳，定是为了让儿童拨云见日而沉静……紫堇以紫堇的方式，结香以结香的方式，幽径以幽径的方式，凉亭以凉亭的方式温暖每一个儿童的生命。在蕊春物境场里，每一个儿童都可以交一个物的朋友，倾诉心声，化解悲伤，分享喜悦，在这里人与物休戚与共，唇齿相依。

五（1）班的孩子们说："园子里有很多很多的精灵，其实他们都是我的朋友，因为我也是一个蕊春精灵！"孙周拾起秋的叶，制作树叶画《孔雀》，并这样写道："树叶了解孔雀，孔雀了解我，掀起裙摆，绽放美丽，这是我的舞台！"喜悦的，张扬的，温暖的，热情的……儿童在蕊春物境里摒弃桎梏，抛却禁忌，获得生命体验，展示生命情感。生命最美的姿态，就是这样快乐温暖的姿态。

### （三）悟真悟理·生命欢然之结果

古希腊哲学家亚里士多德曾说："人生最终的价值在于觉醒和思考的能力，而不只在于生存。"儿童有着天生的探究欲，对周身世界有着与生俱来的好奇心。学生在探究中发现，在探究中悟真悟理，获得巨大的满足感、兴奋感、自信心，并焕发出内在的生命活力。

蕊春物境，则是儿童在校园中最大的探究场。儿童用好奇的双眼看，好奇的双手做，好奇的双脚丈量，在实践中思考，在物境场中细腻地感受，辩证地看待，理性地分析，受到情感的激发、情理的启迪和文化的浸染。

六（2）班的孩子们在百年紫薇树下仰望，稚嫩的心灵对话时空的沧桑，善思的头脑就"千疮百孔的紫薇是否依然美丽"展开辩论，李秋希同学认为：花叶的掉落，乃是回归大地的报恩，乃是换取新生的历劫，乃是为新一轮的美丽蓄力，不美是为了来年更美。响亮的话语点亮了童年的时光。生命最美的姿态，莫过于这样求真悟真的飞扬自信。

教育的本质是对生命的拓展，舒展本是生命的状态，教育的过程是缓缓展开的，如同一棵树，一株草，一朵花，在适宜的环境中，茁壮舒展。

## 三、激发生命的灵性

按亚里士多德灵魂等级的理论，人有着和植物一样的生长灵魂，和动物一样的感受性灵魂，更有着善于反思的理性的灵魂，人的生命是复杂而丰富的存在。哥伦比亚作家加西亚·马尔克斯在《百年孤独》中这样说："每一个生命都有灵魂，只是怎样唤醒他们。"只有被唤醒灵魂的生命才明媚而璀璨，散发出熠熠光彩。儿童是天生的艺术家和诗人，在最具吸收力的生命源泉期，用每一个"嗷嗷待哺"的细胞，努力而主动地拥抱着这个让他所好奇的世界。因此，每一个物的呈露，都是对儿童生命灵性的呼唤、触动和激发。

### （一）呼唤感受力——体悟景美物美

感受力，心理学上称之为感知觉能力。简单地说，就是人对自然和生活的敏锐洞察、丰富感受、深刻体悟的能力，有鲜明的个人色彩和情感倾向。童年是美育的敏感期，在这一黄金时期，以蕊春物境呼唤儿童感受力，引导他们去细致地看，凝神地听，温柔地触，倾心地闻。儿童的内心是最天真而感性的，当他们看到朵朵盛放的菊花时，小眼睛被绚烂的色彩照亮，小嘴巴啧啧："哇，好漂亮啊！"柔软的心灵被触动。

巫艳秋老师，带领孩子们与菊对话，感受菊之韵；与水墨菊花对话，体会菊之秘境。"用笔之潇洒奔放，诠释菊之洁傲。"孩子们的画笔有了灵性，菊花簇拥着成为彩虹大道；菊花会表演魔术，变身意大利面与摩天轮；菊花很热心，为蚂蚁提供免费的绿色运动场……儿童生命的灵性在画境里光彩熠熠。

### （二）触动想象力——丰盈思维厚度

想象力是人类所特有的一种天赋，是人类最独特的优势。虽说与生俱来，但也受外界影响，想象力的发展以物为基础，渴求更多元、更丰富、更深远的知识集群。

蕊春物境场，构成了想象力的源泉。每一物、每一景都是儿童在校园里保持想象力活力的来源之一。"飞流直下三千尺，疑是银河落九天。"如果诗仙李白没有庐山瀑布这一原型，华夏文学一定损失了这千古名句吧！三（1）班王若彤同学的小诗《问假山》："假山呀/你是大象变的吗/不然你怎么有长长的鼻子呢？"童眼童心，童言童语，看假山，想象已飞进了动物园，飞进了大象的世界。儿童生命的灵性在诗情中光华璀璨。

### （三）激发表现力——释放个性张扬

表现力，指在完成某项具体工作的过程中，自身潜在能力特点的凸显和流露。儿童长在蕊春，学在蕊春，活动在蕊春，是一件幸福的事情，因为在蕊春物境场里，有的是锻炼的机会，有的是展示的舞台。延月亭中季晓丽老师主持的"蕊春飞花令"的比赛，围绕"花"字，孩子们可以抬眼看花诗句来，瞑目闻香诗句走。"去年今日此门中，人面桃花相映红""桃花细逐杨花落，黄鸟时兼白鸟飞"……你一言，我一语，亭中园中花香中，蕊春物境中的孩子们不再拘谨，沉浸自然，妙语连连。杨舒老师打开晚香阁的门和窗，孩子们弹奏琵琶的珠玉之声就和着鸟鸣清亮、落叶沙沙，一齐飞向蕊春最明丽的上空，悠扬婉转。

五（5）班刘天一同学在公众号上发推文："从第一次站在主持台上的怯怯，到镁光灯下的自然，蕊春园见证了我从一个说话嘴唇颤抖的孩子成长为一个自信大方的少年。"儿童生命的灵性在展示中流光溢彩。

庄子说："天地有大美而不言。"美存在于"天地"。假山以神奇唤儿童近观，紫薇以坚强促儿童思考，蕊春物境中的每一物都以其独特的魅力呼唤着儿童感受天地之美，触动着儿童生发丰富的想象，激发着儿童自信地展示，让儿童生命焕发灵性的光辉。

## 第三节 物型与学习

"物型启智赏天地大美，童心悟真润百年人生。"蕊春物型，为儿童的有机学习而在；蕊春物型，为重构儿童学习的意义而在。

### 一、指向"高感性智慧"：物型课程，人工智能时代的"自然"选择

今天的中国，有着强烈的"未来感"。2019年5月16—19日，第三届世界智能大会在天津召开。习总书记强调要实施国家大数据战略，建成万物交互、人机共联、天地一体的网络空间。未来，很多岗位有可能会被人工智能所取代，但创新、创意和审美能力，是无法取代的。

因此，人类和机器将会分道扬镳，人类负责思考和设计，机器负责运算和执行。因为机器人超越我们的在于智商和运算层面，而人的理解力、情感、同情心、共鸣性等软实力，是机器无法取代的。未来的世界将属于具有高感性能力的一个族群——有创造力、审美力、同理心，能观察趋势以及为事物赋予意义的人。

因此，未来教师的工作内容必须聚焦于更具有情感性，更富有创造性和艺术性，更具互动性的"人"的教育活动，以给予学生真实的、有意义的学习体验。与"人"相对应的则是"物"，要发生真正意义的"人"的教育活动，"物"是支撑。物型课程，是对传统课程意义与学习模式的颠覆与反叛，是对人工智能时代人类情感缺失、心灵荒芜、精神萎靡的一种救赎，是未来社会人才培养的实践创新，是培养更全面更幸福的人的有力行动，是办人民满意的更优质更美好教育的时代应答。

## 二、成全"有机学习":物型课程,学习意蕴重构的"童样"宇宙

### (一)有机的宇宙:全息布排,物型课程延展儿童学习的广度与深度

蕊春园为一有机的宇宙。鱼虫是有机的,草木是有机的,可以亲近的;可以呼吸的;建筑是有机的,可以对话的。园子里的一切都响应着儿童的心理吁求,都成为"童样空间"。

我们在课程建构中打破了学科的界限,选择了近8个系列60个主题,建构了蕊春主题课程群,如"灯""虫""鸟""鱼","亭""廊""阁""窗","檐""路""匾""联","山""石""水""桥","菊""枫""梅""竹","松""桔""樱""荷",等,创设出一个个立体综合、富有审美意蕴的问题情境,让所有的学习都通过任务和项目的方式呈现,使课程成为愉快的邀约,学习过程成为一次次美的探索。在元宵灯会猜灯谜的过程中,孩子们发现,小小的智力活动,竟然用上了数学、科学、地理、历史、生态、环保、道德、文学等多个学科的知识,从中感受到学习的全局视野和知识的整体意义。

### (二)有机的穿越:主体间性,物型课程改变儿童学习的形态与质态

让知识镶嵌在生命里。物型课程多维交互的空间,让孩子在物境中手脑并用,帮助学习者与真实世界产生联结,通过激发学习者主动创造的热情,使知识不是驻留,而是镶嵌在儿童的生命中。

我们编写了物型课程的校本教材《蕊春物语》,选取了蕊春园中的60个景点,安排了60个项目学习,分别从"景点导航、景致一览、景韵文化、景趣探索、景语涟漪"五个方面来描摹,从历史、地理、美学、科学、博物学等多个学科对景进行诠释与赏析,培育亲近自然的情愫,打通聆听自然的通道,寻找理解自然的秘诀,同时将知识的学习与儿童的经验、情感、价值观以及儿童生活世界联系起来,将教与学从认知领域的知识学习拓展到学习过程本身的意义建构,给孩子提供了多

个观赏视角以及理解事物的方法。生命是大自然最美的循环,大自然时刻在编织着童话。通过学习,每一个孩子都成为园子的主角,孩子们自觉融入景中,互动、对话、交流,孩子成为景色的一部分。

在他者与我者之间穿越。对话哲学告诉我们,对话就是我从"你"中发现了"我",你在"我"中发现了"你",一切"他者"都要归结为"我者"。我们和孩子一起走进园子,孩子学会与草木神交:静静地,越过盛开的花朵和修长的花茎,将头埋在草根底,感受草木的呼吸,拾取一花一叶,感受到它们细腻的内心,感受到它们真实的跳动。大树的低语、小草的呢喃、泥土的芳香、露珠从竹叶上滑落的灵动……静静的园子里,孩子们甚至听到了老树的呼吸与心跳——树有心跳吗?当然,树的心跳自然是和着童心的节律的。

"把我的情感移到物里,去分享物的生命。"孩子已经忘掉了自己的身份,我看花,花看我,我看花,我到花里去;花看我,花到我里来。儿童在兴奋、感动、理解状态下达成与园景的沟通,达到"忘情融物"的审美境界。

在物我之间穿越。物型课程美的形象通常在主体和客体的交互影响、召唤应答中诞生和呈现。当审美主体将客体映入脑中时,与客体之间发生召唤应答,物我一体,美感才能产生。

朱光潜说:"把我的情感移到物里,去分享物的生命。"审美过程中,我(审美主体)与物(客体)交融不分,我(审美主体)忘怀得失,感到自身化为物(对象),与物(对象)融为一体,达到"移情作物,物我合一"的境界。园子里的假山原本是一种客观的存在,没有人审美的主观参与,它就是冰冷的、没有生命的石头。因为孩子的想象、童真、情趣,我就是假山,假山就是我,假山有了生趣,有了故事,有了生命。在孩子与假山的交互影响、召唤应答中,儿童的学习发生了,哲学思辨产生了,美也生成了。

打通感知美的通道,终可欣赏到震撼心灵的植物之美。天然的生态园,唤醒"草木之心",打开博物之眼,蓄积草木之情,让儿童与自然"两情相悦"。

### （三）有机的旅程：融情于物，物型课程赋予儿童学习的温暖与美丽

物境，展示着"童样"的学习空间，具有多焦距视野，召唤、启迪儿童的学习，孩子可以在开放、关联的物境中自主提取，主题重组，儿童的学习充满散步式的休闲和美感。物型课程，鼓励儿童采用多元的表达方式呈现学习成果：文字、照片、图画、统计表、幻灯片、视频、音频……以充分表达一个多维度的、全息的世界和儿童丰富的感知和意识，将学习的结果可视化、作品化。

物型课程视野下，儿童的学习是儿童个体向世界萌生爱意的过程；是儿童以身体的整体与世界相通的过程；学习是儿童自我生命的发现与创生的过程。物型课程中儿童的学习是一种温暖、明媚的，心中只要想起就充满无比愉悦并且无限向往的活动。园中赏柳，让孩子收获"与物有宜"的中国美学。

### （四）有机的意蕴：天人合一，物型课程引领儿童学习的主旨与归宿

"在外部世界越是快速变化时，向内的自我探索与守正就愈发重要。"物型课程天人合一的内蕴，更强调以物化人，给孩子以心灵的观照。不仅要造物境，更要观物道，还要品物格。物型课程外在的物象，是感性的、形式的。以审美引领，把校园打造成孩子喜欢的样子，提供给孩子爱与美的滋养，让孩子感受到温暖与呵护。世界上的万事万物都是有规律的，规律就是美，各美其美，物型课程探索规律、掌握规律的过程，是审美，也是观道。物格，让童心学习升格，具有大格、高格、美格，物物而不物于物，会通物我，放下身心与万物相融，让教育直抵心灵。当物型课程建设为学生提供更多认识世界、认识社会的可能性的同时，课程就拥有了育人的大格局。

我们将蕊春园作为冶心灵、养天性、铸精神、炼人格的独特资源，园子里的每一种植物都具有比德的意蕴：结香——无私奉献，榴红——赤胆忠心，菊韵——清淡俭约，梅骨——顽强不屈，竹节——清正廉洁，松风——为人正直，莲语——清净不染，海棠——爱惜芳心，桃李——不言成蹊，紫薇——百日花红，古树——固

根守本，水德——润物无声，亭语——自然本色，山石——刚毅不移……天地大课程，时时处处给儿童以德的熏陶，孩子通过尝试运用比德妙悟的方式建构自然的人文意义——天人合一、万物有灵且美。

在蕊春园里开展元宵灯展，古朴的园门旁，镂空的花窗下，青色的砖墙边，挂着几盏花灯，墙角绽放着几株梅，散发着浓浓的古味。盛开的梅花，笑出声的灯花，喷着香味道的春阳……园子是静静的、安逸的，却又是喧闹的、愉悦的。春生春长，草木摇荡，园中灯影逐花影。窗扇里的灯花，窗扇外的梅花，不知哪一个更吐幽香。赏的是灯，品的恰是元宵这个传统佳节为校园增的一抹温暖。

带孩子园中赏灯，让孩子感悟到每一盏灯都是美的，每一盏灯都有一个故事，都有一段传奇。呆萌的，稚拙的，精细的，粗糙的，模仿的，创造的……每一盏灯都是独一无二的存在，都是同学们生命的作品。依庄子所言，"万物一体，世界平等，心与天游，无分彼此"，在生动的赏灯情境中渗透"大道如一"的中国哲学，让孩子获得"齐同万物"的东方审美。

## 三、追求"神与物游"：物型课程，构建儿童学习的"超然"境界

### （一）亲于"物象"的自然境界：物是物，赏物观型，有形有景

通过多样态的物型布排，打造童样学习空间，方便学生自由提取与主题重组。这样的学习空间，是开放的、关联的、全语言的，既有形色之景，也有声景，对儿童具有强烈的召唤性和深刻的启迪性。我们从文学、艺术、历史、建筑美学、植物学、数学、统计学、生态学等多方面，寻找可供学生研究的小课题。如植物观察、昆虫观察、鸟类观察、地质观察等多个模块的观察体验课程体系；具有文化意象的岁寒三友，具有学校特质的桃李园等主题文化研究；探索葫芦池的水位与假山的瀑布的内在联系，让孩子研究水的净化、水的污染与水的循环……形成立体的丰富的格物致知课程群。

### （二）融于"物道"的审美境界：物是我，移情作物，物我合一

我们探寻童化学习路径，创造天人合一、物我会通、格物缘情的审美境界，倡导实景学习、依物探究的新方式，不断丰富儿童世界的联系，形成理解生活、创美未来的整全世界。依托物型课程的优势，我们推动"园林 PDC"项目学习、实境诗化学习、自然呼应型学习等 3 种关联性成长的学习方式。以自然呼应型学习为例，我们借鉴瑞吉欧的方案教学模式，顺应时序与自然的变化，实时地开展相应的学习项目：元宵节，在蕊春园举办灯会；春日，融入声景，聆听鸟语，破译大自然的语言；金秋时节，举办"人淡如菊"朗读者活动等。

### （三）生于"物格"的天地境界：物非物，随型而生，顺道而行

物型课程，对于儿童的学习而言，终极意义就在于通过博大、宏伟、壮美的物境来熏染儿童的心灵，通过审美化的比德之法来引导儿童"物物而不物于物"，即不仅要物我交融，更要学会超脱于物，获得自己内心深处最为真挚的感悟。小园林求大境界。"用劳动阅读儿童"，建构"学习即耕读"的新意义，让学生在知行合一中体味一种新的成长内涵；"用嬉乐解放儿童"，建构"游戏即学习"的新意义，让学生在自然中游戏，在自然中探究，发展自然智能，激荡游戏精神，培养创造力；"用审美发展儿童"，建构"欣赏即学习"的新意义，鼓励儿童在物型空间中学会欣赏与表达，学会设计与生成；"用实景启迪儿童"，建构"关联即学习"的新意义。

真实性学习强调真实情境和真实问题的创设。一种课程，认知方式越多元，认知手段越丰富，介入的学科越多，越能获得全局性理解，找到解决问题的方案。

# 第三章　蕊春物型课程的三维模型

物型课程的定位是广泛意义上的大课程，不是狭义上的学科课程；是促进学习者进行意义建构的实践课程，不是单一学科的知识课程；是体现学校文化的核心课程，不是衍生出来的升级课程或辅助课程；是带动学校整体发展的综合课程，不是包罗所有课程的集合体。物型课程包含了三个要素："物型—课程—学习者"物型是基础，课程是核心，学习者也就是人的能力发展是目标。我们一一对应，在建设物型的策略上提出了"参与—关联—创生—合一"的理论模型；在课程互动路径上，我们提出了"亲物—话物—融物—明物"模型；在学习者培养路径上，我们提出"审美—怡情—明德—生智"模型。

儿童，应站立在课程开发、建构、实施和评价的中央，这是儿童有意义学习的前提和基础。在这样的模型图中，以人为本，"人"是核心。最底层是物型，即学校的物质与空间、资源与支持；上一层叠加的是课程，即学习的跑道和路径；再上一层是学习者，其能力与素质发展是"罗盘"探究的方向。

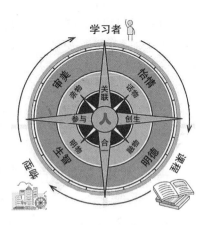

# 第一节 "参与—关联—创生—合一"模型

物型课程的模型图中,最底层是物型,即学校的物质与空间、资源与支持。"基础不牢,地动山摇。"物型这个底层基础支持着课程的实施,课程的实施必须充分建立和使用物型基础。

## 一、参与:创设真实情境让学习者悦纳

物型课程是对环境课程的聚焦和提升,是环境育人的新维度、新探索。不同于普通的环境课程,物型课程应当有能足够吸引学生的魅力,而不是简单的知识的传递。

"诗意蕊春"是一本打开的诗集,儿童是天生的诗人。"诗人"走进"诗园",自然会陶醉,会有参与的意愿。这种参与的意愿是建立在诗意和童真的基础之上的,是一种嬉游与愉悦,而非强迫与就范,是一种欣赏和悦纳,而非从众或盲目。

儿童参与到每一条小径的漫足,那么小径就化作了跳跃的诗行;儿童参与到每一扇窗户的洞藏,那么窗后就会舒展动人的画卷;儿童参与到每一缕春风的徐行,那么微风就会奏出清越的交响。

在物型与儿童之间,建立一种参与感,是物型课程能否成功的首要前提。

## 二、关联:勾连学习要素让学习者沉浸

明代画家沈周说:"鱼鸟相友于,物物无不堪"。大千世界中的一草一木都成了

人的朋友，这种与万物相融相即的心理状态，是一种诗意的情怀。诗意分好多种，园林艺术的诗意，艺术创造的诗意……诗意也是物型课程所追求所营造所推崇的。然而，物型课程的诗意又与前两者有所区别，既不能像园林诗意那样刻意说透，也不能像艺术诗意那样朦胧乃至晦涩。物型的诗意应当是适切儿童的天真，适切童年的心灵，适切发展的规律的。

我们选取了蕊春园中的各种要素，一砖一瓦、一草一木、一山一水……将其纳入课程的视野，进行关联组合，形成集聚。我们将树一排排地种，三棵也能成林；让花一丛丛地长，五朵亦可园圃。我们将路不同样式地铺，不同质地成就了足下的文化；将窗不同风格地建，方圆不一便有了风景的迥异。竹林和石桌可以对话，假山和棕榈可以猜谜语，古桥和迎春能够映照，芍药和菊花能知古今。最终，我们通过关联，打造60个景点，聚焦了60个主题，安排了60个学习项目，如"灯""虫""鸟""鱼""亭""廊""阁""窗""檐""路""匾""联""山""石""水""桥"，"菊""枫""梅""竹"，"松""桔""樱""荷"，等，创设出一个个立体综合、富有审美意蕴的问题情境，涵盖了小学各个学科、各个年龄段、各类学习形式，让所有的学习都通过任务和项目的方式呈现，使课程成为愉快的邀约，学习过程成为一次次美的探索。

小小的一方园林却是大大的课程天地，充分满足了一个孩子小学六年的探究、欣赏、学习、成长……

## 三、创生：激发意义建构让知识迁移

课程的构建离不开规划，但其更重要的意义在于生长。

蕊春园是一座百年的园子，它是一个生命体，是一个融合式的活生态。而课程要求有规范性，教育的要素必须要全，要有预设和生成。在实践中，我们充分彰显蕊春课程的灵活性，充分激活课程实施的"双主体"，即老师和学生的积极性。校级层面给予的顶层设计在班本实施时，允许"一年级一案""一班一案"，设置是"一季一案"。比如在研究一棵垂垂老矣的紫薇树时，每个班级根据学生的心理需求，切入点可以不一样，有的从生物学的角度去研究如何治虫施肥，"救活"老树；有的从力学的角度研究如何给老树搭建最好的支架；有的从春夏秋冬不同的季节做长线的观察记录并写作。课程的实施中，物与人都在成长着，具有不可复制性，具有无限创生性，具有很强的综合性。学生可以从数学、科学、地理、生态、道德、文学、哲学等多个学科层面来研究这棵树，从中感受到学习的全局视野和知识的整体意义。

## 四、合一：引领主旨回归让性灵同生长

"格物"主张"物我合一"。朱熹曾说："格，至也。物，犹事也。穷至事物之理，欲其极处无不到也。"这种合一首先体现在物型具有充分的审美引领。在"各美其美"的园林中，学生的心灵拥有着余裕，他们愿意参与，愿意联想，愿意创造，不知不觉，他们融入园林之中，心心念念惦记着在园林里的时光。探索的过程是审美的，凝视一棵小草的微笑，触摸一棵小草的挺拔，能让心变得柔软，能让性变得刚强。物型有形，意义无形，在与学习者的"合一"过程中，冶心灵、养天性、铸精神、炼人格……天地大课程，时时处处给儿童以德的熏陶，美的陶冶，智的启迪。

物型课程实施的理想状态是美学化的，正如朱光潜所说："把我的情感移到物里，去分享物的生命。"儿童天真的想象驰骋，无界的思绪翻跹，纯美的怡情冶性，都是这种分享生命的教育学的基础。蕊春园在他们眼里，不仅是美的，更是活的，还是"我"的，是能够相互"驯养"的存在。这种依存的温情依恋，让课程超越为了课程的意义，化成永恒的记忆，变成一种生命的延续。

## 第二节 "亲物—话物—融物—明物"模型

儿童的学习是怎么发生的？什么是儿童有意义的学习？美国哈佛大学零点项目主持人戴维关于意义学习，是这么阐述的——"也许，我们需要一种更具有未来智慧的教育视角，在复杂而多变的世界努力培养人的好奇心、启发人的智慧、增进人的自主性和责任感，引导学生积极地、广泛地、有远见地追寻有意义的学习。"物型课程的学习，恰是一种基于情境、指向未来、综合整体、关乎审美和道德的学习，自由而充分地培育儿童敏锐的好奇心、激发儿童强烈的自主意识、唤醒儿童的探索欲望、提升儿童的思维品质，是一种有趣味、有质量的"有意义"学习。

物型课程拥有完善的学习流程，是一个自足的完整世界。在这个世界里，儿童亲近物象，感受物型；对话万物，激活物型；融入物道，迷恋物型；发现物理，创生物型。

### 一、亲物：身体在场

没有进入儿童世界的"物"，不具备课程资源的属性。儿童的"亲物"并非自然生长、与生俱来的，需要成人适度的引导、示范和解读，培养儿童"亲物"的敏锐度、兴趣和能力。只有这样，物型世界对儿童来说才是有价值、有意义的。

物，是静止的，亦是多变的。"横看成岭侧成峰，远近高低各不同。"境由心生，景随步移，置身其间反复玩味，意趣盎然。物，是运动的，亦是静美的。日月交替，光影色彩渐变；四季轮换，花香树荫迥异。渐变与迥异，又来自一时一刻、一画一帧的留驻。鸟语花香，亭台楼榭，琴棋书画，诗词曲赋……在成人的启迪下，儿童感受到世界如此美好，如何能让他们不投入其中，不"身体在场"呢？孩子们用眼睛去观察，用耳朵去倾听，用嘴巴去评说，用双手去触摸，用身体去感受，自主体验，自我入境，手脑合一，情志齐驱，物我两忘，融入其中。

## 二、话物：对话在场

学习，其本质就是交往和对话。人与人的交往对话，人与物的交往对话。前者主题集中，目标明确，预设性强，容不得太多的"旁逸斜出"；后者则自主选择性大，选择对象、话语方式、内容范围、进程容量、时空安排等，几乎完全由学习者决定。

物的相对恒定，为儿童与物的对话提供了更多的可能性、选择性、多向性和即时性，符合丰富全面而又个性化发展的需求。耳闻目睹，嗅品摩挲，欣赏形色质地，是儿童与物的愉悦性对话；玩赏楹联，即景吟诗，品味诗情画意，是儿童与物的文化性对话；泼墨成画，笔下美文，赞美玲珑山水，是儿童与物的创造性对话；主题探究，分析归纳，寻觅物理奥妙，是儿童与物的科学性对话……

物型课程学习不仅是儿童个体独立摄取知识、发展能力、涵育性情的过程，也应存在于师生、生生等对话过程。物型课程的学习，很多通过任务群、项目化、主题性、跨学科的方式进行，在彼此的合作中，孩子们感觉到自己是在共同创造有意义的事物，是在创造一种团体共同的学习经历和体验，学习成为一种交互活动，合作成为生命的日常情态。知识在对话中生成，在交流中重组，在共享中倍增。学生通过交往，分享彼此的思考、经验和知识，丰富学习内容，寻求新的发现。学习过程因此成为课程内容持续生成与转化、课程意义不断建构与提升的过程。学习中的交往和互动有助于激发灵感，产生新的观点和奇特的思路，从而增强思维的灵活性和广泛性。物型课程通过对话交互式学习使知识增值。

## 三、融物：情感在场

维持儿童与"物"的紧密关联、有意义的关联，需要内生动力的驱动。对于儿童而言，这种动力更多的含有兴趣、情感、实用的成分。情感的培育，亲物是前提和基础，对话是途径和方法。洁净的环境，多姿的植被，优雅的花香，古朴的建筑……赏心悦目，舒适宜人，物态的舒适实用，吸引着儿童愿意驻足流连其间。草书的恣肆挥洒，楷书的精工端庄，工笔画的精美逼真，写意画的大气磅礴……艺术世界的缤纷多彩，气象万千，吸引着儿童走向艺术的天堂。凡人小事，伟人丰功，立身格言，处事箴言……浓烈的家国情怀，坚定的社会担当，踏实的人生足迹，激荡起儿童报效祖国、服务社会的情感涟漪。

儿童是课程的建设者和受益人，物型课程的建设，更多地应该来自儿童自己。定期更换的墙裙壁画，景点书法题名，树木花草认领，个人作品展演，校园义务小导游等等，倾听儿童的声音，展示儿童的创造，拓展活动天地，成长儿童智慧，物型课程理念下的舞台建设与儿童发展，相得益彰。儿童发现了自己的价值，亲物、话物、用物、探物、造物等美好情感油然而生，奔涌不息。

## 四、明物：发现在场

物型课程的价值，不止于赏心悦目、物我相融的感官层面，还应在于格物致知，穷究物理，由有限的物延伸到无限的世界，由有形的物拓展到无形的世界，由物质的存在提升到精神的存在。如，由楹联推演到古代韵文，乃至传统文化的博大；由曲径通幽，推演到中国园林的隐逸错落，推演到中国人的含蓄内敛等；由四季花草的繁茂葳蕤到萧瑟沉寂，推演到四季轮回、万物及人生皆有枯荣等。

物是一个多棱镜，会呈现理解的多样性。物型情境，构建在真实的物境和问题中进行学习的认知路径。通过激活学科知识路径，使枯燥乏味的学科知识有丰富的附着点和切实的生长点。创造物型物境，就是构建课程知识内容与学习生活、经验、情感、生命的接壤之处。鱼在水中才能活，物在境中才有意。物型物境成为学生的思维发生处、知识形成处、能力成长处、创造迸发处。物型课程，立体的场境，情境化、问题化、任务化的学习，有利于儿童站在自己的视角，拥有独特的生命发现，使学习由表层知识进入深层知识，去发现学习之真、之善、之美，去感受探索之神、之韵、之情、之趣。

物型课程，为儿童提供了一个广阔而又最适宜他们成长的环境。亲近物象，对话万物，融入物道，发现物理，使儿童真正成为学习活动的主体，通过缩短心理距离，在人与物间萌发情感，生成智慧，体验创生的乐趣，使得物型课程充满着情感的色彩，闪耀着人性的光辉。

## 第三节 "审美—怡情—明德—生智"模型

### 一、审美："物趣"和融，赏天地大美

中国美学重视生命，重视体验的真实，审美就是超越有限的人生，而达致生命的飞跃。中国美学并不强调用审美的眼光去辨别何以为美何以为丑，而强调以从容的心灵去感受世界的和融。在蕊春物型课程理念和实施中，校园成为审美情境场，儿童与物相亲，与物相融，在物境中感受美好，美的种子在童心世界生长。

置身园林，不同的时节呈现不一样的诗情画意：春有"几处早莺争暖树，谁家新燕啄春泥"；夏有"水晶帘动微风起，满架蔷薇一院香"；秋有

"落霞与孤鹜齐飞，秋水共长天一色"；冬有"忽如一夜春风来，千树万树梨花开"。花草树木和语言文字，本应是两个世界，但在这些美丽的诗句中，这些草木好像都有了情绪，有了故事，一切的物都有其趣，有其情。

## 二、怡情："物情"共生，塑人格情感

明代陈继儒《小窗幽记》这样写道："月令人清，竹令人冷，花令人韵，石令人隽，雪令人旷。"万事万物因其不同的韵致引发人们不同的情感和心绪。无论是晏几道"落花人独立，微雨燕双飞"的无奈，还是王维的"空山新雨后，天气晚来秋"的怡然自得，人与自然，总在一种微妙的联系中各适其情。

清风过连廊，怡情赏胜景。漫步"听风廊"，聆听风语闻草香；相约"邀月廊"，斜倚拱门凝假山；踏上"问萱廊"，低头寻觅见萱草；做客"候竹廊"，静看竹影听鸟鸣。廊，蕊春娃与历史对话的时空隧道，与文化相遇的艺术通道，与自然交融的心灵栖息地。六（10）班于书韵同学过廊而生情："走一步，我似乎走近了李白；再走一步，又似乎走近了杜甫，每走一步都似乎融入了历史的长河……"静静的连廊有着历史的厚重，文化的积淀带来的是心灵的沉静。

芦苇意象是文学世界里一道亮丽的风景线，更是蕊春物境无可替代的存在。在不断走向繁荣的城市的过程中，越来越多的孩子远离自然。蕊春物型用一种更亲近泥土气息的方式在假山瀑布池里，种植上一片芦苇。乡村田园的真实感，让每一个孩子心生对大自然的敬畏，激发孩子们对生命的热爱和对淳朴生活的追求。

"与梅同瘦，与竹同清，与柳同眠，与桃李同笑，居然花里神仙"，蕊春物境场里，蔷薇为墙垣，紫藤为花瀑；白石铺幽径，错落为台阶……蕊春儿童时居其中，怡然的生命情调在这里与物共生。

## 三、明德:"物道"启迪,养道德品性

《周易》有言:"地势坤,君子以厚德载物。"天地浩瀚,承载万物,为君子者,应像大地一样,用深厚的品德承载万物。一个有深厚品德的人,才能成为栋梁。一直以来,学校秉承"立德树人"的教育宗旨,遵循"以美育人"的立人范式,立足百年蕊春古园,探寻儿童生命美育新路径,致力培养立于天地之中的全面的大写的人。

孔子《论语·雍也》记载:"知者乐水,仁者乐山;知者动,仁者静;知者乐,仁者寿。"孔子把知者、仁者与自然界中最常见的山、水联系在一起,说明了知者有着水一样的宁静、优雅,仁者有着山一样的静穆、无私,大自然的美与人的德密切相连。于育人有意,依物而起,联想起人中君子的某种品德,比之效之,潜移默化中,育德于自然。

蕊春物境之中,儿童穿"菊径"而停留,遇"菊圃"而驻足。"采菊东篱下,悠然见南山",读菊花的超然洒脱;"宁可枝头抱香死,何曾吹落北风中",读菊花的坚贞高洁;"冲天香阵透长安,满城尽带黄金甲",读菊花勇者的豪情壮志。在赏菊、品菊、画菊、诵菊中感悟华夏文明赋予菊的高洁品质,心灵悄悄被菊之力量浸润,品行默默被菊之气节涵养。

## 四、生智:"物理"引领,长学习能力

《礼记·大学》:"致知在格物,物格而后知至。"朱熹认为推究事物的道理(格物)是获得知识(致知)的方法。

六(9)班俞伊涵同学每次看到蕊春园里的人工小瀑布,都不禁产生疑问:"瀑

布的水是从哪里来的，又流向哪里呢？"在茅琳峰老师的指导下，她探究钻研，知道了人工瀑布的原理：水是可循环处理的，流下去的水通过排水沟、沉淀池，由潜水泵将水吸进再利用，形成回收利用系统。她还幽默地把潜水泵称为"吃水的大妖怪"。学贵有疑，在瀑布物境场里，由疑生探究，继而启智慧，蕊春物型课程用心于这样的学习习惯的形成和学习能力的提升。

　　蕊春物型课程就是这样，在文学、艺术、历史、建筑美学、植物学、数学、统计学、生态学等多方面寻找可供学生研究的小课题，形成立体的丰富的格物致知课程群。以物为学，儿童在繁复的物之间自己探索、独立实践、解决问题，在这样自己生长的过程中探寻摸索，留下来的东西，才是最珍贵的，也是真正属于儿童自己的东西。那是一种真正的学习，真正的智慧生成。

# 第四章
# 创生：蕊春物型课程的开发模式与运行策略

"物象有限，意象无穷。教育是基于物质、超越物质的人的精神与灵魂的再造，这也就是物型课程的实质所在。"2013 年 12 月，江苏省教育厅教师工作处马斌处长在《江苏教育报》发表《物型课程：环境育人的新维度》，首提"物型课程"概念。经过几年执着探寻，物型课程已经融入天人合一的东方哲学、知行合一的实践理性、情景合一的美学命题，在全国基础教育界，成为一道靓丽的教育风景。

作为物型课程执行校代表，南通市通州区实验小学秉持清末状元张謇先生"以学愈愚"教育信仰，弘扬中华优秀传统文化，依托学校百年园林，打造蕊春物型课程：养天地正气，润生命学园，展适才教育。我们认为：

第一，基于儿童生命发展的物型课程是与世界的美好邀约。我们建构以儿童生命发展为导向的课程体系，依托蕊春园林自然景观与人文景观交相辉映的特点，带领孩子多维度发现学校的美，形成与自然世界、人文世界邀约的主题项目——主题哲思美：类草地上的"绿色课程"；建筑多格美：藏在屋脊里的"灰色密语"；景观变幻美：多种材质的"彩色园路"；古典文化美：飘在门框上的"绿色楹联"；现代科技美：挂在树干上的"黑色二维码"……

第二，基于儿童生命发展的物型课程是与历史的积极对话。我们建设"蕊春非遗研习所"，从南通地区的非遗文化中，重点筛选出蓝印花布、板鹞、木刻年画、剪纸等多个历史类非遗项目，用江海文化来滋养儿童的心灵。理解南通非遗，感受本土风情，激发爱乡情怀，传承非遗艺术。

第三，基于儿童生命发展的物型课程是与艺术的激情拥抱。我们开设多个蕊春艺术工坊，推行适才适性的艺术教育。释放艺术潜能，养护艺术童年。蕊春合唱团、管乐团先后参加"童声里的中国""中国好教师公益活动"等众多大型演出活动；2019年8月，蕊春交响乐团成功亮相维也纳金色大厅。

第四，基于儿童生命发展的物型课程是优质教育的时代应答。物型课程是儿童有意义学习的艺术重构。我们从全人的发展与未来教育的视角出发，探寻童化学习路径，创造天人合一、物我会通、格物缘情的学习境界，倡导实景学习、依物探究的全新学习方式。我们编撰《蕊春物语》《园林手绘》《蕊春儿童诗》等物型课程校本教材，开展语文长线观察、数学步道、科学探索、劳动种植等学习活动，赏天地大美，展优质学习，养时代正气。

## 第一节　合作开发模式

马斌处长指出：物型课程是指以儿童能力素质发展为目标，以知识和见识的物态造型为载体，以人与物的在场互动、实践生成为主要教学形式的综合课程，是传承优秀文化思想、回归认知原点、实施立德树人、建设美好学习的时代创新和教育表达。物型课程旨在以物化人、以人化物，创新环境的课程力量，指向在万物，关键在成型，突破在寓意，目的在育人，重在"物"的文化塑型及课程意象的生成，是培养学生实践精神、创新能力的新维度、新聚焦。

通州实小的蕊春园内，亭台楼阁，假山池鱼，廊道曲回，气象万千；百年园林既是通州实小的文化意象，也是每一个蕊春娃童年的精神乐土。园子本身就是一个藏着无限资源的物型课程群落。如何让孩子徜徉其间、与园子融合互动，留给孩子一个色彩斑斓的童年？我们在打造蕊春物型课程时，采用"合作开发模式"，力求将蕊春物型课程覆盖儿童在学校的全部生活，推动学科全面融合，成为珍藏在每一个蕊春学子童年生命里的快乐学园，促进儿童生命发展。

物型课程的创生开发，需要学校具备或创造一定的基础和条件。首先是政策基础，需要明晰国家关于课程开发的相关政策和制度。其次是方向基础，需要研究和了解国内外同类课程开发的趋势、特点和成果，从而准确把握物型课程创生的方向。再次是现有的软、硬条件，需要立足于学校的文化传统、办学特色以及现有资源，从而使物型课程的创生更具有基础性、继承性和发展性；需要教师具有崇高的教育理想、信念追求、课程意识及开发能力。最后还需要学校精心组织，投入相应的人力、物力、财力、时间等资源，以保障课程创生的顺利进行。

## 一、教育行政与学校合作模式

在进行物型课程开发时，教育行政部门提出方针和原则，江苏省教育厅在小学初中内涵建设、高品质高中建设等文件都提出加强物型课程建设，物型课程在江苏基础教育界已成为一道靓丽的教育风景。另外，教育行政部门提供的人力、物力等支持，也更有利于增强学校物型课程开发的综合力量。

## 二、研究机构与学校合作模式

课程开发实质是课程理论与开发实践不断发展、丰富和完善的过程。当进行规模较大、难度较高的课程开发时，研究机构的专家可以利用自身丰富的课程理论知识，为物型课程开发提供理论指导；同时，具有开发条件的学校也能为课程理论与实践结合提供合作基地。在物型课程建设过程中,江苏教育报刊总社专门成立了物型课程研究中心;"物型课程建设的研究与推广"成为江苏省基础教育前瞻性教学改革实验重大研究项目;江苏省教科院等研究机构为物型课程提供理论参考和理念指导;数以百计的中小学开展了物型课程建设与实践研究。

## 三、执行学校与学校合作模式

有学者指出,物型课程开发不能只局限于执行学校内部自身的活动,需要与其他学校构成互动关系。相关执行学校在各自教育哲学与校园文化相近的背景下进行合作研究,区域跨距小、资源互补强,能大大增强课程开发实力。作为执行校代表,王笑梅校长在"物型课程建设的研究与推广"研讨会上,多次介绍蕊春物型课程的开发实施情况和阶段成果,并与牵头的基地校形成区域联盟,共同推进物型课程建设的研究。

## 四、学校学科与学科合作模式

物型校园里的一本书、一扇窗、一棵树都被赋予了精神内涵,通过物与人的在场互动,引发感知与体验,进而促进意义建构。物型课程的学科与学科合作模式,开发体现学科整合的课程单元,会拓宽课程的范围与广度,放大学习的领悟空间;物型课程的创生有助于实现学科间广度与深度的全面协同发展,促进学校物型课程的变革。

## 五、领衔人与教师合作模式

在物型课程创生过程中,"名师工作室"领衔人和参与教师是核心力量。他们熟知学校自身优势与校本特色，直接承担着课程的具体开发任务。领衔人的个人风格、办学理念、管理方略彰显着学校的办学特色及自己的前瞻视角，参与教师知晓自己专业特点和学生学习水平；领衔人和参与教师深度合作，能真正贯彻"以人为本"的课程开发目的，能共同推进课程的升格优化和改革创新。

"王笑梅名师工作室"是南通市教育局首批遴选的中青年名师工作室之一。作为工作室领衔人，王笑梅校长致力于生命学园、蕊春文化、嬉乐语文、集团办学等创新实践，激发了学校发展的动力，突破了学校提升的瓶颈，打开了文化育人的视野，敞开了悦纳利人的胸怀，呈现出学校蓬勃发展的崭新面貌。工作室抱团快速成长，走出了3名省特级教师、2名正高级教师，多人次获得全国、省级各类赛课一等奖，申报省级课题10多项，被外界称为"通州实小现象"。

## 第二节　运行策略

马斌处长在《物型课程：以象立学的文化创新》一文中，将物型课程的主要内容分为四个方面：地表文化——追求天人合一的自然境界，突出自然景象；空间文化——构建知行合一的识见维度，注重包罗万象；学科文化——创生手脑合一的智慧教学，强调学科成像；格物文化——提升物我合一的精神品质，力在观物取象。从这四个方面可以看出，物、知识、人是物型课程三个重要的组成部分；物型—课程—学习者，物型是基础，课程是核心，学习者的能力发展是目标。

孙其华社长和刘湉祎博士在《论物型课程的内涵与要素》一文中指出：建构主义学习环境是物型课程的理论基础。物型课程既是认知建构主义学习环境理论的中国探索，也是顺应未来学校发展要求的"新时代课程引领概念"。物型课程坚持立德树人的根本任务，以儿童能力素质发展为目标，以物为载体，以型为着力点，以课程为核心，带动学校的育人目标、教学管理、校园文化、支持系统、内部治理、话语体系等方面实现整体性变革。

在物型课程建设过程中，通州实小依托百年蕊春园林，以"明德、求真、尚美"为三维目标，确立"以美为本、以美立教、以美储善、以美启真、以美立命"的教育新理念。江苏省首批前瞻性教学改革项目"生命化学园：儿童美育校本课程的开发与实施"，江苏省"十三五"教育科学规划课题"第一课程：儿童美育的建构研究"等课题对学校育人功能进行了符合新时代特征的把握和定位，让校园真正成为美德修成的学园。

王笑梅校长在《赏天地大美乃人生第一课程》一文中提出："我们把蕊春园林建成儿童与美相遇的大天地、大课程，力求让校园的每一处风景都具有美感和诗意，每一堵墙、每一方空间都能与人交流。让童年与美相遇的课程建设倡导通过嬉戏以释放生命，丰富文化以丰富生命，流淌情思以流淌生命，激荡创造以激荡智慧。"

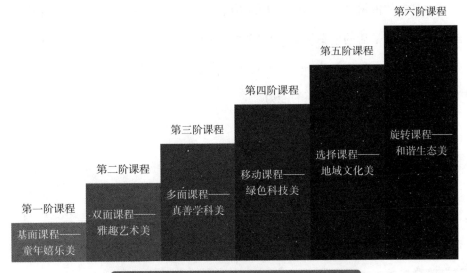

以美育德课程的"六阶布排"

为此，我们结合小学生年龄特点，课程运行实行"六阶布排"：基面课程——童年嬉乐美；双面课程——雅趣艺术美；多面课程——真善学科美；移动课程——

绿色科技美；选择课程——地域文化美；旋转课程——和谐生态美。

为了让儿童了解美、寻求美，我们引导他们到学校、到园林、到自然中去观察、探寻。我们推行"打开：原型生发"与"打通：群落开发"两大策略，着力开发儿童新美育物型课程，发展生命化学园的实景美学文化。

## 一、打开：原型生发策略

物型既有"物"，也有"型"。"物"是载体，指自然物质；"型"是着力点，是经过设计的"物"，蕴含教化作用。课程是物型课程的核心，只有通过课程的开发与运行，所有的物型才具有指引性和方向性。

我们在园子里种植了能够在南通地区生长的 100 多种植物，从常见的香樟、玉兰、桂花、银杏，到名贵的黄杨、古老的紫薇乃至南通地区唯一能够存活的柞针树，其中最老的古树已经有 100 多年的历史。整个园林就是一座天然的植物园，园中的花草树木都是活的生态标本。我们注重原型生发，运行打开策略，让孩子童年的生命与美相遇；我们与孩子一起发现美、感受美、欣赏美、表达美，让美在生命里开花，让儿童获得拥抱幸福的能力。

### （一）一物贯通策略

一物贯通策略是指借助一物，从多个角度对这"物"进行诠释与赏析，让孩子们自觉融入"物"中，与"物"、与他人、与自己进行互动、对话、交流，直至孩子也成为"物"的一部分。我们学校编撰的《蕊春物语》一书，采用的就是"一物贯通"策略。

## 【模型图】

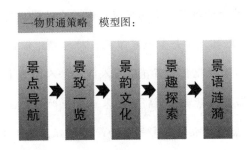

一物贯通策略 模型图：景点导航→景致一览→景韵文化→景趣探索→景语涟漪

**【案例一】** 紫薇古韵

**【景点导航】** 蕊春长廊西侧　樱花大道东侧

**【景致一览】**

比邻蕊春园，遥对校门口。这，是一棵人人都为之惊叹的树，它有一个好听的名字——紫薇。屈曲的树干，斜斜地伸出去，于悠长的时光中生出一片浓浓的绿荫。

紫薇素有"夏之樱花"的美誉。夏秋之季，当一众花木因高温的炙烤开不出繁花、形不成气候之时，这一树紫薇却在艳阳底下蓬勃灿烂，繁花满枝，云蒸霞蔚，姹紫嫣红。

"谁道花无红百日，紫薇长放半年花。"无数细密的小花，仿佛都有默契似的，抱团而立，蓬勃向上，悄悄地落，静静地开，你方唱罢我登场，这朵凋零那朵开。于一日一日的岁月更迭中，坚守开花的信念。用坚守成就紫薇绵长的花期，用坚守的绚烂——朝迎蕊春读书娃，暮送蕊春学子归。

**【景韵文化】**

民间有这样一个关于紫薇花来历的传说。在远古时代，有一种凶恶的野兽，名叫"年"。它伤害人畜无数，于是紫微星下凡，将它锁进深山，一年只准它出山一次。为了监管年，紫微星便化作紫薇花留在人间，给人间带来平安和美丽。传说如果家的周围开满了紫薇花，紫薇仙子将会带来一生一世的幸福。

而科学地来讲，紫薇花吸收有害气体的能力较强，每1千克叶片能吸收10克左右的硫。吸滞粉尘能力也强，每平方米叶片可吸滞粉尘4.42克。所以说蕊春园周围开满紫薇花，确实能给蕊春娃娃们带来健康与幸福呢！

极其顽强的生命力让这棵紫薇树显得越发独特，所以它的存在，让无数人关注。蕊春娃与老师们就曾围绕在它身旁，探讨生与死、枯与荣、美与丑……静谧的氛围，温柔的话语，殷切的目光引导着蕊春娃娃辩证地看事物，哲学地思人生。老师，紫薇，蕊春园，是蕊春娃娃记忆中最美的画面。

**【景趣探索】**

蕊春园内菊径旁也有一棵紫薇树，历史悠久，树干蛀空，千疮百孔。然而一到春季，仍竭尽全力冒出新芽，长出新叶，绽放花朵。

辩一辩：

正方：蕊春园里的这棵紫薇树虽然千疮百孔但仍很美丽。

反方：蕊春园里的这棵紫薇树千疮百孔，已失去了美丽。

**【景语涟漪】**

似痴如醉丽还佳，露压风欺分外斜。谁道花无红百日，紫薇长放半年花。

——［宋］杨万里

紫薇花最久，烂漫十旬期，夏日逾秋序，新花续放枝。

——［明］薛蕙

丝纶阁下文书静，钟鼓楼中刻漏长。独坐黄昏谁是伴？紫薇花对紫微郎。

——［唐］白居易

## （二）依物比德策略

习近平总书记在天津召开的全国学校艺术教育工作会议上，提出了立德树人的战略总要求。依物比德策略是依托"物"自带的文化意象，诠释中华优秀道德品质。以自然物的特点有针对性地比征人的道德品质，开创"物我一体"境界，观照人的人格形成，从而维系着中华民族数千年的文化脉搏和文明属性。

【模型图】

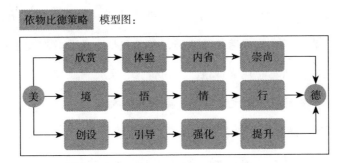

依物比德策略 模型图：

【案例二】菊径

（1）"境"之"创设"与"欣赏"

菊花是南通市市花，也是通州实小的校花。"菊径"是蕊春园入园的一条青石路。这条路上，嵌着九个由王羲之、米芾等著名书法家书写的"菊"字，这九个"菊"字由楷书、行书、隶书、草书等多种字体写成，与学校大门口的两幅巨型菊花地雕，以及校园内无处不在的"菊"文化遥相呼应。

漫步"菊径"，仿佛置身于中国数千年的文化长河之中，楷书的刚柔并济，行书的潇洒灵动，隶书的古朴端庄，草书的飘逸洒脱，一步一字一感，可让人领略汉字的无穷魅力。

（2）"悟"之"引导"与"体验"

菊花是花中四君子之一，宋代诗人朱淑真曾经这样赞颂过菊花："宁可抱香枝头老，不随黄叶舞秋风。"菊花品格高尚，不逢迎风雅，敢于傲雪凌霜，即使残菊，也悬挂枝头，挺然不落，依旧含香吐芳。故诗人说："堕地良不忍，抱枝宁自枯。"

菊花的瓣型可以分为平瓣、管瓣、匙瓣三类十多个类型，平瓣类菊花是最为古老的品种，盛开时舌头状花瓣呈平面展开，这样的瓣型无疑是对生存环境的一种完美适应。这种分工、合作、团结、凝聚的品性，正如一所学校里的人，虽分工各不同，但目标一致。"菊径"的建设激励着一代又一代实小人走菊径、品菊性，做人如菊，对蕊春娃传承"菊"文化，传递"菊"精神，有着深远的意义。

（3）"情"之"强化"与"内省"

中国栽培菊花具有3000多年的历史，早在古籍《礼记》中就有"季秋之月，鞠有黄华"的记载。汉代已将菊花作为药用植物栽培，魏晋时期大量栽培，以后逐步发展为观赏花卉。菊花的观赏价值、药用价值、文化内涵有哪些呢？从菊花身上又能学到什么呢？不妨以一个主题展开研究并与他人分享。

（4）"行"之"提升"与"崇尚"

"菊"诗词——我吟诵。菊花美丽高洁，品性坚贞。古往今来，歌颂菊花的诗词数不胜数。晋代、唐代、宋代、明代、现代都有很多脍炙人口的诗篇，仅《红楼梦》一书中就有几十首呢！孩子们以个人或小组为单位收集关于菊花的诗词，并在班上吟诵。

"菊"书法——我临摹。每位学生在习字时间均可临摹"菊"字；学校的地书社团也常在"菊径"开展各项临摹活动，使之真正成为蕊春物型课程的重要组成部分之一。

（3）虚物畅想策略

雨果说："想象就是深度。没有一种精神机能比想象更能自我深化，更能深入对象，这是伟大的潜水者。科学到了最后阶段，便遇上了想象。"物型课程的虚物畅想策略是利用学校现有的某"物"，充分展开合理的畅想，由小见大、由点到面，"窥一斑而知全豹"，从而达成对此"物"整体的美学认知。

【模型图】

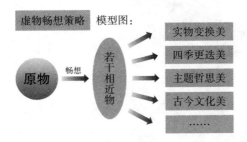

【案例三】灰檐秘语

蕊春园内古色古香，不管是亭台楼阁，还是宇榭廊轩，都有翘起的檐角。一方天地，一角飞檐，蕊春园林里的屋檐屋脊里，蕴藏着丰富的美育元素。

抬头看，那进门处厚厚方方略显笨拙的屋檐，与如皋水绘园如出一辙，这代表着古屋脊的南通地方风味。往前走，正前方傍桃倚李的晚香阁，右手边临池而建的兼霞榭，左前方挺立半山的延月亭，三景高低错落、遥相呼应，那轻盈灵动的飞檐翘角，是经典的苏州古建风格。穿过晚香阁，映入眼帘的是矗立在园中心的鞠寿堂，四周檐角古朴精巧、玲珑有致，展示的是扬州古建的风格。一方水土养一方人，一种檐角现一方风情。蕊春娃徜徉蕊春园，研究古建筑，在比较中发现，在发现中认识地域文化的差异，感受古典园林建筑的悠悠古韵。

"俯视宛如花一朵，旁看神似布达拉。或云宇外飞来碟，亦说鲁班墨斗花。"在中国古建筑保护专家罗哲文的诗句里，那灰色檐角似乎鲜活起来，穿越了历史的长河，安静地等待慕名而来的观赏者。通州实小的蕊春园在改造时保留了原有的"延月亭""晚香阁"，又新建了"兼霞榭""鞠寿堂"等具有古建筑风格的景观。

远观或近看蕊春园时，最显眼的部分就是那灰色的屋顶，四角飞檐翘起，有一种动态美，或扑朔欲飞，或直立欲飘，把本来静止的建筑带出丝丝灵动。风和日丽时，阳光从屋顶倾泻下来，在飞檐上积聚生辉；雨水充沛时，"叮咚"在屋顶响起，快活地从飞檐起跳落地；银装素裹时，白雪覆盖着屋顶，只露出灰色的一角飞檐……四季更迭，飞檐翘角，静观通州实小的蓬勃发展，倾听蕊春学子的童言稚

语,记录美好的时光流年。这些各具风格的古建筑飞檐,已成为实小综合课程资源,数学课上用脚丈量两种建筑之间的距离,美术课上现场描摹亭台楼阁、飞檐翘角,班会课可以觅一角飞檐聊聊心语……

"檐"知识——我知道。飞檐为中国汉族传统建筑中屋顶造型的重要组成部分。那你知道,建造檐角除了好看以外,还有哪些实际的作用?

"檐"风格——我辨认。飞檐的营造风格在我国南北方有明显差别。我国北方建筑屋角起翘较平,外观庄重浑厚。南方建筑屋角起翘较陡,外观活泼轻快。

"檐"艺术——我分享。同学们,看了这么多别具一格的飞檐翘角,你最喜欢哪一种呢?可以画下来,创作属于自己的一角飞檐,也可以分享你在游览过程中看到的特色飞檐,赶快行动吧!

"檐"诗词——我吟诵。"香亭三间五座,三面飞檐,上铺各色琉璃竹瓦,龙沟凤滴。"

——[清]李斗《扬州画舫录·草河录上》

"五步一楼,十步一阁;廊腰缦回,檐牙高啄;各抱地势,钩心斗角。"

——《阿房宫赋》

## 二、打通:群落开发策略

园子的美不是一座建筑孤立的美,也不是一片孤立的风景的美。延月亭、晚香阁、鞠寿堂、兼霞榭……把自然界的日、月、山、水、花草引到园子里来,把外面大空间的景吸收到小空间来,引发孩子对整个人生、整个历史的感受和领悟。然后,再由蕊春园拓展到整个校园,延展到校园以外的世界,引发孩子对整个人生、整个世界的关注。蕊春学园以此为路径,构建了立体丰富、格物致知的课程群。

## (一)主题关联策略

主题关联策略是指人物、动物、植物关联,历史、现在、未来关联,不同学科相互关联,物质世界和知识世界关联……从而回应时代召唤,顺应生命本质,实现真性成长的策略。

【模型图】

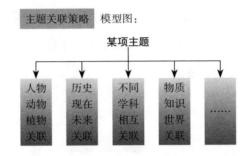

【案例四】"25项嬉游"微项目

这是基于蕊春实景的童年嬉乐系列活动。包括"水趣""树趣""泥趣""虫趣""鸟趣""步趣"等。

儿童拥有玩的权利。玩对于儿童来说就是最好的生存方式和学习方式,是童年的快乐源泉。如果我们要遵循儿童最大利益原则——把儿童的最大利益作为我们的首要考虑,我们就应该真诚地规划好儿童的嬉游活动,把儿童的嬉游活动当作活动本身的唯一主题。特别是在电子媒介时代,儿童被电子媒介催赶着滑过童年期。我们为了延展小学生的童年,为了不让小学生错过童年,我们有必要成为积极游戏的推动者。我们带领小学生重拾地域传统游戏,充分地享受田园嬉游25趣的快乐:放牧丛林,享受树趣;走进村野,享受农趣;投入体验,享受节趣;课间穿插,享受戏趣;融入水乡,享受水趣;走进江滩,享受苇趣;制作放飞,享受筝趣;实地制作,享受车趣;比拼晋级,享受拍趣;亲近自然,享受捕趣;现场采摘,享受采趣；劳动体验，享受割趣；炫秀技巧，享受推趣；设置擂台，享受斗趣；实战演习，享受武趣；亲近动物，享受养趣……

## （二）组合创生策略

组合创生策略是将不同的单个资源根据儿童的经验、情感、价值观以及儿童的生活实际联系起来进行组合创生，打通儿童聆听自然的通道，寻找理解自然的密码，给孩子提供多个观赏视角以及理解事物的方法策略。组合创生策略具有空间多维度、时间多频度、思维多向度、理解多角度的特点，因而能使课程具有无限开放的价值和无限广远的意蕴，让孩子看到课程的有形与无形，生命的有限与无限，从而去感受成长的力量，生命的能量。

【模型图】

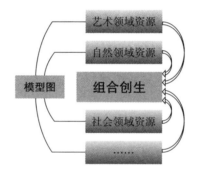

【案例五】蓝印花布

越是民族的，就越是世界的。在美丽富饶的江海大地上，有许多专属南通地域的非遗文化。我们在了解、欣赏、实践中理解南通非遗文化，感受本土风情，激发爱乡情怀，传承非遗艺术；通过激发儿童对中华民族文化和南通地域文化的认同感和历史责任感，探寻南通文化艺术古老的生命记忆，传承最原生态的文化基因，用江海美学来滋养儿童的心灵，让非遗文化熏染孩童的道德人生。

## 蓝韵魅力　青出于蓝

### ——南通市通州区实验小学"蓝印花布"专题片解说词

（童声方言）

长江口/黄海边/南通州/曹家店/蓝印花布很光鲜；

镂空版/刮白浆/染一染/晒一晒/蓝白经典传百年/传百年。

通州蓝印花布是国家级非物质文化遗产项目、国家地理标志保护产品，也是南通地区唯一被列入"江苏符号"的文化名片。

"物有无穷好，蓝青又出青。"蓝印花布的文化影响甚为深远。

早在2013年，南通市通州区实验小学便成立了蕊春非遗研习所，融非遗传承与教书育人于一体，传承蓝印花布技艺，打造蓝印主题课程。

民间寻访，踩准传统文化的轴心，坚守一份流淌在血液里的勤劳与善良。

蓝印工艺，和着儿童的模仿、创新节拍，嵌入学习生活的过去、当下与未来。

蓝印用品，回归生命的应用本质。穿越历史，找到美育的精神原乡。在知行合一的实践中，探索未来的世界，感受创造的快乐。

蓝印展览，丰富儿童的东方审美。映入眼眸的，是蓝白色彩；敲开心扉的，是做人底线。

南通板鹞、蓝印花布，来自通州的两项国家级非遗文化完美邂逅，用古老的方式，打好人生底色，动可健体，静可塑美，体美并行，培育阳光美德少年。非遗文化的融合创新，拙雅生趣，飞出蓝白校舍，飞向蓝天白云。

蓝印课程，探寻儿童的学习本义。让儿童的学习丰富而活泼，让美育的实施立体而广远。

2019年4月15日，苏州金鸡湖国际会议中心，为期六天的全国第六届中小学生艺术展演活动，我校推出的"南通蓝印花布工作坊"，喜获学生艺术实践工作坊一等奖。

4月20日下午4时50分，教育部陈宝生部长在教育部艺体司王登峰司长、万丽君副司长、江苏省教育厅葛道凯厅长等领导的陪同下，步入会议中心B1展厅，参观学生艺术实践工作坊和优秀学生艺术作品展。

王笑梅校长向部长倾情推介："南通州，北通州，南北通州通南北——咱们南通州的蓝印工坊很是优雅独特。"

茅心悦、黄赫文、赵一璟、徐真四位小朋友欢快清唱王笑梅校长作词的《蓝印歌》："兰草青，菜花黄，南通州，靠长江。"清脆的童音，欢快的旋律，让教育部长情不自禁地高举双手，使劲为孩子们鼓掌喝彩。

一百年前，通州名流孙儆创办孙氏私立小学，南通张謇先生赠书"以学愈愚"为校训。而今，通州实小继承发扬蓝印花布这一文化遗产，吸纳南通民间艺术精华，探寻南通文化古老的生命记忆，传承最原生态的文化基因，从道德涵育与审美心理等更深的层次去熏陶和涵养孩子的心灵。

"承心承手，传艺传人"，祖先的勤劳与智慧，是民族不可丢掉的记忆。在这里，有继承，有创新，有传播，还有交融。越是民族的，就越是世界的。

在通州，在实小，在奔流不息的时间长河里，蓝韵魅力，青出于蓝……

（结尾）《蓝印歌》

蓝草儿青　菜花儿黄　南通州　靠长江

镂花的板子刮白浆　挂上了架子晒太阳

放进大缸染一染　天蓝蓝呦云白白

呜呜哩噜　呜呜哩噜

蓝白点儿像花开　蓝印花布美名扬　美名扬

## （三）生态融合策略

童年是人生最多彩、最宝贵、最自由、最舒放的时期，也是生命中最有"草木味儿"的阶段。生态融合策略就是将校园内的地表文化、空间文化、学科文化、格物文化融入物型课程，让课程真正成为与美相遇的生态天地，从而达成儿童生命的美化与超越。

【模型图】

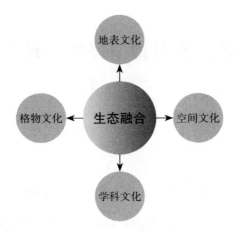

【案例六】东篱习耕行动

中华民族是农业大国，习耕文明绵延数千年。东篱习耕行动就是让现在的孩子直接以土地资源为生产对象，通过劳动获取各种农作物产品，体验劳动的传承、艰苦、等待与乐趣。

蕊春习耕课程的开展，将帮助学生了解农耕文化的历史，懂得粮食作物耕种文化和经济作物耕种文化的分类，知晓旱田耕种文化和水田耕种文化的方式，刀耕火种文化到现代耕作文化的技术进步，熟悉地域常见农作物名称、习性及耕种方式，并由此延伸至整个植物界的进化演变；培养学生勇于担当、懂得传承、善于探索、甘于吃苦的道德品质。

# 第五章　铺展：蕊春物型课程的校本化群落开发

　　蕊春物型课程体系以国家课程为主要核心内容，厚植校园文化特色，涵盖学科延伸、生命教育、生活体验、科学探究、地域文化等，形成立体、多元、有高度、有温度、有深度、有广度的校本课程群落。丰富的蕊春园课程资源，铺展成具有"创美"风格的"实景课程群"，丰富而有美感的实景课程，以儿童的发展为出发点和归宿，将思维引向苍穹，促进学生为自然"动心"，这样的课程也成为师生成长相伴相生的生命印记。多样的生态环境建设，优化了物型设计，成就了具有"丰美"体征的"复合资源带"。蕊春物型课程将核心素养进行校本化的理解和表达，在课程运行中不断增加多样性、丰富性、可选性，让学生的个性得到充分而自由的发展，使得师生潜能不断被挖掘，蕊春园里打造出具有"灵美"特质的"彩色工作坊"，呈现了一种美丽成长的新路径。

# 第一节 蕊春园的课程化：
## 铺展成具有"创美"风格的"实景课程群"

蕊春园是富于教育意义的物质文化资源，微山微水微课堂，应时应景显内涵。园里一砖一瓦、一草一木，都是具有人文气象的"知识源"，在师生眼里，铺展成具有"创美"风格的"实景课程群"。静静的池塘，喧腾的瀑布，多彩的楹联，迂回的长廊，"童诗影""哲学树""比德花草""连环水道""步道广场""实景楹联"，这些都自然而然成为我们开发物型课程可见可感的有力依托。

### 一、清风云影课程群

诗美在变形。雪莱说："诗使它触及的一切都变形。""变形"是创作诗歌的重要技巧之一。诗歌的创作常常运用想象、夸张、联想、虚拟等艺术手法对物象进行变形，传达出新鲜的感觉从而达到一定的审美境界。蕊春园的园林建筑、艺术空间、四季草木给予欣赏者多样态、多层次的审美体验。在众多物型中，形、色丰富的物象能瞬间触发感官，产生强烈的心灵震撼，例如草木系列。而有一类物象或无形无色，或瞬息变幻，有着灵动的生命和气韵。这类物型能够打开更加广阔的想象空间，通过凝视、神思、审辨将不同感官获取的感觉相互融合转换，获得特别的审美体验。

#### （一）聚焦技法，构建课程

中高年级童诗进阶课程将诗歌创作常见的表现技法同物型特点进行精准匹配，

构建童趣盎然、螺旋生长的诗意课程。课程撷取自然界中常见的云、风、雨、影子、鸟鸣等富于变幻、体质空灵的对象，依据它们的特点设计观察体验的方式，一课聚焦一处技能精心打磨，提升诗艺。对于难度较大的技巧，则设立单元体系，通过两三个物型渐次铺陈，拾级而上，让能力的提升含隐于热情地探索、尽情地猜测、肆意地宣泄之中。

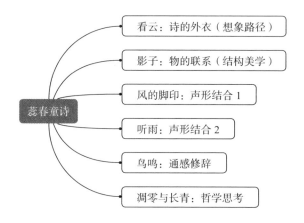

## （二）多元融合，升华体验

诗的构建来源于对自己感觉的发现、深化和表达，把感觉独特地语词化。而感觉，特别是比较独特的个性化的感觉往往是需要外界环境和内在情感来激发和驱动的。如果不加唤醒，就会稍纵即逝。从审美意义上讲，不仅是"我思故我在"，还应是"我感故我在"，或者是"我不感故美不在"。要酿造诗意的感觉，我们需要从多样角度，运用多种方式加以唤醒和激发。从不同学科的视角出发，融合科学、美术、音乐、数学等元素，用不一样的方式打开物型个体，叠加多层次的感受，从而捕获更灵动的感觉。

以《影子》主题学习为例，第一阶段，孩子们先从科学的角度探究影子的形成原因，了解同一事物的影子在不同时段的变化，尝试解开影子与光线的秘密。第二阶段，带上画笔和纸，捕捉各式各样的影子，想象影子的世界里正在发生着的事情。在涂鸦的过程中发现影子的不同和妙趣,用画笔及时记录自己的观察所得,使思维更加形象化。第三阶段,将富有故事性的影子做成幻灯片,配上不同情绪的背景音乐,准备好玩偶剪影、落叶、花朵、昆虫贴画等道具,让孩子自由选择,现场捕捉灵感,进行创意想象。黑色的影子经过数重变幻组合,变得五彩斑斓,充满浪漫的幻想和飞扬的神思。诗意缓缓流淌:影子有脚/爬上屋檐/跳进池塘/坐上石头/云朵一来/全部溜掉。(刘馨菲《影子有脚》)竹叶的影子在石头上拼汉字/一撇一捺加一竖/一撇一捺加一竖/忙活了一个春天/拼出无数绿色的"个"字。(朱景悦《拼汉字》)

### (三)智性引领,释放诗想

1. 显性支架,催生个性表达

有时,孩子的想象如回旋奔突的河水,需要一个适切的引流口,只需一点轻巧的提醒,一个独特的角度,诗想就沛然而出。以童诗创作课《影子》为例:

师:看,花窗的影子还会变化呢!(播放视频)

师:你看到了什么?这样一闪一闪的,是谁在干吗呢?

出示:

花窗的影子是_____,

一闪一闪,

_____。

生:花窗的影子是太阳寄给蕊春园的信,一闪一闪,让蜗牛和蚂蚁读给小草听。

生:花窗的影子是太阳射出的飞镖,一闪一闪,吓唬偷懒的西瓜虫。

生：花窗撒了一地的星星，一闪一闪，眨着眼睛。

生：花窗的影子是太阳奖励给廊道的印章，一闪一闪，表扬它认真听讲。

童诗创作过程中，在孩子有所思而不能言的时候，提供一个开放的思考支架，能够成功引流想象，实现想象与表达的无缝对接。

跳跃的想象、陌生化的表达是儿童诗最为显著的特征，要达成富有诗意的表达效果是需要新鲜的感知、想象和情感的。不如集中大家的智慧，来次创意接龙。儿童是最富有游戏精神的，合作和竞争带来的紧张感、刺激感、成就感催生各种创意表达，层层递进，连缀成篇。孩子们的诗想在创意接龙中飞扬。以《影子》教学片段为例：

影子有脚，

爬上屋檐_____，

跳进池塘_____，

坐上石头_____。

云朵一来，

_____。

孩子们的诗作：

影子有脚／爬上屋檐看风景／跳进池塘捉水花／坐上石头晒太阳／云朵一来／全都一溜烟跑了。

2. 隐形辅助，实现质感飞跃

鸟鸣是一种颇具文学渊源，能够引发多样感觉、富有诗意却又难以描摹的物型。历代诗歌散文不乏对鸟鸣的描写，但对于四年级的孩子来说，作一首关于鸟鸣的诗，还是很具挑战性的。

如何将比较抽象的鸟鸣变成可见的、可闻的、可以触碰到的直观物象？我找到通感这个魔法镜来启动多样感官，进行融合创造。整个过程就像一场游戏，每一个魔法的习得就是一次想象力和审美力的进阶，也是一次诗意语言的打磨过程，孩子乐在其中，尽情享受不断发现、释放灵感的喜悦。这种飞扬的诗情看似自然流淌，实际上是精心设计的结果。策略一，建立联系。在看见鸟鸣的形状和色彩这两个环节，我精心挑选了蕊春园中当季典型的物型与鸟鸣产生链接，使得鸟鸣这个物象丰厚灵动起来，令人浮想联翩。这种打开的方式正是孩子需要学习的关注自然的方法，让万物在彼此观照之中相映成趣。策略二，引导表达。对于表达的引领，有的是显性的，例如每个环节中给出的句式。这种相对开放的句式既可以避免过于平实的大白话，又可以提供思维的框架，降低了构思的难度，同时也不约束天马行空的想象。课堂上更多的引领则是润物无声的，通常是在悄然无痕的对话中，一首小诗就诞生了。在孩子思维的滞涩处、表达的困顿处，一句补充和提醒后便豁然开朗。策略三，正向激励。其实，写一句鸟鸣的诗并不容易，已有的儿童诗作品中也不多见。孩子们面对这巨大的挑战却是兴味盎然的。兴趣来自不断的正向激励，每一次提高后的击掌、赞赏都会使孩子自信满满、更加灵动。

## 二、草木四季课程群

戴维·珀金斯在《为未知而教，为未来而学》一书中说："教育的任务不仅仅是传递'已经打开的盒子'里面的内容，更应当是培养学生对'尚未打开的盒子'和'即将打开的盒子'里面内容的好奇心。"我们需要广泛地、有远见地追寻有意义的学习。感受力、想象力、交融力是未来世界急需和稀缺的能力。

基于此，我采用孩子们喜欢的项目学习来架构新的单元体系，将四季草木、园林美学与诗歌教学相融合，用一个个小小的物型多维触发孩子的认知，激励孩子以全景式目光看世界，启蒙自然常识，养护草木诗心，抒发浪漫诗情。

## （一）融诗入景，亲近经典

大自然是一本打开的诗集，大人的目光可以阅读到万物兴衰更替，儿童可以捕捉到欢畅自然的悦动童心。借清风明月、花影横斜，诗词变成身边可观可赏的真实场景，让经典悄悄地住进孩子的心里，是多么美妙的事情。学校的蕊春园是大自然的缩影，在这里能找到长江北岸大多数的常见植物，按照四季的顺序变幻出迷人的样子。循着季节的指引，开启绿色晨读，领着孩子在流光里与诗词相遇。

### 1. 花开有声

花开烂漫，诗词有声。春桃、夏荷、秋桂、冬梅，花开之时，赏花读诗。清晨，我们站在花树之下，花在眼前，诗在耳畔，香在鼻尖，人在诗中。每一句都是饱满新鲜的，滴落在心间，滋养童年。晨诵"花系列"是充满欢欣的。

### 2. 节气之旅

二十四节气是古人通过观察太阳周年运动，认知一年中时令、气候、物候等方面变化规律所形成的知识体系，每个节气都是大自然的一幅全景特写，都可以找到能为这个节气做注解的诗。日光、微风、春雷、蛙鸣，几千年来都是一样的。站在葫芦池边，可以吟诵"远天归雁拂云飞，近水游鱼迸冰出"。在廊道边赏花，知道"雨霁风光，春分天气，千花百卉争明媚"。待到谷雨，在晚香阁畔，可吟"惆怅阶前红牡丹，晚来唯有两枝残"。"野堂梨密啼晚莺，海石榴红啭山鸟"，是小满。"鸟语竹阴密，雨声荷叶香"，是小暑。"离离暑云散，袅袅凉风起"，是处暑。不一而足。四季，在诵读中分明，在诗歌中永恒。

### 3.《诗经》印象

《诗经》中"凡草本之类八十，木之类三十有四"。一部《诗经》，绿意四溢，其中用于起兴或直接描绘的植物很多就是我们南通地区常见的草木，蕊春园里也有不少。如：

谖草（萱草）

焉得谖草？言树之背。愿言思伯，使我心痗。

卷耳（苍耳）

采采卷耳，不盈顷筐。嗟我怀人，寘彼周行

芣苢（车前子）

采采芣苢，薄言采之。采采芣苢，薄言有之。

除此之外，诗经中出现的荇菜、白茅、梧桐、榆树、桑葚、麦、桃，也是常见的植物。当熟稔的植物与陌生的《诗经》相遇，产生的是带有久远华夏文明印迹的自然记忆，古老的诗伸展绿色的枝叶与孩子们握手。

### （二）融情入境，养护诗心

学校的蕊春园是微缩版大自然，也是一处立体变幻的自然人文科学百科情境教学园林。孩子们浸润其中，拥抱自然，品读四季。由欣赏到创作，审美在这里发生，成长在这里留下深刻的印迹。借由园林产生的园景之美、生态之美、文学之美集成丰富多元的课程资源，滋养着孩子的童年。

园中花木所产生的绿意和芬芳为人们营造了诗意栖息的唯美空间，可以构成不同角度不同层次的富有意味的观赏体验。当时光以植物的模样呈现在眼前时所激起的审美波澜是巨大的。园林里的花木大都经过精心的挑选，或名人所栽，或年代久远，最重要的是与园外花木相较之，往往体现出传统文人诗画的影响，有雅趣。结合园中花木，我开发了草木四季童诗课程，听花木之语，阅四时之美，赏园林之趣，悟自然之道。加入儿童喜闻乐见的嬉乐活动，设计出草木四季系列课程：

```
                            草木四季
         ┌──────────────┬──────────────┼──────────────┬──────────────┐
         春             夏             秋             冬
       ├ 绿色的耳朵    ├ 扑蝶         ├ 鸣蝉         ├ 石韵
       ├ 等一朵花开    ├ 蜂之歌       ├ 望月         ├ 掉发的树
       ├ 树的衣裳      ├ 虫子世界     ├ 菊韵         ├ 竹林诗画
       ├ 寻香之旅      ├ 与莲共舞     ├ 落叶跳舞     └ 冬雪
       └ 花儿落了      └ 凌霄之焰
```

顺应四季独特的物象图谱，借由嬉乐观赏活动，让儿童张开绿色的耳朵，倾听自然的节律，睁开诗意之眼，看见万物和谐共存。在大自然的怀抱之中，在园林语言的浸染之间，在经典诗歌的熏陶之下，养护诗心，萌发诗情，感悟诗意。

1. 长线观察，看见万物

四季之景，无时无刻不是变化着的，瞬时的静连缀成唯美的生长动态，万物生长的过程本身就是一首写在大地上的绝美诗篇。一次、短时的接触无法摄取全部细节，无法洞察变化带来的美感。通常，我们在做植物主题时会规划好长线观察的时间点和路径，带领儿童经历完整的绽放之旅，看见时间雕刻花朵的杰作，看见生命由盛及衰的演变，看见个体与环境的丝丝关联。通过看见万物拨动儿童内心的诗意之弦。

以赏梅为例，儿童经历了多种时段、多样角度、多维碰撞的全景观察。梅初显红，一点明艳在寒风中摇晃，此时去，是读她的顽强。梅染枝头，星星燎原，此时去，是品她的绚烂。风雨交袭，落英缤纷，此时去，是敬她的无私。绿蔓满园，春倏忽去，此时再来，是叹美好的短暂。几经来去，梅的一生铺展成完整的画卷，生动活泼，伶俐清晰，难再抹去。至此，梅算是一颗投掷在心湖的石子，荡起几圈涟漪。不急，再带着孩子多转转，换着法子看。站在树下仰着脖子看，踮着脚尖远远地看，捡一朵落英细细地看，隔着花窗用目光剪裁一幅生动的画，想象之舟翩然启航。

其他物型也是如此，《绿色的耳朵》会带领孩子发现早春芽儿的藏匿、萌发、伸展、蓬勃。《树的衣裳》关注春天的绿有多少种色号，有多少种样态。《与莲共舞》历经"小荷才露尖尖角"的欣喜欢悦，"鱼戏新荷动，鸟散余花落"的静谧悠然，"水面清圆，一一风荷举"的袅婷之姿，"秋阴不散霜飞晚，留得枯荷听雨声"的萧瑟之景。长久的凝视注目让大自然的叶脉分外清晰地印刻在童年的底稿上，清澈的童心飞染出几朵浪漫的诗情。

2. 花式嬉乐，激活体验

游戏精神的存在对儿童有着重大的成长意义。游戏是儿童的存在方式，是儿童生命的体现。儿童在嬉乐活动中感受、表达自我，发现自我与外界的关系。依据物型特点开发的主题嬉乐活动可以让孩子在游戏中进入"物我对视""物我合一""物我两忘"的境界，具身体验，获取真实的感受，激发创作的激情。

比如围绕"雪"主题，孩子通过花式嬉乐活动获得很多新鲜的感受。在雪地里打几个滚儿，感受雪的松软；再踩上几个小脚印，听"咯吱咯吱"的响声；摇一摇"雪花雨"，感受雪溜进脖子的冰爽；舔一舔洁白的雪花，记住舌尖的美丽绽放。花式雪人大赛，欢畅雪地团战，雪景发现大赏。花式嬉乐主题活动提升了孩子对美的感受力，舒展了想象力，释放了创造力，让手快乐、眼快乐、心快乐，是尽兴的玩，也是艺术的玩。在活动中，用儿童的目光去探寻雪花飞舞、停驻、积、落之间的用意，用童心去猜想雪与万物的联系，解密雪之私语，是文学的玩。

一次全方位的玩雪获得的是对雪的初体验、初审美、初探索，雪课程赋予孩子们多元的感知方式，所以萌发了诗一般的语言：一片片雪花 / 在说话 / 一句就是一朵桃花 / 一句就是一株嫩芽。（朱景悦《谈话》）白白的 / 软软的 / 做棉花糖正合适 / 小蚂蚁把雪花一片片拖进洞里 / 结果 / 你知道的 / 它绝望地哭了。（张晨浩《绝望》）

## （三）融技于趣，锤炼诗艺

兴趣是最好的老师，不错的。既然孩子喜欢游戏，写诗也可以成为游戏，是一种释放想象、描写感觉、抒发情感、创意重组的文字游戏。但创作又不是单纯的游戏，诗的语言是一切语言形式中最凝练最有表现力的一种，拥有独特的审美结构形态。如何引领儿童在原生表达的基础上，了解诗的结构特点，学习一点常用的表达技巧，使表达更灵动？我结合不同物型的样态和儿童心理特点进行了梳理。低年级着力赏读仿写，沉浸式培养语感，集中力量进行"金句子"练习，多用拟人和比喻修辞释放想象。中年级逐渐过渡到拥有一个相对完整的思维结构，着重进行发散性想象与简洁表达的练习。高年级则在集成的基础上加入哲学思辨的元素，运用通感、夸张等手法催生更具思维含量和文学色彩的表达。

纵观草木四季课程，物型依照时节顺序构成横向序列。遵循儿童心理发展特点，科学排布纵深课程，通过巧妙设计来实现一课一得。通过浸润式、实景化阅读熏染诗意心灵，在童年的沃土播下一颗名叫诗歌的种子。

## 三、"比德花草"课程

"比德"为美，是儒家关于自然美本质的基本观点，其含义是：自然物的美，不在于物的自然属性，而在于它们所象征的道德意义。屈原《楚辞》中的竹、兰、菊、荷等都具有象征的道德意义上的美。"比德花草"课程群是基于儿童更易触摸的事物属性与道德属性所进行的课程编排与建设。

自古以来无数文人墨客不仅喜爱竹之外形，更崇尚竹之内涵。白居易在《养竹记》中总结竹的品性"本固""性直""心空""节贞"，将之比作贤人君子。竹，拔节而上，孕育着向上生长的生命力量；竹，中通外直，书写着谦

逊不阿的人生态度；竹，凌霜傲雪，折射着自强不息的高贵气节。蕊春园里的紫竹林，意在希望儿童有一个有情趣、有韵味、有秘密的丛林去探索，并能以竹的品格去成长。要获得儿童的共鸣，往往需要从认识和培养情感开始。

## （一）走近它

### 1. 定期观察，"画竹"建情谊

学生随身携带《竹林手记》和一支铅笔，定期定点到竹林里画一画竹林的整体风貌，并选择竹林里的某一棵竹子作为自己的"长期交往伙伴"，详细地画下它的位置、样子、颜色，记录下它的高度。4月雷雨阵阵，学生通过资料查阅，知道这是"春笋娃娃"最爱生长的季节，他们每天会利用休息时间去发现在雨后冒出来的春笋娃娃，每6人小组均获得一位"终身亲密"伙伴。对于这些神奇地冒出头来的"笋娃娃"，低段儿童甚是喜欢。每天定时（8小组分不同时段互不干扰）、定点观察，并用画画的形式将其每天的生长变化及时记录下来，在交流中，学生表达出自己的惊叹。

"下午去看它，我感觉已经比上午长高了点，看来笋娃娃时时在生长，我也要努力了。"

——陈思齐

"我常常会找不到我的那位朋友，因为隔一夜，它就长得我不认识了，好神奇！"

——陈希

显然在竹子朋友身上，学生看到了竹子的拔节而上，孕育着成长的力量与生命的奇迹。

### 2. 体验行动，"游戏"添情趣

随着竹朋友的长高，它们逐步褪去了外衣，露出自己光滑而有弹性的身体。我们设计出多样体验游戏，让学生更多地了解竹子的品质特点，增进彼此的情感并加深了解。

① 闻一闻、摸一摸、弹一弹，借用五官去进行生命体验。

② 心跳多少：借用听诊器找到最佳"听点"，倾听竹的心跳。

③ 盲测"我的竹朋友"：以小组为单位，蒙上眼睛，在竹林里转几圈，根据印象中竹朋友的大体位置、大体特征，寻找到它。

④ 设计一份竹林游戏

……

在这些游戏工作的过程中，学生和竹子建立了初步的友谊，通过多种感官，能初步感受竹的坚实，感受竹的弹性，感受竹的挺直以及竹子成长的力量。

## （二）走入它

1. 牵挂中的秘密发现

作业设计：与竹朋友多待一会，周末可采用视频和照片的方式上传自己和竹朋友的相处情况，并在微信中口述自己的观察情况。学生需要倾听它的呼吸与诉说，走进竹子的内心与之建立感情，进而发现竹更多的秘密。刮风时，学生想到竹子便去观察，发现竹子斜斜地交织在一起；下雨时，学生们想到竹子便撑伞去探望，竹朋友更青翠欲滴；下雪时，担心竹子会断，探望竹朋友却发现完好无损，惊叹不已，感慨竹子的生命力顽强，它凌霜傲雪，折射出自强不息的高贵气节。

2. 追寻里的文化传承

"宁可食无肉，不可居无竹。"竹在中国有着不一般的传统文化含义。

在一段时间的竹子课程的长线观察与活动中，学生对竹子有了较为深刻的了解，亦有了较为深厚的友谊。读读写竹的诗，赏赏竹的名画，听听竹曲，聊聊竹的故事，建立一张"文化网"，就显得水到渠成。学生在清代画家郑燮的"千磨万击还坚劲，任尔东西南北风"中再次感受到竹子的刚毅与顽强；在各类竹曲的欣赏中，听到"心空"的谦虚，空心的竹子却奏响了包容万物的乐章，对竹子"七德"的品读也正是在这些课程活动与资源的学习与探讨中去体悟。

## （三）离开它

以竹子"本固""性直""心空""节贞"的品格去成长，是竹子课程的目的与意义。我们帮助儿童寻找到一个植物伙伴，以读"竹"为例开启竹课程，由浅入深，层层递进，为学生向花草植物学习品格做好有形却又无形的准备。离开"竹"，把竹子的精神与品格内化为自己成长的力量，用竹子成长的坚韧，品性的率直，谦逊不阿的人生态度，自强不息的高贵气节引领自我的成长。课程学习的拓展中将竹子的品格与社会生活实际相联系，开展班会故事讲演"那一棵'竹'"，在事迹讲演中体会具有"竹子"精神的人物所具有的特质，并以此为榜样，使之成为成长的引航灯，化为自己生活学习的力量。

孔子一生游历丰富，形成了山水比德的经典旅游思想——"知者乐水，仁者乐山"，这正是当下新时代儿童所需要的仁义道德。把这些儿童所需要的通过儿童乐于接受的形式，以大自然为载体传递给儿童本身再适切不过了。

在课程建设中，我们发现说教与道理的传递对于儿童均是见效甚微，只有通过亲身的体验、亲自的感受、亲手的触碰、亲眼的见证才能真正地品读到花草身上的品格。

## 四、"连环水道"课程群

"智者乐水，仁者乐山。"古人认为，水代表德，人们应该向水学习，君子应该像水那样不断流动，永不停息。在蕊春园里，"水"有灵动美，河塘水映天。微山微水的蕊春园是让人心灵放松的港湾，而山水设置正是学校文化品位的重要基础和重要内容。

有了水，蕊春园里便有了灵气，有了生趣。每至春日，葫芦池边迎春争艳、黑松吐翠，睡莲静伏水中。葫芦池畔狮山听瀑，黄石堆砌，水帘高垂。葫芦池是蕊春娃亲近水源、探知世界的源头活水。

探索葫芦池的水位与假山的瀑布的内在联系，让孩子研究水的净化、水的污染与水的循环……关于"连环水道"的课程就在蕊春园里发生着。

### （一）探究"连环水道"之谜

物型课程中，"物"如何发挥教育价值，关键就在于我们怎样操作，如何铺设路径、架设支架，如何将"物"的"物性"变为学生的"悟性"。葫芦池水与瀑布之水是怎样相互流通，形成水循环的呢？两者一个静、一个动，一个高、一个低，是如何"打通"的呢？老师们带着学生这样思考着，探究着。于是，科学小实验课题研究应运而生。下面是六年级一位学生的研究记录。

水"循环"的秘密
六（1）班　陈棣铄

一节科学课上，科学老师带领我们去蕊春园里寻找葫芦池里的秘密。透过这扣人心弦的"瀑布"，我不禁对"瀑布"的产生原理产生了好奇，葫芦池里的水怎么会流上去的呢？这是水循环吗？老师告诉我："葫芦池中的水确实是循环的，它的循环是靠轴流泵叶片旋转时对水产生的升力，进而被从下方推到上方。我们可以根据水循环系统原理，自己动手制作一个微型水循环系统。"

于是我就寻思自己做一套微型水循环系统。周末，我早早就做好了准备。三个空的小纯净水瓶（两个有瓶盖）、剪刀、胶水、两根 40 厘米的软管、一根 20 厘米的吸管、有色液体、电钻、胶布、水杯等。

我把 3 个空瓶分别命名为 ABC，然后把 B 瓶和 C 瓶的瓶盖盖紧，用电钻在瓶盖相同的位置打洞，用吸管穿过 B 瓶和 C 瓶的瓶盖的洞（吸管和瓶盖连接的地方必须用胶水固定密封，吸管尽量多的留在 B 瓶），让 B 瓶和 C 瓶的瓶盖紧紧相连粘牢，然后用胶带把 B 瓶和 C 瓶的瓶口相对（包含瓶盖）紧紧缠绕在一起固定。我又把 A 瓶从中间剪开只留下带瓶底的半个，然后把 A 瓶和 B 瓶的瓶底相连粘牢并用胶带固定。我再在A瓶的侧面钻两个洞（两个洞上下距离约6厘米）。在B瓶和C瓶的瓶体侧面中间位置分别钻一个洞，用一根软管把A瓶上面一个洞和B瓶的洞连接（软管和洞口的连接必须密封并且管口要稍微深入瓶中），用另一根软管把A瓶下面的洞和C瓶连接（要求同上）。

开始实验了，我首先把实验装置竖立放置（A瓶在最上面，依次是B瓶和C瓶），然后用水杯在A瓶中加入有色液体，当液体没过A瓶下面的软管口时，液体就通过这根软管流到与之相连的C瓶中，当C瓶中的液体差不多要满的时候停止加液体。这时，把整个装置倒置，C瓶中的液体就通过与B瓶相连的吸管进入B瓶，当B瓶中的液体差不多满时再把实验装置正放。这时，我在A瓶中稍微加一点水，当A瓶中上面的软管流出水时就停止加水，这样实验就成功了，我看到A瓶中上面的软管不断地流出水来，而流出的水又自动加入A瓶就形成水循环了。

那么微型水循环系统的科学原理到底是什么呢？它利用的是压强原理。在A瓶加水通过软管进入C瓶，C瓶中的水又通过吸管压缩空气来加压B瓶的水，B瓶的水通过软管被压在A瓶中，这样就形成了自动加水，微型水循环系统就形成了。

太神奇了，这个小实验让我学到了很多小知识，更透彻地了解了蕊春园里的水循环系统。其实这个实验装置改造一下，还是一个微型喷泉呢，你想到了吗？

"连环水道"微课程在继续。在学生的实验过程中，充满了对物型的喜爱，充满了学校带给他们的归宿感，充满了探索和创造的无限渴望。个体在与蕊春园、与世界万物的交互中，发现知识，使用知识，改造世界，提升自我。

## （二）研究生态系统之妙

约瑟夫·克奈尔说："我从来不曾低估与自然接触，并融入其中那一时刻的价值……"也不知从何时起，我们，小学教师，更愿意多一个美妙的称呼——"自然导师"！老师们用足了蕊春园的课程，激发喜悦、快乐的洞察与体验，帮助孩子们从自然中获得更多的力量。关于物型课程，老师们有了更多的研究方向。在科学课上，老师们开发课程，引导学生进行合作、探究式学习。

在蕊春园里，阳光、池水、空气、土壤都属于非生物，小鸟、鱼儿、大树、小草等等都属于生物。这些生物和非生物之间有怎样的关系呢？这些环境中的各种生物之间又有怎样的关系呢？

这是老师们带领学生开启奇妙的"生命共处之网"。

教学流程：

蕊春场景，引发探究

小组合作，建立模型

回归物型，深化认知

生态保护，学会共处

从教学流程中，我们看到，师生共同研究葫芦池里的植物、动物、微生物形成的生态系统，同时注重科学素质与人文精神的融合，培养学生真善美的健全人格。学生感悟到人类许多活动会对生态系统造成一定的破坏，而一旦生态系统被破坏，那么最终受到危害的还是我们人类自己！所以要爱护我们和所有生物的共同家园，学会与其共处。

### （三）感受"连环共处"之道

为了让每一个学生在物型课程之中真正感受到物之美，物之智，物之神，结合校园特有的地表文化，语文老师们进行了初步尝试。他们带着学生们走进蕊春园，去和植物交朋友，交往不仅仅是浅层次的单向交往。如何学会与自然共处呢？

1. 探察彼此欣赏的"共处之道"

园中有一株古老的紫薇树，当年创办人孙儆先生把这座园子捐给学校时，紫薇树就已经在这里安家了，陪伴着一代又一代教育人度过了风风雨雨，见证着学校的发展和改变。现在它已经是一位饱经风霜的"孤独老者"。立德树人,"物"已天成,借物启学,匠心之美。

首先,老师以自己与紫薇树深入交往的经历为例,引导学生感悟相互欣赏的"共处之道"——

看一看,我的紫薇朋友怎么样?

猜一猜,我为什么选它做朋友?

听一听,紫薇与学校的悠久历史。

讲一讲,紫薇陪伴我成长的经历。

当老师将紫薇和学校的历史、自己的成长经历联结起来,引导学生以一种新的视角去观察这棵树的外形、了解这棵树的经历、感悟这棵树的精神时,他们就由单纯的好奇发展到由衷的欣赏,进而产生与它深入共处的迫切愿望。

2. 感悟真诚奉献的"共处之道"

光有联结的意识还不够,还需参与到具体的行动中。唯有真心付出,真诚奉献,才是真正的"共处之道"。在前期和紫薇交朋友的过程中,学生们用各种方式自然记录着它的生长变化。

沉浸式思考:万物皆有生命,秋风起,天气凉,紫薇朋友生长过程中会遇到哪些困难?该怎么帮助它度过寒冬?

沉浸式调查:问一问园艺工人,为了拯救这棵紫薇,做了哪些事情?

沉浸式实践:我现在能为紫薇做什么呢?亲自去尝试一下。面对一年年倾斜老去的紫薇,学生又提出了给它以支撑的建议。

共处之道丰润着学生心灵。为紫薇想办法,就是将自己与紫薇的生命紧密联结在一起,这是德育的道德之美;为它遮风挡雨,帮它抵御严寒,这是实践的探究之美;与它共同守望春天,共同见证生命的奇迹,这是感悟的生命之美……亲历联结的行动,学生们知道了,共处,不仅要彼此欣赏,还要真诚奉献。这是自然之道,也是做人之道。

3. 感悟尽力回报的"共处之道"

冬天：叶落枝枯，积蓄力量

春天：绿芽吐翠，向阳而生

夏天：花苞绽放，捧出嫣红

秋天：树叶渐黄，尽情芳华

爱，是一个回路。联结在一起的生命共同体，是心相连，爱循环的。自然和人一样，也懂得回报爱。如何共处？紫薇告诉我们答案，共处，就是相互欣赏、真诚奉献、尽力回报。那一刻，老师们知道，我们将物放在心里，与自己合一，与内心相融，物我两忘，这是物型微课程的温度！

4. 发现自然天地的"共处现象"

物象有限，意象无穷。老师们仅仅以一棵紫薇树为例，意在推开一扇窗，让学生放眼四周，全面发现自然天地中的"共处现象"。这拉长了联结的距离，扩展了联结的范围，也放大了联结的效应。只要有心，生活中很多的"物"，都能成为一门课程，一门让学生学会学习、学会生活、学会生存的课程。

发现共处：蕊春园的植物、动物、建筑、水等也自然而然地共处着。再次走进蕊春园，去发现共处现象。

研究共处：选一组你们最感兴趣的共处的事物，小组合作展开研究。

分享共处：用喜欢的、独特的方式汇报展示事物间的共处。

学生们恍然明白，共处就是相互映照、相互成全、相互体贴、相互补充、相互关心、相互依恋、相互呵护。这样的课题小研究，促使学生与自然的联结走向了深度，与物联结，联结的是蕊春园，打开的是物的世界，让学习变得有趣味，让学生在学习过程中识人生百态，悟万物之理。

5. 深度研究"共处课题"

随着学生的深度思考，新的研究课题产生了，师生将"连环共处"持续进行下去。园中有一株老榆树，早已失去了生命的迹象。曾几何时，它枝繁叶茂，生机勃发，这样的情景，总自然而然地让我们想到"树阴照水爱晴柔"这样美好的意境。修建园林时，因为榆树倾斜得太厉害了，树干几乎都要淹没到水里了，园林工人就用石头撑起它，没想到在撑的过程中伤害了根须，树慢慢枯萎了。经过园林专家的鉴定，这棵榆树回天无力了。对于这样一棵树，还可以放在园子里与我们共处吗？

为了引导学生展开深度研究，专门设计了相关的流程：

观察榆树对比图

思考榆树的价值

探讨榆树的共处

延续共处的研究

学生在研究中，用灵魂去倾听"物"的心声，用精神与"物"融合，这是尊重、关怀和欣赏。共处，追求的美妙境界是——"人与天地相应，人与草木同归"。而联结，是通往这一境界的桥梁。当联结成为一种自觉意识时，学生的心灵之眼自然会睁开，草木之心也会主动唤醒。

学生们在蕊春园中学习着自然之道，共处之需。自然万物和谐共生，无声地启迪着学生们，而学生们真诚善良，用自己的爱精心地保护着自然，这必将指引着学生追求生命的美好与圆满。

## 五、"步道广场"课程群

我们学校有着得天独厚的自然和文化资源——蕊春园，一座有着百年历史的园林。园子里亭台楼阁、小桥流水、奇花异草、名木古树等为我们数学实景探究提供了丰富的研究载体，借此帮助学生理解数学的价值，形成智慧的数学视角、巧妙的思考方式、处理问题的灵动策略等综合数学素养。

于是，在数学组的总参谋王俊校长积极点引下，各位老师绞尽脑汁、群策群力，设计、实施、反思、修正，建立了立体丰盈的数学"步道广场"实景课程群。

## （一）趣味篇：蕊春之乐——游戏精神

如何让孩子在玩中得到有深度的趣味？在玩中培养思考力？数学老师们针对低年级小孩子的特性，开发了数学步道第一系列：

**主题1："堆假山"**

蕊春园里的假山历经一百多年，是我们心中的"老爷爷"。虽然不能攀爬，但是，我们可以去看假山，在纸上玩堆假山游戏。

这种游戏能将图形在空间与平面中自由转化，将复杂的空间图形简单化，真正地用教学辅具达到训练空间的目的，在游戏中潜移默化地让学生的空间想象力得到了培养。

**主题2：跳石桩**

园子地面错落铺设了许多小石桩，爱玩的孩子们可以边跳边观察小石桩以什么为中心，最终排向哪个方向。玩一玩单脚交叉跳，思考一下右偶左奇跳过去，返回时又变成左偶右奇了。

**主题3：找数学**

数一数园子里的石凳，估一估它的长、宽，再用身体尺量一量（几拃，几庹，几脚，几步……）。地上的圆盘有多大？最多可以站多少位小朋友？最多可以铺多少本数学书？沿着圆盘边缘走一圈，有多长？（步测，用绳子）数一数蕊春园里有多少棵红枫树，它们分别在蕊春园摇篮桥的什么方向？红枫的叶片可以分成几类呢？……

从花圃中的数数到估测大树的高度，从认识方向到寻找建筑的几何形状，校园里到处都是数学的影子……

### （二）求索篇：蕊春之探——研究精神

中年级的孩子已经有了自己的思考和研究。老师们带着孩子从课内走向课外，结合书本的知识，在校园里开展数学步道第二系列：

**主题1：对书本知识的延究**

认识了方向，去园中画一画蕊春园的方位图；认识了分米，去园子里测量各种实物的长、宽、高；学习了乘法，用乘法计算花圃里花的朵数；学习了估算，踩着园子里的石子路估计小石子数量；学习了找规律，去观察回廊柱子的间隔规律……

看着看着、算着算着、想着想着、用着用着，课堂里的知识在园中找到了真实的落脚点，延展出一片新的探究领域。

**主题2：对构造之美的探究**

对称是一种深受人们喜欢的美，带着孩子去寻找树叶中的对称、花朵中的对称、建筑中的对称，去思考为什么把它们设计成轴对称图形；去寻找延月亭的飞檐翘角，探究这样的构造有什么特殊的意义；九曲回廊弯曲成怎样的角度会展现更美的姿态呢……

孩子们感受大自然的灵动，体验数学研究的乐趣。

**主题3：对种植问题的深究**

园子里"一亩花田"是孩子们喜爱的种植园，也是步道研究的素材库。从防腐木花盆所需的材料面积、实际占地面积、需要填多少土比较合适、这些泥土大约重量到防腐木花盆里栽种植物的间距和行距等一系列问题都由孩子们提出、思考、研究。

全方位视角深度研究不断提升着学生的综合学力。

## （三）应用篇：蕊春之能——设计精神

高年级的学生不满足于趣味和研究，而是想要搞些自己的数学小设计，于是有了数学步道系列之三：

**主题 1：蕊春装修**

园内的摇篮桥横跨葫芦池，通向晚香阁，大家想为它铺上地毯，于是有了测量、设计；园里一段长 50 米、宽 2 米的步行道要加铺空气砖和草坪，于是有了测算和预算；鞠寿堂前的花圃该种花了，于是有了菊花种植方案……学生成了一个个数学设计师，成了园子的主人。

**主题 2：蕊春闹灯**

元宵节，学校组织花灯闹元宵活动。同学们各展身手，兔儿灯、六角灯、圆形灯等花样繁多，从构造图到主框架到外层纸都需要大家用数学知识去设计、测算，一篇篇带着理性探究风格的数学日记彰显着同学们的思考、创意与智慧。

**主题 3：蕊春游览**

每年都有来自全国各地的领导来参观学习，那么我们的蕊春园游览，能不能给大家一个游览路线，这样不必走回头路就能参观完我们园子里的所有景点呢？如果不能，怎样的路线是最合理的呢？

学生利用奇点个数去思考，结合七桥问题结论最终合作设计出较为合理的游览线路，这样的体验独一无二。

蕊春数学实景探究课程的开发，为所有的学生提供了一个体验数学、研究数学的活动场，其活动不仅仅是孩子对所学知识的一种简单拓展和补充，更重要的是学生的已有经验在外界的刺激下引起的内在变化的过程。这个过程是可持续的，是为学生的未来服务的，是学生终身发展所需要的。数学实景探究让学生在活动探究的过程中动口、动手、动脑完成学习自主建构，使学生的经验和知识得以丰富、拓展、加深，能力得以形成，让数学学习成为再发生、再创造的过程。

当然，我们还有跨越学生年龄的"雪课程""叶问"等系列步道活动。这些课程的开发凝聚了每一位数学老师的智慧和心血,我们集体出谋划策、互通有无、共享资源,各年级活动的衔接上也形成了自己的默契和规则,将数学步道根植到每一位老师、学生乃至家长的心中,真正抵达"数境合一"之美。

未来,我们还将继续实践,"四季步道课程""STEAM 步道课程"等系列都是我们探索的方向!

## 第二节 课程群的生态化:建设成具有"丰美"体征的"复合资源带"

我校将以美育德、生命美学的教育理念与蕊春园林设计理念和谐统整,让生态化的课程群建设与蕊春园内外的物型资源完美融合。充分发挥通州区重点园林保护资源——蕊春园的教育功能,积极创设立体综合、富有审美意蕴的物型育人情境,让课程学习通过任务和项目的方式呈现,使课程成为愉快的邀约,学习成为发现美的邀请,生态化课程群的建设呈现出具有"丰美"体征的"复合资源带"。

### 一、"桂林山水"资源带

山水小桂林是蕊春园中不可或缺的风景,更是生态化课程群建设可开发的重要复合资源带。桂林山水课程的生态化具有"丰美"的标志性特征,我们基于山水美学、气象科学从不同层面发掘物态桂林山水的课程资源,厘清山水与

田园、自然与人、山与水的复合关系，落地生态，着力物型。

### （一）圆融思维美：山水映照的哲思

桂林山水，大美不言。一座座黛色的山峦紧紧相依。"水是眼波横，山是眉峰聚。"虽是人工假山，但嶙峋奇石的秀丽清趣同样令人感叹——此山只在人间有，白银盘里一青螺。

黛色的山峦高低起伏，青绿的松柏、洁白的云朵摇曳于碧水之中，分外清新明丽。清冽透明的碧池水平如镜，秀山灵石如耄耋智者探身水中，似有千言欲说。一群可爱的蕊春娃常常在老师的带领下欣然聚在池边，或撩水、或嬉闹、或取水观微，或临池照镜，不亦乐乎！

山与水相互依偎，水有山而各有形态，山有水而尽显不同。圆融是山水的美的形态，在桂林山水课程建设过程中，把握山水映照的关系，探求山水圆融的哲思成为重要的课程元素。

孩子们在触摸山石、观赏影子、感受池水的真切体验中渐渐明白山水圆融的哲思之美。

### （二）融贯联系美：池瀑循环的机理

山水小桂林是蕊春园龙墙下一处崭新的生态化课程资源，几座岩石悠然倒映在水中，水中仿佛出现一微缩版的江南水乡。水中一对丹顶白鹤，袅袅娜娜，高贵典雅。争食的红鲤，吸引孩童驻足观赏。

其实，在风景秀丽的蕊春园内，碧波盈盈的葫芦池与新旧假山之合，是不可多得的完美之约，更全面地诠释着桂林山水的融贯之美。

清冽透明的珠帘，从山腰处倾吐而出，漱玉喷珠，水花四溅，幻化为彩虹一座。喜欢探究的孩子们带上好奇，想要一探究竟。调皮的孩子已经攀上山腰，涨红脸庞，似乎想搬开巨石，寻觅飞瀑之源。

怀揣疑虑的孩子们徜徉葫芦池边，听远处飞流直下，这是多么难得的课程实践的机会。

池中不间断、同形态的波纹给飞瀑课程探究带来了新的入口。假山上潺潺的瀑布与哗哗的池水相融，似天籁佳音。山得水而活，水得山而媚。池水与瀑布的循环再次彰显了复合资源带的"丰美"体征。探究其中的机理成为孩童循环思维的启蒙课程。

### （三）融变科技美：山水细节的忠实

桂林是山与水的变化莫测的符号。在蕊春园，无论是站在微缩版的"山水小桂林"前，还是流连于葫芦池与假山飞瀑间，一石一景，一景一新，一水一观，一观一奇。水中影子是嬉戏的孩童，还是清影的静石，自在每个人的心中。

远观山石，似有沟壑折径，危崖石刻，近看石峰似乎裂纹肆虐，述说着沧桑。每当风和日丽，山石故事就在阳光里明媚丛生。若遇渐沥，那山就渐渐淡去，虚去化影；那池就越发活泼，涟漪与圆晕参差，小鱼顶着池面追逐。

青黛、黄石、碧池、苇荡和谐统一于桂林山水之中。苍松翠柏掩映，风雨雷鸣洗礼，树是山石之柱，苔即山石之毛，雨是池水之脚，风乃碧池之声。我们忠实这些山水细节，方能发现山水融变的规律。

变化是不变的真理，看似静止的物态，在细节处留意、留痕，在风云外围的变化中就会生长出山水课程的融变科技美。

地质的演变，岩石的来源、质地，气象学的研究，生物学的涉猎与兴趣激发都在与山水交互的符号中、在山水细节的忠实里给予了课程资源多层级的意义。

### （四）融冶文化美：山水寄托的诗情

小小一处景，源于自然，又是一幅浓缩的山水画，大自然的美丽与宁静尽收眼底。动静相融，呈现出无限的活力与生机。栖身于草木之间，影影绰绰、神神秘秘。

山水可是大物，对人们的思想感情的启发是广泛而深厚的。我们所接触的山水本是人类加工的结果，是"人化的自然"。陶渊明歌颂"良苗亦怀新"，是因为这良苗的怀新有他自己的劳动在里面。中国的山水已具有中国人民的精神面貌，蕊春园的桂林山水显然也饱含着中国气质、蕊春气质。

园中桂林山石，平地拔起，千姿百态，四坡壁立峭峻。展现了桂林山景之奇、之美。置身其中，仿佛穿越了时空，来到了千里之外的桂林，倍感清新幽雅、舒适恬静，无处不体现"天人合一"的完美境界。

古诗词中的山水田园传承着丰富的中华传统文化。山水是文化的地标，祖国的山川雄奇，祖国的河水秀逸，我国的领土有960万平方公里，地产丰富，旅游景点也数不胜数。山水承载着中华民族最真挚、动人的情感，寄情山水、游赏山水成为人们的生活方式。

桂林山水课程的生态化呈现和"复合"资源群的建设，坚持圆融思维美、山水映照的哲思；融贯关系美，池瀑循环的机理；融变科技美，山水细节的忠实；融冶文化美，山水寄托的诗情。多元整合资源，统整多维教育元素，积极推动课程群的生态化。

山水交融，文化融通，精神融贯，让孩子们在"丰美"的生态化课程群的实践中爱自然、爱家乡、爱探究、爱科学、爱创造……

## 二、"国色天香"资源带

### （一）回忆就是重逢——校史再现，跨时空的引领

园林记录着学校的历史。蕊春园在改造的过程中，重视让校史活在当下。通过对校史进行"美的再现与重塑"，让学校特有的文化寻到根脉，并前后续接，让在场的历史成为鲜活的人文课程。

几十年前，实小的美术老师、园艺师马长啸老师，在实小的园子里种下了第一

株牡丹。至此，种牡丹、画牡丹，牡丹之美在当时实小的校园中晕染开来。随着时代的变化，实小校园几度更迭，牡丹不再，丹霞之美却长存在回忆之中。2015年，蕊春园园林重修，牡丹园僻地而立，丹霞之美与历史重逢，再现在孩童的视野之中，"国色天香"课程资源带悄然而生。

### （二）相遇铸就璀璨——明月入怀，跨地域的引入

"湖光迷翡翠，草色醉蜻蜓"，晚香亭前鸟弄桐花，葫芦池里雨翻浮萍，樱花大道边残花即将落尽，鞠寿堂东的牡丹园里花正盛开。"谷雨洗纤素，裁为白牡丹"，那年，来参观的洛阳友人同行在赞叹之余，给王笑梅校长送出了牡丹之都的真诚建议：牡丹向阳而生，多色多瓣显雍容。随之而来的10月，洛阳牡丹裹挟友人的情谊在鞠寿堂西侧的新牡丹园扎根而下，接受更多的光照。易地而生的洛阳牡丹在这大江大河的入海口与实小历史的丹霞之美相遇了，在实小人敞开的胸怀里、精心的看护下，它们在牡丹园里轰轰烈烈地共生共长。

"牡丹花品冠群芳，况是其间更有王。四色变而成百色，百般颜色百般香。"谷雨花开，牡丹园姹紫嫣红、千姿百态、花香怡人。花谢之后，依然绿叶扶持，婀娜多姿。寒冬叶落，蕊春园大雪覆盖，更现枝干挺拔，铁骨铮铮。于是，"春到蕊春添国色，一园花开倾天下"，"国色天香"资源带勃勃生长。

### （三）思考衍生课程——树式生长，跨学科的开发

庞朴说："传统不简简单单是个遗产，而是遗产又投入再生产了。"牡丹园作为蕊春园20多个主题园中的一个，作为具有"丰美"体征的"复合资源带"中的一员，实小人必然用思考和智慧发挥着它"真国色"的魅力。

1. 一本打开的科学书：充满问号的"绿色课程"

充满问号的"绿色课程"，用思考让孩子打开这本名为"牡丹"的科学课程书。

源起章——用故事开启"绿色课程"：为什么校长要将牡丹移园？用观察引导

课程：移园前的牡丹和移园后的牡丹生长环境有什么不同？为什么有的地方牡丹进行地域移植后不能健康生长，而蕊春园中的牡丹却能生存并生长？用思考收获课程：你发现了什么？是怎么发现的？打算用什么方法进行研究？用生成衍生课程：打算用什么方法进行研究汇报？

孩子们经过对比观察，发现移园前后牡丹生长态势有明显差异，通过查找资料了解牡丹的花卉品种、花期、生长习性，得到牡丹有"性宜寒畏热，喜燥恶湿，得新土则根旺，栽向阳性舒"的知识结论。通过将牡丹园种植地块前后光照对比，印证牡丹"性宜寒畏热""栽向阳性舒"的生长特点。研究泥土，了解了种植牡丹对土壤的要求：需要有适度湿润的砂质壤土或富含腐殖的壤土。通过向园艺老师学习栽种、观察牡丹生长土壤和环境，印证了新园土层深，疏松肥沃，临近葫芦池排水良好，土壤适度湿润，且细砂和黏土含量不相上下；边上有阔叶植株和花草，经年落叶枯枝化作春泥腐殖土壤，更有利于牡丹生长。得到其实只要选择适宜品种，栽种方法得当，牡丹种植不局限地域，在通州一样可以种好洛阳牡丹的结论。思考收获的课程，在行之有效的探究过程中印证，生成自我学习的思考模式、探究手段。衍生课程的汇报让牡丹的科学生态研究在跨学科领域生长，锻炼了学生语言表达、文字叙述、合作探究、多元展示等综合能力。

除此以外，开展牡丹的品种和名称、不同品种牡丹花期的对比研究、气象与花期的关系、伴生植株与牡丹的关系，以及长线探究：形成"春发林、夏打盹、秋生根、冬休眠"牡丹的年周期观察探究、牡丹药用价值探索等等课题，对应不同的学段让孩子进行科学课程探究。看、听、闻、摸去感受牡丹（根系、枝干、叶柄、叶片、花朵颜色、气味……），用各种方式去探究，去丰盈整个"绿色课程"体系。

2. 一套立体的文化名卷：有的放矢的"文学课程"

人的精神，虽然看不见摸不着，但是一旦到达高深明朗的境界，所焕发出的光芒是耀眼的，对一个人的行为影响又具有巨大的推动力。而这种境界是通过什么方式显现的呢？是文字和文学作品。

（1）读诗词，吟诗词，写诗词

唐代刘禹锡有诗曰："庭前芍药妖无格，池上芙蕖净少情。唯有牡丹真国色，花开时节动京城。"在诗人眼里，牡丹才配称"真国色"，使得花开时节，京城轰动、竞相品赏。对诗词的品读、创作，是小学阶段进入牡丹文学课程学习的最佳切入点。

自唐代以来，歌咏牡丹的诗词大约有400多首，此外，近代和当代也有不少题咏牡丹的诗词。诗歌内容广泛，词句优美、寓意深刻，还从一定程度上反映了社会生活的另一侧面。牡丹诗歌课程从学情出发，以三维进阶的方式展开，最后在共情中融合生成属于儿童自己的牡丹诗歌：

牡　丹

三（7）卫桢

春风浮动你的清香，

艳阳绚烂你的身姿，

你着紫色的春装，

静静地，

凝视远方。

蜜蜂停在你的身旁，

嘤嘤嗡嗡，乐了；

小鸟落到你的身旁，

唧唧啾啾，醉了。

我，依偎在你的身旁，

也变成了你——

牡丹。

（2）读历史与传说，编故事，修自身

自汉唐以来，有不少关于牡丹的故事传说、小说，流传于世。如明代汤显祖的《牡丹亭》，明清小说《镜花缘》《聊斋志异》等。它们以牡丹歌颂真挚情感，富有浪漫主义色彩，震撼人们的心灵。小学生根据年龄特点取己所需，选择其中部分故事读一读，完成相关课程。

---

**武则天贬牡丹的传说**

武则天冬日游园，一时兴至，竟下令百花限时开放，百花慑于权势，不得不开，独牡丹没有按时开花，而被武则天下令放火烧之，贬出长安。牡丹不畏权贵和恶势力，倍受人们称赞，认为她"不特芳资艳质足压群葩，而劲骨刚心尤高出万卉"。

说一说：牡丹身上有怎样的品格？你知道哪些人也有这样的品格？

写一写：你知道牡丹花神后来的故事吗？请你也来为被贬出长安的牡丹花神编一编后续故事吧。

---

（3）看影片，明是非

赏花吟诗读故事之后，《牡丹》的动画电影为牡丹文学课程画上了句号。它以"和平、正义、反毒、励志"为主题，讲述了百花之王"牡丹"历尽磨难，最终战胜邪恶的"罂粟"，将美丽的花朵带给人类的故事。欣赏完故事之后做影评，则又是一个分层锻炼孩子多项能力的绝佳课程。

3. 一部恢宏的"交响乐"：花团锦簇的艺术课程

（1）以美生美，百花齐放的牡丹美育课程

从几十年前的马长啸老师，到而今的蕊春书画院的老师们，在引导学生们看牡丹、赏国画牡丹之外，带领孩子画牡丹，唱响了校园四月牡丹美育课程的主旋律。谷雨时分，国色天香，夺人心魄的牡丹开了，牡丹园迎来一波又一波描摹她身姿的蕊春娃。中国画家"外师造化，中得心源"，运用白描法、工笔法、没骨法和写意法四种基本技法描绘牡丹，而实小教师用水墨、油画、水粉、油画棒揉擦等技法教孩子们画牡丹。在孩子的笔下，涌动着内心深处对国色天香的衷情，这种真情流于笔尖，展于纸上，不但是传统的，更是创造的，鲜活的，富有生命力的。

然而，这种国色天香的审美情趣留下的，哪仅仅是画呢？蕊春非遗工坊的老师们给孩子们打开了蕊春园这间大教室，并把牡丹园里多变的美育课程带回了课堂：牡丹插花工艺、牡丹剪纸、牡丹版画、牡丹线描画、牡丹陶土手绘、牡丹超轻黏土手工、牡丹花（叶）书签制作、牡丹丝带花制作、牡丹景物摄影、牡丹服饰纹样设计等等。牡丹，让四月的美育课程分外美丽！

（2）以美唱美，放声高歌的牡丹美育课程

听，"编，编，编花篮，编个花篮上南山，南山开满红牡丹，朵朵花儿开得艳……"从清新婉转优美动听的河南民歌《编花篮》，到激情澎湃的《牡丹之歌》《牡丹颂》，再到蕊春娃课程中自编的《牡丹小调》，牡丹在孩子们口中低唱浅吟，激发孩子们无限的激情。当然，还少不了蕊春娃琵琶、古筝、笛子等的绕梁演奏，牡丹之歌在四月唱响。

一方水土养一方花，一方水土养一方人。蕊春园里的牡丹课程定会在这一方实小人的智慧耕耘中，如这"花中之王"牡丹一样，坚定地生长、灿烂地开放，淋漓尽致地展现"国色天香"。

## 三、"蕊春诗路"资源带

教育千古事，皆在一景中。

蕊春园是百年实小的文化意象，更是每一个实小学子的巴学园。园内，亭台楼阁，假山池鱼，相映成景，廊道曲回，花木葳蕤，相得益彰，就像鲁迅笔下的百草园。园子是一个藏着无限学习意蕴的课程群和资源库，孩子们在蕊春园的四季轮回里遇见自然，品味风景，与园子紧密共生、融合互动，徜徉其间，探索科学与文学，寻味校史与博物，生发道德与情感……

路，是园子的经脉，率性而筑，联络一体，引人探微。水泥路、青石路、鹅卵石路、防腐木路、泥路、青砖路……质地迥然，错落有致。笔直宽阔的大道，优雅僻静的曲径，拾级而上的梯路……形态多姿，气度不凡。充满文化气息的九菊大道，激励奋力进取的勇敢者路，花香四溢的缤纷小道……意象万千，叹为观止。如果说，蕊春园是一座风光绮丽的山，那么，园子里的路，便是让孩子们登高望远，欣赏无限风光的石径、天梯——有谁能说，路不是景中之胜景呢？

### （一）园中路，我观赏，领园路之美

马斌说："路是感性的，有温度的。"蕊春园里，水泥路，光滑平坦，简洁利落，赋予园子现代化的气息；青石路，石板贴合紧密，错落有致，展现着线条美、造型美；鹅卵石路，鹅卵石光滑圆润，随形而设，组成了花朵、脚丫、圆月、云朵、贝壳，还有孩子们钟爱的小动物形象……一条路，就是延展着的一件艺术珍品，孩子们彳亍其间，真是别有情趣。

假山洞旁、香樟林间的勇敢者路，是孩子们课间的好去处。石板错落地镶嵌在草地上，石板间留有一定的距离，远望便是洒落在园中的省略号。孩子们摩拳擦掌，相互比试，纵身跃起后稳稳地落在临近的石板上。空中飞动的身影，地面散落的石板，动静相融，生意益然。

"曲径通幽处，禅房花木深。"移步换景，满目尽是桂子桃花，翠竹紫藤，和着四季香飘，虫鸣鸟啼，让人神清气爽，宠辱皆忘。孩子们心情愉悦，儿童的天性尽展无疑。这座园子里的大道小径，俨然成了孩子们的嬉游之路。

### (二)林中路,我体验,感亲物之乐

有人说,教育就是帮助儿童找到一条适合自己的"会呼吸的"路。因此,我们依据物型课程"在情境中学习""在活动中学习""在探究中学习"的主张,鼓励孩子用眼睛去观察,用耳朵去倾听,用嘴巴去评说,用双手去触摸,用身体去感受,自主体验,自我入境,手脑合一,情志齐驱,物我两忘,融入其中。

画一画:观察路径远近宽窄,与周围景物的疏密关系,从透视学的角度感受路的美学功效。

走一走:赤脚丫子走大地,感受不同质地的路传递给身体的不同体验。当柔软的脚底与凹凸不平的鹅卵石接触的瞬间,凉丝丝、滑溜溜的触感迅疾蔓延至全身,莫名而奇妙的快感令孩子们欢呼雀跃。

跨一跨:勇敢者路潜藏在林子下的草地里,若要穿过林子,必须连续跳跃并踩上石板才可通过,充满着挑战。如果没有一定的跳跃力,不经过多次锤炼摸索,是无法顺利越过的。勇敢者路,比的是孩子们运动的实力、耐心与挑战自我的勇气。

写一写:手握巨型斗笔,在九菊大道上泼墨挥毫,展开地书,那架势仿佛穿越时空的隧道,与古代书法大家同台竞技,蕊春娃的风采尽展无疑。

……

置身园中,每个人调出自己在园林中行走的记忆。经历过低年级的游戏体验,再到高年级的理性思考,孩子们对园林规划、路径设计、人文关怀等方面会有更深刻的理解。

### (三)景中路,我探究,享发现之趣

陈鹤琴认为:"儿童好游戏是天然的倾向。"蕊春园的景中有故事,景中有趣味。作为一个个开放的课堂,移步换景,每一处景都如同流动的文字,让孩子在学中玩,在玩中学,享受探索的乐趣。

每年,有众多的来宾到蕊春园里参观学习,那蕊春园能不能给大家提供一条最

佳的游览路线，让游客们不走回头路就能参观完所有景点呢？带着这个问题，孩子们小组合作，开始探究。

为了尽快得出结论，孩子们八仙过海，各显神通。有的亲自跑到园中，反复尝试；有的则向家人请教，一起商讨研究；还有的，找到蕊春园的景点规划图，一遍遍地尝试连接……然而，结果不尽人意，无论怎么连接，都找不到这样一条最佳路径。不过，孩子却乐在其中，因为他们收获了一个崭新的知识点——欧拉一笔画原理，奇点的个数超过两个，是不可能一笔画完成的。

数学课上，孩子们通过路径学会估算、测量，学会了几何探索；语文课上，孩子们会观察四季的路径变化吟诗作赋，寻找创作的灵感……"满园皆秀色，人在识中游。"在老师的启迪下，孩子们发现，脚下的路、路边的山石花草、亭台楼榭，都有着无限的奥秘，链接着广博的知识世界、科学天地，对周遭的校园物型的探究欲望油然而生，探其源、求其真、赏其韵，获得自我成长的滋养。

**（四）心中路，我描绘，抒创生之情**

由此及彼，借一知百。物型课程的最高境界便是教会学生融会贯通、学以致用、时时创造。

在欣赏了路径之美、体验了亲物之乐、享受了探究之趣之后，孩子们以最大的激情描绘出属于自己心中的路。瞧：

这是一条神奇的路。它时而明媚，时而灰暗，时而绚丽，时而苍凉。初踏上它时，眼前一片乌蒙蒙，好似一张无形的巨网，将行者笼罩其间。脚下的鹅卵石也是黯淡无光，一片黛色。再行上五步，映入眼帘的又是另一番景象。灰色的网中隐约渗入几丝光线，在人脚下洒出一片光晕，卵石也逐渐有了神采，另有两三色浮上它们的面庞。沿着羊肠小道再行上一程，渐入佳境。光线愈发明亮，灰色的网被撕成数瓣，孤零零地被搁在一边，好似主人丢弃的旧面纱。走着走着，只见一轮红日逐渐升上中天，温暖的阳光将残余的"面纱"卷噬，任由它随风湮灭。烟霏云敛，卵石变得晶莹剔透，七色光辉在它们身躯上跳动闪烁，浮光跃金，好似块块七色宝石，令人不由得想拾起一块珍藏。

这便是我心中的"梦想之路"，让人们在实境中感受梦想，使他们在拥有梦想时，即便是在惨淡的现实"迷雾"中也能坚持走下去，直至捡拾起美丽的宝石……

——六（3）班　顾宋阳

蕊春园中，飞檐翘角，古色古香；亭台楼阁，美不胜收。其间有着三条小路：一条为 S 形，另两条互相交叉，呈 X 形，这两个字母代表着实小的拼音缩写，连接着各个景点，让整个园子看起来既分散又凝为一体。

S 形的路中间由大理石铺成，两边则是青石板，这样看起来显得极为优美，更有说不清、道不明的特殊韵味。X 形路是彩色的，以彩虹的颜色一块块拼就。当你踏上这条路，每走一步便能听到不同的鸟鸣，百鸟鸣唱，谱写一支啁啾的歌。脚踏彩虹，欣赏如诗如画的美景，还能听到美妙的鸟鸣，科技与自然得到了完美结合，怎不美哉？

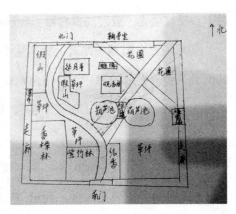

——六（3）班　施语

我希望蕊春园里能有这样一条路。

路很窄，窄得只够一个人通行。路面也不平整，路面铺满鹅卵石，踩上去有些硌脚。路的两边是很讲究的雕花石砖，为这条路平添了几分文艺和清新。路的两侧或是狗尾巴草在风中摇曳，或是摆个花坛插上几株火红的三色堇，无须刻意设计，只要给人以自然的气息就好，一切都是那么的恰到好处。路的尽头是假山，瀑布由山顶倾泻而下，水珠在阳光下无比剔透，反射来的阳光洒落在脸上，很柔和。似乎是结束了,又似乎是刚刚开始,顺着青草的那抹绿意寻去,假山后是大片的苜蓿和太阳花,紫色的花在三叶草的映衬下娇艳欲滴。这才是路真正的尽头——一片寓意美好的小花海。苜蓿和太阳花象征着光明和幸福,而在三叶草中能找到四叶草更是极大的幸运。这么想来,开始的恬静正如人生的起步,是一尘不染的。是的,每个人的人生路难免不顺,只有真正向阳而生的人才有机会一睹花海的风光。那么,就让我们脚踏实地、怀揣希望,做个心怀美好的人吧!

——六(3)班 孙瑷萌

午后,阳光柔柔地洒向大地,蕊春园里一派生机。这座古朴的园子在阳光的掩映下,泛着金光,愈发高贵典雅。我徜徉于园间的小道,驻足欣赏,顿感心旷神怡。

如果说蕊春园是一幅画,那么这小道就是这幅画的点睛之笔。青石板铺成的道路两旁是错落有致的鹅卵石,道路蜿蜒曲折。刻在青石板上的两行字赫然映入了我的眼帘——"学而不厌、诲人不倦",如此富有哲理的句子总在不经意间给我们注入正能量。

抬头发现在小道两端时不时雾气缭绕,原来小道两端都有几排带孔的管子,那雾气正是从这孔里冒出来的。附近空气湿润了,置身其中,仿佛在仙境中一般,流连忘返;附近的青石板小道也湿润了,仿佛刚刚沐了浴一般……无论夏的暑热还是冬的寒冷都能被这清凉所替代。

这仙境般的小道不仅会让美丽的蕊春园再增色不少,也会令所有的师生们神往。虽然这一切还仅仅是我的想象,但我只要拿起画笔,就一定会画出那小道多姿的模样!

——六(3)班 毛艺蓉

一石激起千层浪,孩子们早已不再满足于被动欣赏,而是更多地实现着跨界学习、融通创生、主动创造。他们在路径两侧悬挂关于路的诗句或名言警句,让路散发着文化的气息。他们会在鹅卵石路上写上脚底按摩对身体的功效，会在路径上竖起交通指示牌，指明参观的最佳路径……

有人说，未来是一个全课程的时代。蕊春园为全课程提供了得天独厚的课程载体，它不仅是儿童的嬉戏乐园，还是创生课程的不竭资源。随着研究的深入，蕊春课程将覆盖儿童在学校的全部生活，推动学科全面融合的综合课程改革，成为珍藏在每一个蕊春学子童年生命里的快乐学园。

## 四、"四时君子"资源带

《四君子赋》中这样说："四君子者，梅兰竹菊也。华夏园艺绵延数千载，物种繁茂，风采纷呈，而文人雅士尤好梅兰竹菊，其因何在？盖此四物虽生于自然，而究其各自秉性，却别具君子之风。"蕊春园里的梅、兰、竹、菊各分布在不同的方位，葳蕤于各自的季节，但对于蕊春娃娃来说，他们都是最好的伙伴，每一朵初绽的花苞，每一株翠绿的新竹……都带给他们生命的美好。而如何让这在千百年华夏文明中"别具君子之风"的"四君子"真真切切地联结每个孩子的生活，走进他们的生命，滋养润泽他们的一生？蕊春园为孩子们提供了很好的资源，基于这样的"资源带"，我们开发课程、动态实践，也取得了非常好的教学效果。

### （一）格物致知——体察"君子"之形

"兴趣是最好的老师"，唯有"一见钟情"才有后面的"故事"。要走近梅、兰、竹、菊"四君子"，首先要激发起孩子们的兴趣，由表及里，去认识它们，去观察它们的外在形态，了解他们的生长特点……当竹笋刚刚钻出地面时，带孩子去看那顽强的生命如何破土而出；当菊花盛开时，在校园里举办一次轰轰烈烈的菊花展，让每一个孩子为菊花的绚烂而赞叹；当蕊春园里下了一场雪，由着孩子们到梅花树下去玩雪，欣赏雪中寒梅凌寒开放的冰清玉洁之美……

课程便在孩子们欣欣欲盼之时开始了。我们鼓励孩子用"手""眼""鼻"等多种感官去感受它们的根、茎、叶、花……撰写植物记录。同时建立植物档案，制订长期观察的计划：有的是以"四季变换为序"，有的是以"生长过程为序"，有的单观察其中一种，也有的从梅和竹两种植物相比较的维度去观察……有一个同学记录了初春的菊花的形态：初春，寒意还很浓，蕊春园里的菊花已经开始长叶了。这棵菊花根部和枝干上还留有五六片枯叶，感觉随时就会凋落了。旁边长出了十几片稍小一些的嫩绿的叶子。枝干有三分之一还有点枯黄，但却显得更加顽强。

在观察外形时也遇到了一些问题：有些同学不能坚持执行自己的计划，有些同学观察的方法比较单一，有些同学记录得太过简单……所以仅仅有观察是不够的，在实施时，还要加入讨论、主题探究、展示成果等环节。在讨论中分享观察方法和研究的维度，在展示中促进下一阶段更好地观察。孩子们一边观察一边探究的主题也有很多：竹子和菊花的繁殖方法有什么不一样？梅花有自己的果实吗？兰花有哪些种类？为什么兰花如此娇贵？紫竹和翠竹有什么异同？……一次次主题学习的开展丰富了"体察"的课程，一张张思维导图、一份份研究报告、一张张摄影记录都彰显着孩子们对"四君子"的认识越来越广，越来越深。

### （二）阅读表达——沐浴"君子"之神

"四君子"之所以能被称为"四君子"，跟它们在中华文明中的文化内涵是密不可分的,"梅兰竹菊"已经成为一种文化符号。前期的"体察"课程让孩子们走进蕊春园,走近"四君子",已经在广阔的知识层面上打好了基础。要立体建构蕊春"四君子"文化课程,还需要从文化渊源、历史传承的角度去展开,才能从表面形态走向文化内质。

一是开展实践活动,浸润心灵。如:走进名人和"四君子"的故事。苏轼"宁可食无肉,不可居无竹",孔子作《猗兰操》,郑板桥画竹成痴……孩子们通过阅读、搜集、讲述、交流、比较、表格统计等方式走进名人所处的那个时代,也感受到千百年来"四君子"独特的文化内核。这是其中一组同学交流的表格:

| 名人 | 朝代 | 时代背景 | 爱好 | 喜欢理由 | 精神追求 | 归类统计 |
| --- | --- | --- | --- | --- | --- | --- |
|  |  |  |  |  |  |  |
|  |  |  |  |  |  |  |

另外,蕊春园里的"四君子"诗词大会、"四君子"成语、歇后语、格言谚语大赛、"四君子"神话传说、民间故事介绍等实践活动都让孩子们在梳理、认知文化背景的基础上,又进行了再整合、再创造,信息就不再是单纯的信息,而是和孩子们的生命融合在一起,潜移默化地浸润到孩子的生活中去。

二是写一曲赞歌,哺乳德性。"梅兰竹菊四君子"的美深入人心,为孩子们展现了一幕又一幕自然的画卷;"四君子"的精神品格一次又一次地冲击着孩子们的心灵,凝成一首又一首自然的诗篇。此时,一组赞美的诗,一篇深情的文都是呼之欲出的:

是金盏菊

那金色的花瓣上

圆润的露珠 晶莹剔透

哦 那不是露珠

而是奋斗的泪花 燃烧的味道

为"四君子"写诗文,画图画,写歌词,谱乐曲,拍照片……赞美它们的同时,也让美好的精神品格陶冶着心灵,把坚韧的精神追求内化为自身的德性修养。

### (三)物我相融——体验"君子"之情

朱光潜先生认为:万物无情,而人有情,人观万物,故万物皆染上人的情感色彩。"情动而辞发","四君子"文化课程的实施离不开情感的参与,课程目标之一就是要让孩子喜爱蕊春园,喜爱"四君子",热爱大自然。同时,投注情感也是促进审美真正达成的重要手段,是让孩子形成文化皈依的基础。那么如何让孩子的情感和植物的情感紧紧相连呢?营造"物我相融"的审美状态显得尤为重要。

互动游戏,联结"物我"。对于孩子来说,游戏是生发情感的最好方式。活动课上跳竹竿舞,玩走竹梯过河,音乐课上编唱竹竿舞的歌谣,手工课上编小竹篮,做竹蜻蜓……春天,去竹林里找竹笋,挖竹笋,玩竹节人;夏天,收集兰花的花瓣学做干花;秋天,学做菊花糕、菊花茶,缝菊花枕;冬天,风起时,在梅花树下感受花雨纷飞,天晴时,采集花叶做一枚芬芳的书签……在自然背景下,这些游戏让孩子和"物"亲密地联结在一起,让自然融入孩子的血液之中。

交流关怀,情意相融。只有把植物当成自己的朋友,真心地关心它们,爱护它们,才是最好的交往方式。所以在课堂上我们讨论:那么多名人爱"四君子",你爱谁?你想怎样爱它呢?找到自己最爱的那株菊、那枝梅,让它成为自己最亲密的朋友。早读时,来到蕊春园,读书给它听;下雨时,为它撑起一把伞;有心事时,找它诉说;采访花农伯伯,用最好的方式照顾它……情意就在这一朝一夕间愈久弥芳。

"四君子"文化课程就这样让蕊春园融入每一个孩子的生活,与他们血脉相连,让自然发挥着它巨大的力量。正如华兹华斯所说:"我学会了如何看待自然,它并不激越,也不豪放,但却具有纯化和征服灵魂的浩大的力量。"

## 五、"本草纲目"资源带

中医药学是我国的一门国粹,凝聚着深邃的哲学智慧和中华民族几千年的健康养生理念及其实践经验,被习近平总书记喻为"中国古代科学的瑰宝""打开中华文明宝库的钥匙"。2015年,学校在葫芦池东南侧几棵古老的银杏树下,新开辟出一个小园子——药园。决明子、芍药、柴胡、金银花、迷迭香、仙茅等多种中草药在园子树木空隙间焕发出勃勃生机。这一方小小的药园,让蕊春娃感受到中医药文化的博大精深,感受到东方草药的神奇魅力。学校以"百草园"中草药植物种植探究实践活动为切入口,开展科学教育、人文教育、劳动教育等教育课程,将"本草纲目"课程作为蕊春特色课程来推进,引领学生充分体验中草药植物种植的乐趣,挖掘中医药精粹,了解中医药文学,弘扬中医药文化,让优秀传统文化的精髓融入学生的思想、情感和血脉。

### (一)科技,与本草美丽相遇

药园里,各种中草药植物花朵颜色丰富,花形各异,有的大而艳丽,有的小巧明亮,有的姿态婀娜,有的亭亭玉立……每一种都极具观赏价值。然而许多花草除了可以用来观赏之外,还具有很高的药用价值。小学生对花草的认识主要停留在颜色、形状、气味等可观可感的特征,有的连名字都叫不出。这太正常不过了,毕竟大家都不是专业研究员。怎样帮助学生全面认识中草药呢?第一反应是"百度",可是连名字都叫不上的怎么搜索呢?现代科技来助力,手机下载"形色""花伴侣"之类的软件,对着花草树木一拍,想要了解的基本信息一下子呈现在眼前。老师可以将实物和信息对照起来,讲给学生听。这就是科技的魅力!

但怎样将听来的信息转化成运用的能力?教师布置学生选择一种草药进行深度研究:

搜一搜、认一认。在家人的帮助下,上网或查阅图书收集这种花(草)的生理特征、入药部位、药用价值、制作方法等图文资料。

查一查、问一问。在自家的药箱查找有这种草药成分的药品或去药店实地调查、询问,进行记录。

尝一尝、验一验。和家人制作、品尝养生药膳(儿童品尝视情况而言),体验药食同源之神奇。

理一理、讲一讲。将前期收集到的图文资料进行整理,制作成幻灯片、美篇,在班级中进行讲解。

至此,学生已从知识的搬运者转化成知识的运用者、传播者,在他们眼里,花非花,草非草,而是有着药用、食用价值的神奇之物。学校将学生经过收集、研究后撰写的中草药图鉴制作成二维码木牌,挂在植物上或插在植物旁。来访的客人拿起手机扫一扫,这种草药的相关信息尽收眼底,这介绍比"百度""形色"等更具生活气息、更有儿童味道。为了更直观,学校还将学生讲解的音频置入其中,如此一来,在园中漫步时,就仿佛有一个贴身的小博士为你答疑解惑。这就是科技的魅力!

古有神农尝百草,今有科技识中药。当科技与本草美丽相遇时,中华药学不再遥不可及,而是变得亲切鲜活,可视、可感、可用,与生活息息相关。课间休憩或者晨间漫步时,老师和孩子置身林间,可以认识、观赏、熟悉多种中药草的名称、特征、价值等,园子成为一本立体的科学读本。

**(二)文学,与本草浪漫相拥**

作为历史悠久的中华传统医药文化,中草药除了频繁出现在人们的生活中,还经常见诸文学作品之中。从《诗经》《楚辞》到汉乐府古诗,再到唐诗、宋词,我国历代诗词的字里行间,体现了中药与诗词的巧妙契合。《诗经》中不但有很多植物,而且这些有着富于诗意的名字的植物实际上也是防病治病经常用到的中草药,达100种之多。《诗经》里的"蒹葭"就是芦苇。芦苇最早入药是在孙思邈的《千金要方》里，用的是苇茎部分，叫"苇茎汤"，主要用于治疗肺痈，具有清肺化痰、逐瘀排脓的功效。《楚辞》是我国战国时期屈原及弟子所作的一部诗赋集，诗赋大多借物咏怀，反映了屈原怀才不遇、政治主张不被重视、忠贞报国之心难为的心境。诗赋中引用了许多植物名，亦是药名，也可反映当时流行或熟识的药物情况。

诗词是人们智慧的结晶，抚慰心灵；中药是人们实践的积淀，护佑人生。诗词与中药，皆是源远流长的中华文化的优秀产物。怎样让学生感受诗词中的药草之美？教师可以开展系列活动：

药名入诗，我来认。收集含有药名的诗词，再从中选择一两种了解其功效，以推广普及中草药知识。

采药诗词，我来吟。从课本中熟悉的《寻隐者不遇》开始吟起，到司马光的《采药圃》，再到其他关于采药的诗词，感受当时人们劳作时的环境、心情等。

节日药俗，我了解。了解《九月九日忆山东兄弟》中的"茱萸"、《元日》中的"屠苏"这些药俗，体会人们寄托的愿望，理解这种独特的文化现象。

园中药草，我来赞。在蕊春园中选择一种中草药，创作一首小诗（旁边可以配上画），吟诵、赞美其形其色其价值。

诗词歌赋伴着草药香，在儿童心田里播下诗歌的种子，绿色生态伦理的种子，中华文化基因的种子。除了诗词，对联中也有含中草药的，如：独有痴儿渐远志，更无慈母望当归。上下联中分别嵌入远志、当归两味中药名，既符合了对联这一文学样式的美感，也将自己说不尽的思念之情娓娓道来。此外，许多中草药还有美丽的传说，有表现草药神奇功效的，有赞扬名医可贵精神的，有反映劳动人民美好愿望的……通过中草药传奇故事的讲述，学生不仅了解到中华医药传统文化，更汲取到一种精神的力量，在心田里播下孝敬父母、扶危济困、艰苦奋斗、为民造福等真善美的种子。

中草药文化其实不仅仅是悠悠药草香和苦涩回甘的味道，还有文学作品中活泼艳丽的色彩。当文学与本草的美丽相拥时，便有了与人生甘苦无关的别样浪漫。传承传统中草药文化，从文学中发掘它的时代价值，才能让这悠悠药草香继续在新的时代绵延。

### （三）劳动，与本草亲密相伴

中华民族自古以来就是一个勤劳的民族，热爱劳动是中华民族的传统美德。劳动教育曾是我国学校教育的传统，但随着工业化、城镇化、信息化等多因素的影响，劳动教育逐渐被家长、学校和社会弱化、边缘化。不过，可喜的是，中小学劳动教育在这几年越来越受到重视。2018年全国教育大会上，习近平总书记要求把劳动教育纳入培养社会主义建设者和接班人的总体要求之中，明确提出构建德智体美劳全面培养的教育体系。习近平总书记强调，要在学生中弘扬劳动精神，教育引导学生崇尚劳动、尊重劳动，懂得劳动最光荣、劳动最崇高、劳动最伟大、劳动最美丽的道理，长大后能够辛勤劳动、诚实劳动、创造性劳动。2020年3月20日，中共中央、国务院发布了《关于全面加强新时代大中小学劳动教育的意见》，进一步强调坚持立德树人，把劳动教育纳入人才培养全过程。

一方百草园，不仅是观赏园、科普园，更是个劳动乐园。学校因地制宜，充分发掘中草药资源，积极为学生开拓劳动基地，搭建劳动教育舞台，用劳动点亮儿童生命底色。春种、夏长、秋收、冬藏，师生跟着物候劳作，顺着规律种植培护，忙碌着，收获着，甜蜜着……

春天，种植。在万物复苏、欣欣向荣的季节，学校开展种植中草药的劳动实践活动。扦插金银花、栽种芍药、播下决明子种子等，师生在园艺师的指导下，走进园内，感受土壤的气息，体验生命的意义。除了土培，还尝试水培种植薄荷、铜钱草等，体验科学种植的乐趣。

夏天，培护。在春末夏初、草木渐盛的季节，时刻不忘培护园中的中草药。定期除草、捉虫、适时浇水、添肥等，师生精心培护，感受成长的力量，体验劳动的乐趣。

秋天，收获。在秋高气爽、硕果累累的季节，学校举办中草药收获节。采摘、筛净、晾晒、泡茶或熬汤等，一系列工序，有条不紊地进行。在老师的引导下，学生分工合作、互帮互助，懂得了劳动最光荣，也品尝到自己用汗水收获的甘甜。

冬天，筹划。在暖阳融融、静谧安然的初冬，师生在园中寻一块空地，席地而坐，畅谈收获，总结经验，随后筹划下一年的种植品种、改进方法等，把仍存在的困惑记录下来，专门请教园艺师。

劳动，不仅有体力劳动，还包括脑力劳动。从药草中提取出来的天然颜料，可以供美术老师开展扎染活动；有些药草的汁液，可以制成驱蚊液；还有些药草的茎叶，可以制作成科普标本……劳动，融合了医药、艺术、科学等多个领域的知识和技能，是真正意义上的项目式学习，能提升学生的综合素养。

不论社会怎样进步，蕴含在劳动中的美好价值都不会改变，"劳动创造美好生活"的真理也从未改变。劳动教育的意义，贵在让人用身体丈量物理和心灵的世界，处处皆可成就劳动之美。劳动，应是人生最亲密的动词；劳动，应是人类最珍贵的伴侣。相伴百草园，共享劳动美。香草润泽生活，生活更加美好！

### （四）民族文化，与本草薪火相传

民族文化的振兴，是实现国家和民族振兴中非常重要的内容，因为民族文化中所蕴含的民族精神和民族凝聚力，比起发达的经济和富裕的生活，有着更为重要的意义，而民族文化中，传统文化是最为核心的组成部分。在世界各民族传统文化渐趋衰微的今天，中医及其所承载的中国传统的文化精神和民族性格更显珍贵。中华民族传统精神的载体——中医药文化正是在传统文化丰腴的母体内产生的。"仁和精诚"是中医药文化的核心价值，中医药作为中华民族的瑰宝，蕴含着中华民族丰富的哲学思想和人文精神，是我国文化软实力的重要体现。

对于小学生来说，除了通过亲身体验、用心感知身边的中草药来传承中医药文化，更重要的是从小就要学习医圣李时珍坚持实事求是、孜孜追求真理的科学精神。这种精神是科学家必不可少的品格,更是中华民族生生不息的内在动力。因此,结合学生年龄特点,教师可以围绕课内外资源,开展"千秋本草进校园,时珍精神照万代"的主题学习活动。

低年级:读故事,感悟时珍精神。统编语文教材二下第八单元"我爱阅读"中呈现了李时珍故事的简介版,旨在引导学生初步感悟李时珍的伟大精神,激起他们对李时珍的敬佩之情。课内的阅读也正好调动学生想进一步了解李时珍的期待,这时教师可以再讲两个小故事——《雨湖传说》《死人诊活》,让学生惊叹李时珍出世的神奇和医术的高明。就此戛然而止,布置学生课后阅读《李时珍的故事》,在名人的故事中汲取智慧和力量。读完后,可以在班上举行一个"故事分享会",让李时珍的故事深入人心。

中年级:演课本剧,展现时珍精神。原苏教版四年级语文教材中有一篇课文《李时珍夜宿古寺》,展现了李时珍为编好《本草纲目》而不怕吃苦的精神和严谨认真的踏实作风。文中依次描写了"投宿荒凉古寺""啃食干粮""借月光记载草药""冒险品尝草药"这四个场景,李时珍的行动,特别是和庞宪的对话,充分彰显了其人物精神,适合改成课本剧演一演。通过表演李时珍的故事,学生能更加切身地体会到李时珍的伟大精神,从中受到深刻启发。

高年级:听歌吟诗,传颂时珍精神。一首《我爱李时珍》,以凝练的语言概述了圣人不凡的人生足迹,赞扬了医圣非凡的智慧和博大的胸襟,阐明了李时珍与本草纲目在当今世界范围内的影响力和所在的高度。周杰伦的《本草纲目》用流行的中国风传扬了中药文化,表达了民族自豪感。教师可以推荐这些歌曲给学生欣赏聆听,引领他们亲近中华传统文化,弘扬李时珍精神,增强文化自信、民族自信。当然,也可以积累吟诵与李时珍有关的名言诗句,选择其中一句作为座右铭,汲取榜样力量,激发奋进动力。

在当代,有像李时珍一样杰出的医药学家,如提取青蒿素、创制抗疟药的"诺贝尔医学奖"获得者屠呦呦,用中医药造福世界;再如研制出阻击SARS(重症急性呼吸综合征）的药物、埃博拉疫苗等的陈薇博士，现在正争分夺秒地研制抗击新型冠状病毒的疫苗；还有奔赴抗疫一线的钟南山、李兰娟等医学专家……他们刻苦钻研、不懈探索、无私奉献、用科学造福人类的精神激励着中华儿女为着祖国的繁荣发展，为着全人类的幸福而奋斗终生。教师可以组织学生选择一个科学家，通过阅读相关资料进行深入了解，然后用"绘制人物海报""撰写人物颁奖词""给科学家的一封信"等形式进行汇报交流，在分享展示中燃起科学探索的热情，播下为国争光的火种。

此外，中医药作为守护国人数千年的传统医学，在本次与新冠肺炎的斗争中发挥了重要作用，教师还可以围绕"中药抗疫显奇功，百草园内百草香"展示主题交流，增进学生对中华优秀传统文化的了解和认同，增强学生的文化自信、民族自信。

中医药是几千年来中国劳动人民创造的传统智慧和文化理念。与中国传统文化一脉相承，可以说中医药文化根植于中国传统文化的土壤之中，蕴含着中国传统文化的精神内核，深烙着中华民族的精神印记。实验小学围绕"本草纲目"资源带开发的一系列主题实践活动，在孩子们心里播下中医药的种子，通过对中草药知识的探寻，了解中草药的基本知识，体会中草药文化的价值，从而有利于中医药文化得到有效的保护和传承，并从中感受到中国文化的博大精深，增强民族归属感、认同感、自豪感、荣誉感。今后，学校将继续投入种植具有药用价值的中草药植物品种，优化园内整体结构，与学科综合性学习相结合，构建综合育人课程体系，不断开展各种以学习中草药知识、弘扬中医药精神为主线的主题教育活动，让孩子懂得"人与人""人与社会""人与自然"的和谐发展规律。

## 第三节　资源带的自选化：
## 打造成具有"灵美"特质的"彩色工作坊"

蕊春园里的课程丰富多彩，地方文化资源、自然资源是蕊春物型课程必不可少的一部分。蓝印花布吸纳了南通地方文化的精华，激扬"蓝白交响"与孩子们一起做稠密乡情的守望者；节日是课程开发的好时机，在张灯结彩中体会、发现、引领孩子们做节日的布置者、体验者、创造者、感悟者；大自然是一本百科全书，和孩子们一起关注身边的自然美，并尝试着用身边唾手可得的自然植物创造制作玩具，在玩乐中获取经验和常识，通过与自然沟通得到力量，在童年时光积蓄快乐的力量，相信"凭借从小培养的生命力及幸福感，将来不论遇到顺境、逆境，都能有正面的思想，成为一个有自然气质的人"。

美是人类的本质，也是生命的本质，生命是大自然最美的循环。蕊春物型课程借身边的美的文化、美的节日、美的自然物，打造出了一个个具有"灵美"特质的"彩色工作坊"。

### 一、江海蓝印工作坊

美，无处不在。作为国家级非物质文化遗产的蓝印花布，历史悠久，工艺精湛，拙朴典雅，具有丰富的生活气息和美学价值。今天我们把蓝印花布作为课程进行研究、开发，就是为了继承和弘扬蓝印花布艺术，不断探索，让蓝印花布这一民间工艺产品越来越具独特艺术魅力。

研究蓝印花布，吸纳南通民间艺术精华，探寻南通古老的文化记忆，传承最原生态的文化基因，让生活中的艺术走进课堂，培养孩子优雅的审美情趣。

## （一）蓝韵悠悠，发现美：用传奇故事擦亮地域文化

有这样一个传说：染布晾晒时，布掉落在蓼蓝草（板蓝根）上，把布染成了"青一块，蓝一块"，从此白布染成了蓝布，蓝印花布由此而生。

我以传奇的故事带着孩子们走进蓝印花布的世界。我带着孩子们上网查找、欣赏图片、翻阅资料、探访民间作坊。第一次社会实践，老艺人给我们悉心讲解，手把手教孩子们刻版、刮浆、刮灰。在近距离的观察、体验中，孩子们认识了蓝印花布——天然的蓝草染色，复杂的工序创造了淳朴自然、千变万化、绚丽多姿的蓝白艺术世界。

## （二）蓝韵交响，了解美：用程式语言传达民俗美学

对于蓝印花布这样一种特殊的传统工艺来说，蓝白是最基本的颜色，而正是这两种颜色为蓝印花布的印染提供了一种别有趣味的意境。每一块蓝印花布都是一幅唯美的画作，蓝印花布上的图案不重写实重传神，从生活中汲取元素加以抽象化，以不同的组合方式呈现，或者利用中国传统文化中的汉字，以变体或谐音来表现，不仅赋予了蓝印花布吉祥的寓意，同时反映了中国传统思想和美学观念，也印证了人们生活的美好。

一块让人惊艳的布料，关键在于图案独特，在传统中求创新，将复杂的程式化的图案设计有序化。以我的社团活动课为例：

首先，了解内容试初样。

设计图案，利用油水分离法，用白色油画棒和蓝色颜料小试牛刀，蓝底白花的"布"呈现在我们眼前，孩子们激动万分。

【课例 1】

师：同学们，老师今天要给你们变个魔术，看仔细了！

生：（目不转睛，盯着我的画笔，我的画纸）

师：（在事先用白色油画棒画过花纹的宣纸上用宽排笔刷颜料）

生：哇！好漂亮的花纹！

师：老师用排笔从上往下依次刷，为什么会有花纹？

生：（一脸疑惑）

师：在你们抽屉里也有一幅这样的神奇的画，你们拿出来仔细看看，用手摸一摸。

生：老师，我发现了，白色的花纹是涂过油画棒的。

生：涂过油画棒的地方，颜料是涂不上的。

师：对了，这就是油水分离法。

师：蓝底白花，我们又一次体验了蓝印花布的古朴美。

其次，学会构图练画样。

蓝印花布在构图上追求完整，喜欢将纹样铺满整个画面，饱满却又留有无限遐想的空间。以几何学的点、线为基本元素，采用自然现象中的不同形体，如日月形、波浪形、回旋形，并运用生活中常见的鱼鳞、蛇皮及手工编织纹，以变化的手法组成多种几何纹样。

用蓝色的记号笔，直接设计图案，涂上颜色，白底蓝花的纹样别有一番美丽。

最后，选好寓意创纹样。

蓝印花布上的图案、纹样都是具有吉祥寓意的，比如石榴代表多子，蝙蝠代表多福，等等。另外，中国古代有"天地方圆"的说法，体现了"天人之际，方圆之间"的传统、朴素的生命观。所以，在蓝印花布的图案中有很多是以方圆的组合形式来表现的。

蓝印花布上的纹样各异，不同的图案都折射出中国的传统思想。如"年年有余""麒麟送子""鹿鹤长春"，以含蓄隐喻的方式表达了希冀吉祥的心愿。课堂上我让孩子们自己设计一个有吉祥寓意的图样，用蓝笔勾线涂色。这其中有对称式构图，有均衡式构图，每一幅作品都别具匠心。

### （三）巧手制作，体验美：用全程体验学习传统技艺

民间蓝印的技法基本上保留了几百年来的传统工艺，具体为：

挑选坯布、脱脂、画样、刻花版、上油、刮浆、染色、刮灰、清洗、晾晒。

每一项工艺都包含着要求极高、纷繁复杂的步骤。为了让孩子们亲身体验蓝印花布的制作过程，根据学校统一安排，我每学期都要带学生去蓝印花布故乡二甲实地学习、制作。

红砖、红瓦，简单宽敞的老式厂房，有种穿越时空的感觉，走进厂房，更是一番古朴风味。几个年长的妇女正在忙碌，与高挑的房梁齐平的竹竿上挂着一块块布料，简易的架子上摆放着一张张刻有花纹的纸板，最吸引孩子们的还是两个长方形的大蓝水池。作坊老师傅告诉我们，这就是染缸，这缸染料是祖传的。多少年来一直用这缸染料，染料少了就添点材料进去，因为缸比较深，染料性能稳定，不会变质。师傅还实地让我们体验了一次扎染。粗粗细细的绳线，抓一抓，扎一扎，扔进染缸，十几分钟后拎出来，怎么是绿色的？悬挂在一边，大家仔细盯着，慢慢地，绿色变成蓝色，又十几分钟过去，蓝色变成近乎黑色，整个过程让孩子们沉醉于其中，原来蓝印花布的印染这样有意思。师傅把我们的扎染清洗后交到我们手中，孩子们小心翼翼地拆开绳线，一块块图案奇特的扎染作品呈现在了我们眼前。

带着孩子去观摩、体验，我也努力地学习、试验，当我们把第一块布从染缸里拎起时，孩子们惊叹不已，看着绿色的染布慢慢变蓝，大家目不转睛，太神奇啦！蓝印花布上自然的纹理，叙述着蓝印花布的艺术灵魂。

回顾每一块蓝印花布的制作，最考验孩子的要数刻版了。刻版就是在刷过桐油的纸板上刻花，刻时刀要竖直，力求上下层花形一致。稚嫩的小手，锋利的小刀，真不忍心让孩子下手，怕他们受伤，怕底稿刻坏。果然，不是刻过了就是刻歪了。怎么办？原来孩子们把刀当铅笔使了。发现问题及时纠正，一个一个手把手地教，

让他们掌握要点，找感觉，功到自然成，孩子们进步很快。

### （四）精工细作，创造美：用守本创新发展感性智慧

我的课堂我做主。

【课例2】蓝白装点餐桌——杯垫

欣赏蓝印花布杯垫的图片。

师：同学们，这些杯垫好看吗？

生：好看。蓝白相间的图案很雅致。

师：让我们来设计一个好看的杯垫吧！

生：（激动，鼓掌）

【课例3】蓝白倡导的环保——环保袋

美国受热浪侵袭，气温升至50摄氏度，热到鸡蛋能烤熟；阿根廷80几年来首次下雪，连90岁的老人都说第一次见；南极冰川在消失。地球真的病了！世界各地为环保而响起了乐声，英国设计师Anya Hindmarch的环保袋大卖。孩子们，身为小小蓝印花布设计师，你们想做点什么呢？

"设计蓝印花布环保袋！"孩子们异口同声。为保护环境而生的环保袋与蓝印花布相结合，艺术也在此萌芽。

小小的蓝印花布杯垫是文化的传承。当蓝印花布邂逅杯子时是杯子生机活力的再现；当为保护环境而生的环保袋与蓝印花布结合，环保袋就不仅仅具有环保功能了，它更具备了一种艺术特质与民族风情。

通州实小国家非物质文化遗产蓝印花布工坊，在全国中小学生艺术展上一炮打响，甚至吸引来了教育部长欣赏的目光，让我更坚定了让孩子从此与美相遇的信心。为了让学生们快乐而有品质地成长，让我们一起在蓝印花布的艺术熏陶中守望这份蓝韵乡情。

## 二、节日红灯工作坊

如今传统民间艺术是当代美术教学中极为重要的教育资源,对于创新和完善教学方法,拓展艺术设计课程教学内容,培养学生们的创新能力,造就具有文化素养的实用型人才,有着极为深远的意义。而我校的节日红灯工坊作为学校特色的彩色工坊之一,不仅是对民间艺术的传承,更是蕊春物型课程校本化的体现。

构建蕊春元宵灯课程

每年的元宵节来临之际,为了让孩子们亲身体验到中华民族的传统文化,给孩子们上一堂与众不同的传统文化课,我们会在蕊春园里开展"喜迎元宵闹蕊春"系列活动。蕊春园作为一个美丽的、立体丰富的场境,具

(赏一赏)

有空间多维度、时间多频度、思维多向度、理解多角度的特点,因而使其课程具有无限开放的价值和无限广远的意蕴。园子里的万物变迁,四季轮回,让孩子看到课程的有形与无形,生命的有限与无限,从而去感受成长的力量,生命的能量。

猜灯谜是元宵节传统的节目,也是孩子们最喜欢参与的活动之一。五彩缤纷的花灯间悬挂着各种各样的谜语,飘扬在校园里,将校园装扮得美丽又温馨,充满了浓郁的节日气氛。灯谜下、花灯旁,孩子们驻足思考,轻声交流,他们在活动中对谜面进行分析、判断,开展创造性的思考。

（猜一猜）

（做一做）

而做一做灯笼更是让孩子们用自己的眼睛去观察，用自己的耳朵去倾听，用自己的嘴巴去说话，用自己的双手去操作，用自己的身体去接触，现场学习，体验学习。做中学，玩中学，手脑合一，也是对物型课程来说最好的学习方式。通过之前的观赏，感受元宵节热烈的气氛，培养热爱中华民族文化的情感。接着，让学生拿出自己带来的花灯，引导他们观察：花灯的制作、花灯的基本结构和花灯制作方法，不同材料有不同的制作方法，又引导学生进行彩灯的设计制作，你认为怎样制作还可以更漂亮或更简便？学生分组进行讨论、设计，合作，学生能掌握彩灯的基本制作方法并能较好地完成作品，学习效果很好。

（写一写）

有先哲曾说："儿童是天生的诗人。"他们想象力丰富，能想象出自己喜欢的意境，我们的孩子通过对之前灯笼的学习认识，写下充满趣味的诗句。

### 自卑的棕榈

棕榈不长果实，

很自卑。

橘色灯笼安慰他：

"等我爬上去，

他们会说，

'嘿，

这儿有一棵会长橘子的棕榈，

真了不起。'"

——司舒恬

### 假英雄

傻傻的灰太狼，

一定是饿花了眼睛。

为了捉住天上的"小白羊"，

走钢丝也不怕。

我知道他在装，

抱着钢丝不放算什么英雄呢？

——陈若施

蕊春园是精神家园的一方阳台，是童年生活的一段记忆，是课程资源的一种机会，是审美情愫的一场恋爱，是文化存在的一组编码，是阅读生涯的一本大书，是诗意人生的一份构思，是教育母腹的一次分娩，是物型课程的一册答卷。"赏天地大美亮第一课程，养生命正气润生命学园。"蕊春课程的构建，融合了生态美学与生命美学的多维价值，融入了天人合一的东方哲学、知行合一的实践理性、情景合一的美学命题，建构起一个童心世界的乐园，一个梦想的伊甸园。通过蕊春学园构建的这个桥梁，传递中华民族生生不息的审美观、价值观。物型课程，通过传统的器物精神，贯通民族的血脉，感受经典的魅力，汲取中华文化的基因，在不知不觉中形成文化认同，提升文化素养，树立起文化自信。帮助孩子树文化自信，铸中国灵魂，让每一个孩子都有中国信仰、中国精神。

## 三、四时绿玩工作坊

蕊春物型课程最好的资源带是自然生长的、可以自选的。对于那些来自于田园的低结构材料而言,顺应四时之变,制作绿色玩具,无疑更有利于培养学生的动手能力。建立"四时绿玩工作坊",完全是顺应儿童的心理欲求的。

【自选菜单】

1. 芦苇叶子:芦苇叶就是芦苇的叶子。芦苇是多年水生或湿生的高大禾草,生长在灌溉沟渠旁、河堤沼泽地等。芦苇叶上有毛或有细毛。叶舌有毛,叶片为长线形或长披针形,排列成两行。叶长 15~45 厘米,宽 1~3.5 厘米。

我们可以用它做成各种小玩具:口哨、风车、小船、小动物、花篮、眼镜等。(如下图)

风车

小船

小动物

　　花篮　　　　　　　　　　　眼镜

2. 竹子：可以尝试着用竹叶编制各种小玩具，如上面芦苇叶编的，用竹叶也可以尝试制作。还可以用小竹节做成竹节人，用废弃的竹根做笔筒，用粗粗的竹节做花盆、竹蜻蜓等。（如下图）

竹节人

3. 树枝玩具：捡废弃的树枝，用捆扎、粘贴、加热变形等方法制作出各种玩具，如弹弓、小动物、小装饰等。（如下图）

　　弹弓　　　　　　　　　　　小动物

小装饰

4. 麦秆：秸秆是成熟农作物茎叶（穗）部分的总称。通常指小麦、水稻、玉米、薯类、油菜、棉花、甘蔗和其他农作物（通常为粗粮）在收获籽实后的剩余部分。我们可以用它们来编织造型，或者做细致的麦秆贴画，也是一个不错的装饰品。

5. 稻草：可以用来做各种有趣的造型，最常见的是造型各异的稻草人，也可以做成卡通动物等多种造型。

【典型案例】

## 蚕豆的创意体验

每到春夏交替，正值蚕豆上市的季节，蚕豆的创意体验活动就开始啦！

活动准备：

1. 小豆、桑叶等应季小绿植、蔬菜，做配饰用。

2. 牙签、纸盘等制作工具。

3. 应景的音乐准备，如儿童歌曲《蚕豆花》，儿歌《炒蚕豆》。

活动过程：

一、摘蚕豆

一米菜园里的蚕豆成熟啦！我们一起去观察，看看蚕豆到底长在哪儿。观察弯弯的蚕豆荚像什么？摸一摸，蚕豆荚，说说给你什么样的感觉？猜猜，每个蚕豆荚里有几个蚕豆宝宝？你是怎么猜到的呢？

二、拼蚕豆

摘下来的蚕豆荚，我们来拼一拼、摆一摆，瞧，可以变成啥？（小花、小草、小人、小船……）

三、剥蚕豆

赛一赛，看看谁是剥豆小能手？观察蚕豆宝宝的样子，比一比，大小颜色，发现蚕豆宝宝的特点。试着用蚕豆宝宝摆拼盘，对称摆，有秩序地摆，这样的豆宝拼图很美呢！

四、小制作

用上准备的工具材料，试着根据自己想要做的造型，挑选合适大小的蚕豆，用牙签连接，比一比，谁的蚕豆宝宝小制作最有创意。（有的同学，还会根据自己设计的小故事制作呢。例如，有些小组分工合作，编故事、做造型，最后还能给我们上演一场生动有趣的蚕豆手作故事会，都是有主人公的呢！可爱至极）

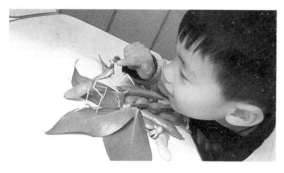
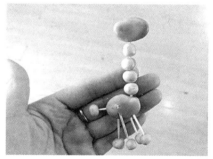

五、小创编

在这样一场热热闹闹的豆子活动中，孩子们玩得不亦乐乎，创意无限，而且这个创意得到了进一步的拓展，课后，孩子们纷纷踊跃创编。1. 把他们的蚕豆造型小玩具聚集起来，合理摆放拍照，布置场景，最后根据场景创编故事，还做成了幻灯片，成了之后每天，我们必听的故事会的素材；2. 蚕豆宝宝插画系列，一系列的活动后，孩子们对蚕豆的创作冲动依旧，动笔画一画，你会发现，体验远远大于模仿，他们的创作会给你无限惊喜；3. 诗歌，是表达情感的有效方式，因为有真情实感，关于蚕豆的生动小诗，在孩子们之间自然流淌出来；4. 唱一唱，课堂上，孩子们创作时，我给他们听了关于蚕豆的歌曲、童谣，课后，他们竟然都会唱了，课间，耳边常常听到他们愉快的歌唱。

四时绿玩工作坊，传达的不仅是创意，更多的是引领孩子们走近自然，关注自然，在享美的过程中，激发孩子们自主创作的冲动，并在创作中体会亲自设计制作的快乐与幸福。法国启蒙思想家卢梭以"归于自然"的性善论为依据，认为"天性的最初的冲动永远是正当的"，所以"要以天性为师，而不以人为师"，要成为"天性所造成的人，而非人所造成的人"。这样的亲近自然的体验式学习，正是孩子们最好的成长方式。

# 第六章　统整：蕊春物型课程的学科新视野

让物型"融入学科，扎根课堂"是物型课程发展的必然选择。随着物型课程不断地实践与探索，我们越来越清醒地认识到学科是教育的主抓手，课堂是主阵地，物型课程要保持其长远的生命力，唯有融入每个学科里去，落实到课堂的细节里去，才能让它既成为儿童发展的必需，又成为教师工作的日常。由此，物型课程才是有根基的，才能"像呼吸那样自然"，才能有机地落地。

近年来，我们努力让格物学习从学生的全世界路过，从学校的全学科通过。在语数英、音体美、思品劳技等多门学科中大力开发物型课程，蕊春物型课程在学科教学的实践过程中不断开阔视野，深化内涵。各个学科在更新理念、探索策略、优化设计、丰富评价等方面做了不同的尝试，物型课程教学呈现出百花齐放、生机勃勃之景象。"问渠那得清如许，为有源头活水来"，物型课程如同源头活水，为教师提供了教学的新思路，为儿童提供了学习的新可能，学科教学由此打开了广阔神奇的新视野。

# 第一节 蕊春物型课程与以美育德

教育部发布的《中小学德育工作指南》指出，小学德育目标是：教育和引导学生热爱中国共产党、热爱祖国、热爱人民，爱亲敬长、爱集体、爱家乡，了解家乡发展变化和国家历史常识，了解中华优秀传统文化和党的光荣革命传统，理解日常生活的道德规范和文明礼貌，初步形成规则意识和民主法治观念，养成良好生活和行为习惯，具备保护生态环境的意识，形成诚实守信、友爱宽容、自尊自律、乐观向上等良好品质。

面对"如何立德树人？""怎样提高德育实效？"等新时代教育之问，通州实小给出了响亮的回答：依托蕊春物型课程"以美育德"。

依托蕊春物型课程"以美育德"，赋予了儿童德育草木自然之风、人文涵养之韵、体察自悟之骨、历久弥新之神，通过审美的途径，把外在的美的精神力量转化为个人内在的情感与理智的精神力量。

## 一、以草木山石之美，认识德性

美存在于"天地"——大自然之中。

老师和孩子们四季游园、赏玩，他们眼中的每一株草木、每一朵野花都是鲜活的生命，渐渐地，在老师的启发和引导下，孩子们发现，草木山石都有生命，都洋溢着美好的意志品质。古树固根守本，水德润物无声，亭语自然本色，山石刚毅不移。这些源自美好事物本体的优秀品质，一经发觉和体悟，便化生为无穷的德育力量。

我们编写了校本德育教材《蕊春物语》，每一个单元包括经典名句导读、故事链接、心灵驿站、拓展活动、我的观点等小单元，多学科融合，集知识习得、兴趣导行、经验互动等多种丰富的形式为一体，让儿童在兴味盎然的积极情绪中，悦纳了廉洁的种子，从小树立清明、节俭、勤奋、向上的美好品德。

## 二、以人文景观之美，体悟德性

我们结合新时代德育要求，建设翰墨书画苑、缤纷紫薇园、经典阅读吧、诗意生态廊、古朴鞠寿堂、葱茏香樟院等物态人文景观，让一座亭、一弯桥、一池水、一条道、一副楹联、一份史料都能成为学生道德成长的德性启迪。我们建设校史馆，挖掘校史资料，孩子们参观校史馆，驻足创办者孙傲先生雕塑前，穿越时空与先贤对话，理解创办者为何以"蕊春"命名园子，感受先贤服务桑梓的爱心、永不泯灭的童心和无私奉献的师心。我们根据时令、季节特点，开展菊文化、苏派园林、楹联文化等美学课程行动研究，在错落有致间感受谦和避让的道理，在文字章法中体悟生命的纯美意蕴。

当传统节日和蕊春园"相遇"，特殊的元宵灯会拉开了帷幕。在曲折的廊道下、古朴的窗格旁，在幽香的梅树下、回环的藤架旁，一盏盏由孩子们自己亲手制作的花灯挂出来了。无论是精致的，还是略显稚拙的，每一盏灯都凝聚了孩子们的劳动，在他们的心中都是独一无二的。元宵的传统文化如温婉的灯火，在蕊春园漫延开来。做花灯、赏花灯、猜灯谜……了解和传承中华优秀传统文化，更为深刻地理解蕴含其中的美好向往，将德育印迹铭刻进孩子生命的年轮里。

蕊春物型课程就是这样，通过开发"物道"，引发"悟道"，让文化育人、课程育人有了实在的依托和呈现途径，让儿童德行的生长变得真实、有序、生动可感。

## 三、以四季气象之美，熏染德性

天地万物，四季更迭，都是物型课程开发的基本元素。我们从蕊春园四季更迭的自然风光中，帮助孩子感受温暖的春光，寻找热烈的夏蕴，触摸怡人的秋意，徜徉静谧的冬韵，感受历史的沧桑、生命的轮回。

作为江苏省廉政文化进校园示范点，学校依托蕊春物型课程，对学生进行了廉洁启蒙教育，引导学生小手拉大手，宣传廉政自律精神。时至小满，老师和孩子们游园赏景，懂得小得盈满的生活最美；夏日荷花盛开，出淤泥而不染、濯清涟而不妖，原来，本色清淡地做人是最美；冬日寒风凛冽，翠竹任尔东西南北风，屹立不倒，刚正不阿，孩子们发现，坚守原则的精神才是最美。在这些生动的物型课程之中，我们引导孩子懂得——别人的东西我不拿、做人做事守规则、谨慎小心不犯错、勤俭节约是美德。于是，"志存高远""廉洁家风"有了生动的表达，蕊春园成为流淌真善美的生态场，放飞理想、提升道德修养的生命园。

一场不期而至的大雪降临了，蕊春娃和雪"亲密接触"，在老师的引导下，他们懂得了雪的灵动和深沉，感受到雪的纯洁、包容、友善、公正……于漫天飞舞的美景之中涵养着道德品质。你听，孩子们这样说：

宁可经历冰冷的磨砺，也要将最纯洁的美带到人间；宁可经历长久的跋涉，化作碎片，也要告诉人们，路途再远，也要坚守纯净的情怀。

友善的雪花从天上而来，为了和小朋友们做游戏。它越来越多，和它做游戏的小朋友也越来越多。小朋友们把它滚成大球，堆成雪人，给它插上鼻子，摁上眼睛和嘴巴，还给它戴上了围巾。孩子们笑了，雪也笑了。

雪，是那么洁白无瑕，那么无私。它的到来好像将我们带进了"冰雪奇缘"的童话世界里，它的到来使庄稼盖上一层厚厚的"棉被"。庄稼在它的守护下，不再受到害虫的伤害。迎着阳光，雪渐渐融化了，它慢慢地滋润着大地，自己却渐渐消失了。我爱它的洁白无瑕，更爱它无私奉献的精神！

雪花非常勇敢，它们像穿着白色铠甲、骑着白色骏马的勇士，朝我们飞驰而来。有些灵活的，从车顶上飞越过去了，留下一串骄傲而欢快的呼哨；有些可爱的，一下子撞到车玻璃上，却一声不吭，化成一摊水迹。雪花啊，勇敢的精灵！

### 四、以习耕劳作之美，践行德性

我国自古是农业大国，习耕文明绵延数千年。习近平总书记在全国教育大会的讲话中指出："要在学生中弘扬劳动精神，教育引导学生崇尚劳动、尊重劳动，懂得劳动最光荣、劳动最崇高、劳动最伟大、劳动最美丽的道理，长大后能够辛勤劳动、诚实劳动、创造性劳动。"

蕊春物型课程视野下，儿童的德育不仅是对德性的启迪、认知和浸染，也赋予了儿童实践美德的物型空间。

学校本部专门建起"一米菜园"，南山湖校区设有"东篱园"。每个班自主认领几方土地，通过亲自动手、亲身参与，熟悉常见的农作物名称、习性及耕种方式，并由此延伸至对一类物种生长规律的小课题研究。在甘于吃苦、乐于付出、团结协作的习耕行动中，学生理解农耕文化，了解现代农耕技术，进而真切感受到时代的变迁、祖国的日益兴盛，更收获了担当意识、探索精神，懂得了传承的重要意义。

此外，我们以"劳动创美"为主题，开展系列劳动实践活动。低年级举行"劳动小能手"摄影作品征集、主题手抄报展览，中年级撰写"我与小苗共成长"观察日记，高年级学生到食堂体验剥豆子、洗餐盘，共赴一次"食堂之旅"……

蕊春物型习耕课程的开设，让城镇孩子亲密接触大地。亲力亲为的劳动实践，唤醒了学生的自我意识，当他们感受到每一滴汗水的滑落，目睹到每一株幼苗的生长，体验到每一次收获的喜悦，勤作之德应运而生。

孔子以为，"里仁为美"，从这一思想出发，他进一步阐发了自己的美学理想："尽善尽美"。也就是说，美与德、善与美是统一的，"仁"是美的灵魂与基础，美则是善的温度与境界。著名美学家李泽厚提出了"以美储善"的观点，要以"审美仁爱的天地境界（悦志悦神）来度此人生……实现道德"。通州实小依托蕊春物型课程的"以美育德"，认为格物、审美是育德的途径、方式，更是育德的境界；以美育德是立德树人的切入口，也是突破口，更是生长点。在蕊春美丽物型课程中，立德树人变得具体起来，可以操作；变得鲜活起来，引导学生在审美中生长道德。当儿童德育与美丽自然、优秀文化、多彩事物、美好生活等多样化的具体形态相关联、相依托，当儿童的童年与美相遇，德行以美为鉴时，他们便自然悦纳了符合新时代价值内涵的道德标准，自觉提升了益于社会、受用一生的德性修养。

## 第二节　蕊春物型课程与田园嬉乐语文

蕊春物型资源都以绿色之物为主，可以在蕊春园中，亦可以存在于附近的课程基地当中。当下时兴的田园综合体，也可以成为蕊春物型的拓展型样态。

田园嬉乐语文，以田园为场境，以嬉乐主体活动为方式，以四季植物的交替为线索来编辑文本，或以绿植作为体察之象、习作之源，重视激发儿童富有灵性的阅读与表达。

语文在窗外。蕊春物型课程与田园嬉乐语文拥有天然的交集。"绿色"是它们共同的色调。从某种意义上来说，蕊春物型为田园嬉乐语文提供了近距离的对应空间与儿童灵性养护的营养剂。

## 一、田园嬉乐语文重视以"绿色田园物型"建设"童样学习空间"

### （一）田园让儿童拥有深广的学习空间

田园是没有围墙的学校。在这所学校里，儿童的嬉乐可以延展到天空、河流……自然的角落向儿童全面打开、全面开放，蓝天下的学习就此启动。值得注意的是，自由广阔的童样学习空间，最有利于保护儿童的艺术灵性。

### （二）田园让儿童拥有宝贵的人生余裕

田园是自由的天地。儿童在此可以无拘无束地生活、嬉乐，没有任何逼仄的感觉。"水满田畴稻叶齐，日光穿树晓烟低"，田园让生活世界慢了起来，让儿童拥有了无比珍贵的人生余裕：想闲逛就去闲逛，想发呆就对着天空发呆，想制作玩具就制作玩具……

### （三）田园让儿童拥有绿色的创意玩具

儿童喜欢玩具，更喜欢自己制作玩具。这些低结构材料，为儿童的创造预留了足够的空间。正因为田园绿色材料具有开放性，儿童可以根据自己的喜好，创造出多种多样的玩具。儿童的想象力与创意力就会得到最大限度释放。田园是绿色玩具制造厂，是儿童释放创意的试验场。

### （四）田园让儿童拥有彩色的 STEAM（多学科融合的综合教育）

田园是一个综合体，一个大的生态系统。儿童沉浸其中，四时嬉游，见美景而吟诵歌唱，用绿植而制作玩具，依地形而建设工程，走田间而自然步道，如此在嬉乐之中，不知不觉整合了艺术、技术科学、工程、数学等学科元素，运行了统整思维，拥有了彩色的 STEAM 课程。

## 二、绿色语文重视导入"全语田园物型"发展"完形观察力"

为了方便我们将各种物型引入到绿色语文课堂，我们需要对基本的物型进行分类。根据目前的实践与教学需要，我们将物型分为四类：并联物型、串联物型、共时组合物型、历时变化物型。这四种物型，合成一个整体，就构成了物型的全语言，形成了物型的整全结构，即全语言物型。

### （一）导入"并联物型"，体认丰富的统一

对于语文课，我们希望学生能够对事物产生丰富而细腻的体验。所以，当我们将事物带入教室的时候，尽量做到让同一种类的事物"全体"出场，以组团的形式呈现在学生面前。如此，我们导入的物型就是"并联物型"。比如让学生体认草原绿色之丰富，草叶就不能单物呈现，而应该是多种草叶叠加：浅绿、深绿、茶绿、葱绿、明绿、暗绿、墨绿、青绿……同中有异，异中有同，呈现丰富的物态，才能让学生有丰富的体认；辨析细微的差异，才能对色彩产生更加精微的审美感。精妙的体验总是来自丰富的统一。并联物型，重视用"全体出场"的方式，来帮助学生建立"全面经验"。

### （二）导入"串联物型"，拓展观察的视野

物型世界是一个有机关联的世界。从某种意义上来说，物型世界有其"类别秩序"。在教学中，我们可以尝试以"一种物"带出"一类物"，这样的物型是"串联物型"。导入串联物型，融入了教者的关联设计，有助于推动学生的关联型观察，发现类别化物型的更多秘密。因为同一类别的事物之间可相互观照、相互启发，既可以形成整体观念，又可以彰显个别特质。例如，在带领学生观察豆类的时候，先让"大哥"扁豆出场，接下来"二妹"豇豆出场，再接着"三弟"蚕豆出场……再让学生想象接下来哪个豆族兄弟姐妹出现，便可以获得各"豆"其美、美美与共的

效果。最终不同的兄弟姐妹一起比较，学生就会发现"豆子家族，追求个性，肤色各异，有深绿的、浅绿的，甚至还有紫色的"。

### （三）导入"共时组合物型"，闪烁无言的暗示

物型单列，给予学生的启迪相对有限。如果我们依据瑞吉欧呼应课程的原理，对物型之间的相互关联做出合理的预测，对学生的需求做出适当的呼应，那么，我们所提供的物型就会更富有启迪性。因为组合本身就是暗示，暗示物型之间存在可能的关联性。物型组合的相关事物是同期出现的，必然是共时的，因此这样的物型就是"共时组合物型"。一次，我和学生在学校的"一米菜园"种下了豇豆。我们将豇豆和树枝放在一起呈现，让孩子想象豇豆和树枝之间可能发生的关联与故事。随着摆放树枝方式的变化，实验长线推进，故事也更加精彩。事实证明，不断变化的物型组合，会激发儿童的畅想力，会激发他们的一百种童话语言。如果没有树枝陪伴出现，学生的思路不一定能够如此打开，想到"豇豆爬蔓欲登天"的童话。这就是融合实验的共时组合物型的魅力所在。

### （四）导入"历时变化物型"，捕捉出奇的变幻

很多时候，物型的出场只是一个瞬间，甚至是不太重要的瞬间。关于它的无数秘密就此被遮蔽，甚至是永久地掩盖。从生活的真实性来看，真正的物型总是历时性的，处于不断的变化之中的。正是这样长长的时间线上的变化，展示了物型的真实与秘密。因此，我们关注物型，导入物型，必须有长线的眼光、历时的思维。比如，我们平日里观察生菜，主要关注它的茎，因为它的第一价值就是茎可凉拌、可做汤。如果作长线比较、历时观察，就会发现生菜的别样美丽——在五月底的时候，它还会开花——初绽放，嫩黄如小喇叭；盛开时，平展如金色的齿轮，出奇的美丽，出奇的活力，令人震撼。历时变化的物型，可以培养儿童观察的耐力与韧性，让他们更有可能发现世界的惊艳之美。

## 三、田园嬉乐语文重视以"田园嬉乐活动"生长"童年作文"

田园嬉乐语文所倡导的童年作文应该是一部童年嬉游记。走进田园,教师应该和儿童一起游戏、玩乐:一起滚铁环、捉蚱蜢、跳房子、打雪仗;一起捉瓢虫、打连枷、做风车、抽陀螺;一起挖红薯、摘草莓、竹林探险、赤足走大地……

带着孩子走向大自然的游乐场,通过复活祖辈的童年游戏,开发江海的地域嬉戏,开展多彩的自创游戏,探寻童年幸福的秘密,呵护童年的人间心,让儿童更"儿童"。当儿童追逐着蟛蜞在江滩上奔走,当孩子的心随着陀螺一起旋转,当孩子用手臂为七星瓢虫做跑道……他们天性中那种最柔软的叫作童心的东西瞬间被唤醒,童年特质被彰显。"逍遥天地间,怡然自得趣。"通过嬉乐活动丰富孩子的童年体验,为孩子一生存储最宝贵的不可再生的体验性语文资源,使儿童感觉真正生活在"童年"里。

我们开展了"水趣""树趣""苇趣""筝趣""农趣""捕趣""采趣""割趣"等多个系列的嬉乐活动,努力唤醒儿童"本能的缪斯"。地域嬉乐,孩子像小鸟那样在翁翁郁郁的丛林中自由飞翔,像小兔那样在纵横交错的庄稼地里尽情奔跑,像小鱼那样在一碧千里的芦苇荡里快乐回旋……到果园做一只猴子上树摘桑葚,到江滩和蟛蜞打地道战,到蚕豆田里"孵化"活泼可爱的蚕豆鸟……儿童与嬉乐游戏有一种天然的亲近感。尽情地嬉戏,尽情地快乐,游戏中那些活泼欢快生动的场景,使儿童产生审美的愉悦。余裕的状态和嬉乐化的田园情境,催发了儿童的缪斯性,让孩子拥有了勃发的诗情和绵绵的才思。田园嬉乐,也就自然而然地化作了一篇篇充满灵气的童年作文。

## 第三节　蕊春物型课程与人文数学

众所周知,数学是研究数量关系和空间形式的科学,数学与人类发展和社会进步息息相关,随着信息技术的飞速发展,数学被更加广泛地应用于社会生产和日常生活的各个方面。

那么,在具体的教学过程中,如何借助物型课程,让数学教学既能把握数学学科本质,又能生动活泼、富有特色地展开呢?

### 一、物型课程与数学学习

#### (一)数学与物型的关系

首先,数学产生于生活中的物。远古时代,我们的祖先在生产劳动中需要对生产物资进行清点,生活住所需要设计,需要探寻日月星辰的运行规律,也需要了解活动领域的空间距离。可以说,地表、空间等物型促进了人们对数学的需求。

其次,数学在发展的过程中离不开物型。从数学产生一开始,人类摸索过多种物型记数的方法,由开始的结绳记数、用石块记数,到算筹等等,都是通过物来计数和计算的,其中中国人还用了几千年的算盘。伴随着生产力的发展和物型世界的丰富繁荣,数学领域不断地向前发展,不断实现新的突破。

再者,数学学习的价值在于创造更好的物型。以空间物型为例,当今科技可以提供以现代数学为基础的智能建筑,智能建筑通过对建筑物的结构、设备、服务和管理根据用户的需求进行最优化组合,为用户提供一个高效、舒适、便利的人性化建筑环境,智能建筑是集现代数学与其他科学技术之大成的产物。

## （二）数学学习离不开物型

数学学习需要利用各种各样的学具或工具，如计数器、米尺、三角板、圆规等等。这些都是大家非常熟知的物型，但这些物型还只是冰山的一角，更多的物型在日常教学中与广大师生朝夕相处，发挥着重要的作用。

以二年级"角的初步认识"为例，教学时充分利用物型起到了良好的教学效果。

课开始，老师在屏幕上出示了一部"魔法相机"。老师介绍魔法相机有三个按钮。红色按钮就是无论看到如何复杂的物体，都能去除无关的要素，留下核心的要素，它的名字叫"透视键"；魔法相机还有一个黄色按钮键，它的名字叫"联系键"，联系键特别擅长寻找整体和部分的联系；还有一个蓝色按钮键，它的功能是能发现万物的变与不变，功能特别强大，叫"变化键"。"角的初步认识"就这样围绕着魔法相机的神奇功能展开了饶有趣味的学习。

在这节课有一个重要的虚拟物型——魔法相机，魔法相机以及它的三个键无疑是一种物象化的隐喻，所谓的"魔法相机"其实就是学生的大脑，两个圆圆的镜头就是学生的眼睛，三个键就是三种不同的数学思维方式。本课中还出现了许多的物象，剪刀、钟面、五角星、角、活动尺、江南水乡的屋顶、南飞的大雁、斜拉索大桥……不同的物象分别承载着不同的功能：

具象感知功能。它们是用于研究的对象与工具，如课刚开始时，小明家情境中的剪刀、钟面、五角星等。

抽象概括功能。它是通过思维构建出来的数学模型，如老师抽象出一个顶点两条边的角、活动尺等。

拓展应用功能。它是认知形成后的更广泛的客观世界，是学生自觉应用所学数学知识的对象，如江南水乡的屋顶、南飞的大雁、斜拉索大桥等。

在这里，不同的物型组合在一起，充当着提升学生认知水平的"脚手架"。不难想象，如果没有这些生动直观的物型作支撑，"角的初步认识"很难走进儿童的认知世界，很难如此有力地支撑儿童的思维发展。

一节课，如果通过不同的物象，让其承载着不同的教育目的，并且这些物象可延伸、可拓展，那么这节课就是一节成功的物型课程的课。

### （三）人文数学优化"人"与"物"的关系

1. 人文数学将物型课程指向人的全面发展

关于物型课程，各个学科都有其独有的教学目标及教学方式，但不管是怎样的学科、通过怎样的途径开展，物型课程最终目的是促进人的全面发展这一根本宗旨不会改变。

我校坚持了二十多年的"人文数学"教学。人文数学教学紧扣人的发展因素，通过改变人的思想去改变人与物型乃至世界的关系，以实现教育的终极价值。

数学跟语文不同，语文的价值取向可以多元化。面对同一个物型，可以仁者见仁，智者见智，可以"一千个读者有一千个不同的物型"。而数学却要你去定性把握，当一个孩子开始知道1个物型+1个物型=2个物型，而不是等于3个物型时，他就开始知道这个世界上有"对"的东西，也有"不对"的东西。人总是在努力靠近"对"的东西，都希望自己永远是正确的。"对""错"的经历及由此引发的体验就构成人对自我的认识，而这种认识在从学数学的开始就一直被持续强化着。

人文数学培养了学生面对外界物型的态度。数学变幻莫测，永无止境，从这个意义上来看，它多么像我们复杂而又漫长的人生。可以肯定地说，一个人小时候对待数学的态度会影响他将来对新生事物的态度。如果一个人从小在学数学时总是跃跃欲试，那他将来就不会毫无激情；如果他学数学时总是主动征服，那他将来就不会被动屈就；如果他学数学时总是积极探究，那么他将来就不会随波逐流。

人文数学还让学生学会了应对命运的方式。一个人从学数学的第一天开始，就注定要经历无数次的"对"与"错"，而这些"对"和"错"一旦被赋予个人的意义，就成了"成功"和"失败"。每个人的"成功"和"失败"的排列组合方式是不一样的，这就构成了我们各自不同的命运。想想过去经历的"成功"与"失败"，再想想后面还有那么多的"成功"与"失败"在等着自己,是扼住命运的咽喉还是任凭命运摆布?面对难题就是面对人生,学生若干年后面对人生的态度,其实在面对难题时就打下基础了。

"数学学习是有意义的。"而当这种意义进入人生的层面时,数学才显得更高贵、更有内在的魅力。

2. 人文数学提醒物型课程不能"丢人"

随着物型课程的深入开展,物型课程在教学实践中不断焕发出新的生机与活力,但其中也有不少值得商榷之处。一位老师试上了一节《认数》,这节课不乏亮点,看得出老师查阅过很多的资料,也请不少人把过脉,做过很多次修改。可是,当我们以一名学生的视角来审视这堂课的时候,不禁发出这样的慨叹:这堂课什么物型都不缺,唯独丢了"人"。

原来,老师在设计这堂物型课的时候,定了很多的学习目标。既要体现数学味,又要有生活味;既要有探究味,又要有层次性;既要扎实,又要有趣。想必是以前不同的听课老师从不同的角度提出了"正确"的观点,这位老师为了使得所有的人听了之后都能满意,便做出这样的定位。

可是,这样下来的实际效果是怎样的呢?一节课只有短短的四十分钟。认数本身的知识点已够零碎,再加上这么多的目标,还要容纳几十个不同的物型素材。如此多的东西杂糅在一起,不要说是四年级的学生,即使是许多数学老教师看这堂课,也是像看走马灯一样看得眼花缭乱、头脑发胀。儿童的自主需求、儿童的认知规律几乎遗失殆尽,"人"的整体性在课堂中不见了,有的只是支离破碎的目标。

我们这个时代什么都不缺,有的是先进的教育现代化技术、层出不穷的教育教学理念、多样化的教育手段。可是,当我们细细打量,却会发现:教育中不乏"买椟还珠"的现象。教育是面向"人"的,可是现在我们的教育恰恰"丢人"了。

我们的数学教育丢"人"了。具体表现为学科中心下的"人道"缺失,分数本位下的"人情"偏离,拔苗助长下的"人力"衰退,在我们这个讲究科技的时代,

"人力"开始成为一种稀缺的资源。"人力"的环保、"人力"的温情,更关键的是"人力"只是依靠自我本身。"人力"带给我们自豪感和安全感,是我们享受人生的资本。这些都是我们实施物型课程中需要警惕的。

3. 人文数学时刻关注"人"的存在

我们越是脚踏实地地实施物型课程,越是要关注与物相对的"人",不能忽视物型课程中"人的存在"。说到"人的存在",我们不能不提到存在主义哲学观点。存在主义肯定单独的个人,个人不再依附于群体,不是一个数字,而是一个个单独的、活生生的人。存在主义重视个人的自由与其意志的抉择,如果一个人不能自己做出决定,那这个人便是可有可无的。存在主义的第三个特点是强调主观真理,强调人要向着存在本身寻找定位,极力证明自己的存在,找到自己生命的出路。如果一个人的生命没有定位,那他也不能被称为一个人。

基于以上思考,我们强调人文数学在实施物型课程时必须做到以下几点:

回归课堂。课堂是"人"学习的主阵地,物型课程要焕发出持久的生命力,必须在课堂上扎根。

提升思维。数学是思维的体操,体操是为了促进"人"的身心健康,是为了培养"人"的良好适应性。数学是讲究系统与结构的学科,应该借助数学教学全力提升"人"的认知思辨能力。

启迪人生。人文数学强调小学数学不仅仅教"数学",还是"人学"。数学课要借助数学思维的培养,去积极影响学生对生命的态度,去激励他们更好地做生命的主人。

## 二、人文数学让物型止于至善

与所有的教育途径一样,物型课程教育的最高目标也是"至善"。苏格拉底说过:"最高的知识是关于善与恶的知识。"知识,不管是科学知识还是人文知识,如果它不关注到人的善恶层面,那么它就不可能带来人类的进步与幸福。时至 21 世纪,人们已经认识到现代知识的特性已经悄然进行着由中立性到价值性的转型(参见石中英的《知识转型与教育改革》),也就是说,从数学这样的"事实性知识"中挖掘出"人文性知识"不仅可能,而且必须。

## (一)放大视野——由"部分"变为"整体"

作为科学分支的一门学科,数学物型课程肯定会关注"真",但这种关注很有可能是局部的。数学一直在试图不断地从客观事物中抽取出本质属性,它以为抓住了本质属性就掌握了全部。但有时未免显得盲目自大。事实上,很多时候数学是在把整体分解成部分,把机体分解成器官,它不问事物的价值,也不问它们的总体和终极意义,它满足于说明现状和作用。这种功利色彩的形而上其结果是带来个体和社会的片面发展和畸形发展,威胁到个体和社会的可持续发展,最终给整个人类带来灾难性后果。

我曾经在六年级的"平面图形的周长与面积"的复习课上出示了这样一个情境,同样是"绳子"这个物型,却有着不同的处理方式。

从前有个老人,他有六个儿子。一天,他把所有的儿子叫到跟前说:"孩子们,我已经老了,我没有多少家产留给你们,只有园子里还有几亩地,就分给你们吧。"说着,老人拿出六根绳子,对六个儿子说:"你们看,我这里有六根同样长的绳子,现在你们每人拿一根绳子到园子里去圈地,谁圈到多大一块地,那块地就属于谁。剩下的地就给我种吧。"六个儿子一听,赶忙拿着绳子往园子里跑。大儿子围成的地是长方形,二儿子围成正方形,三儿子围成三角形,四儿子围成平行四边形,五儿子围成梯形,六儿子围成的地是圆形。

下面的教学就由这样一个故事情境展开,经过大半节课的时间,我们最终讨论到这样一个数学事实:"在周长相等的平面图形中,圆的面积最大。"

为了照应故事情节,在得出这样一个结论之后,我问学生:"如果你是其中的一个儿子,拿着同样长的绳子去围地,你会围成一个什么图形?"

绝大多数学生都说要围成圆形,因为圆的面积最大。但最终有一个学生提出他愿意围成一个正方形,因为虽然圆的面积最大,他得到了最大限度的好处,可是他围成的最大地的四周全都成了零碎,他父亲要去种剩下来的地的时候,就非常麻烦。倒不如围成正方形,虽然自己得到的利益少了一些,但是他同时照顾了别人。

这就是一种对整体的"真"的关注。尽管不是每个学生都能达到这样一种认识的境界,尽管他们今后在现实中的行为会不自觉地倾向六儿子这种价值标准,但通过这样的教学,我们至少可以让学生认识到:这个世界是联系的、是整体的,当我们掌握了某种局部的"真",并利用这种"真"为自己谋取利益的时候,我们不要忽视了整体的"真",很有可能我们的快乐是建立在别人的痛苦之上。

### (二)转变思维——由"两难"变为"双赢"

数学中有两难推理、有悖论,真实世界里也会存在这些问题。作为一种纯粹的思维游戏,它们会显得很有趣,而事实上,我们在现实生活中,谁都不期望碰到这些问题。因为它们会造成我们无尽的迷茫和决策上的痛苦。

值得庆幸的是我们这个世界是多元的,很多时候物的"赢"与"亏"、"利"与"弊"会互相转化,而更多时候,让我们产生赢亏利弊心态的,不在于物型的本身,而取决于我们看待物型的角度。

有这样一则故事:有位老妈妈有两个儿子,大儿子是卖伞的,小儿子是染布的。每当天晴的时候,老妈妈总担心大儿子的伞卖不出去;每当下雨的时候,她又担心小儿子的染布晒不了太阳。为此,她整天愁眉苦脸。有一位哲人知道了,对她说:"你为什么不这样想呢?当天晴的时候,小儿子的染布就好晒太阳了;当下雨的时候,大儿子的伞就好卖了。"老妈妈一想,对呀,于是以后每天就喜笑颜开了。

这里的物并没有发生任何变化,决定老妈妈由"双亏"感受转变到"双赢"感受的,不是事态本身的变化,而在于思维的角度和方式的变化。我们不难想象:老妈妈在"双亏"的心态下，整个世界在她的眼里一定是冷酷而又可恶的，而仅仅是换了一下思维的角度，整个世界就变得善良可亲起来。从这个意义上来说，是思维给我们带来了幸福。

由此想到，数学是跟幸福有关的。因为我们不仅可以用从数学学习中培养出来的思维去创造"双赢"的客观局面，还可以营造一种"双赢"的主观心态。

### （三）统筹应用——由"独有"变为"共享"

物型原本是客观的，是人的思想赋予了它具体的价值与意义。世界的本质虽然离不开抢夺争斗，但最终的目的却是和谐统一，我们现在之所以能生存，是因为"善"为我们提供了赖以生存的空间。由此看来，数学的真实中必然隐含着善的因素。

在教学"探索交换律"的时候，数学老师让学生自主探究加法交换律和乘法交换律。课的最后，安排了这样一个游戏：请两名同学到前面来比赛，每人拿一把长柄勺子，要求拿着长柄勺子的末端舀汤，看谁先喝到汤。第一次比赛失败了，因为谁都没有办法拿着那么长的勺子把汤放到自己嘴里。后来，老师又请了四名同学上来，把他们分成两组，看哪一组先喝到汤。刚开始，他们只顾拿着勺子往自己嘴里送，后来，他们终于想到了可以把勺子送到同伴的嘴里，这样每个人都喝到了汤。最后，我们总结出这样一句话：很多时候，我们不能直接为自己做事，但是可以为别人做事。这样我们所得到的收获的总和还是一样的，这就是生活中的交换律。

同样的物，同样的人，仅仅改变一下思维方式，就彻底改善了人与物的关系，在物型资源不变的前提下，自我、他人、整体三者之间的关系得到更好的统整。人文数学如此对物型课程的实践进行着探索，焕发出别具一格的生命力。

# 第四节　蕊春物型课程与全感英语

He longed to be the wind and blow through your rustling branches, to be your shadow and lengthen with the day on the water, to be a bird and perch on your topmost twig, and to float like those ducks among the weeds and shadows.

他想做风，吹过你的萧萧的枝杈；想做你的影子，在水面上，随了日光而俱长；想做一只鸟儿，栖息在你的最高枝上；还想做那两只鸭，在芦苇与阴影中间游来游去。

——泰戈尔

这里，有亭台楼阁假山池鱼，有廊道曲回气象万千，有春天的花冬天的雪，有诗经里的草唐诗里的荷。这里，是孩子们童年欢乐的伊甸园，也是一座立体的课程资源库、开放的语言训练营、实景的素养展示厅和灵动的艺术创作园。

## 一、激活全时空的物感

The trembling leaves of this tree touch my heart like the fingers of an infant child.
这树的颤动之叶，触动着我的心，像一个婴儿的手指。

——泰戈尔

蕊春园里的一草一木一花一果都触动着我们的心，这里处处都是课程，时时可以研究。我们运行主题匹配式策略为英语课程匹配关联性阅读，鼓励学生打开心灵之眼,阅读自然之书,在全息化、全文本的阅读中形成立体多样的阅读感受。

### (一)运行关联阅读

四年级的孩子在教材上学到"Seasons"一课,这个单元以诗歌的形式介绍了四季特点及相应的活动。在学习教材内容的同时我们为学生链接匹配多种阅读素材,如同主题童谣 Four seasons,同名歌曲 Seasons,不同难度级别的经典绘本 Seasons、The seasons change 等,推介纪录片 Seasons of China,让学生了解两千年前中国古代学者观察到的大自然的变化、天文气象、四季更迭以及二十四节气。

### (二)开设实景课堂

老师带着孩子们置身真实自然的实景课堂中,一起用英文讨论蕊春园中生机勃勃的一切:Wanxiang Pavilion, Yanyue Pavilion, Hulu Pool……这些蕊春园里的景致原来都有这么好听的英文名啊!chrysanthemum, red maple, gingko, crape myrtle……孩子们说出了各种各样植物的名称。还有孩子发现了几棵非常稀罕的古树,它们历经了沧桑,静静地生长,就像慈祥的爷爷奶奶一样用温柔的眼神注视着校园,陪伴着一批又一批的孩子度过了童年时光。在这样的天地大课堂中,孩子们用心感受美、发现美、表达美，他们由衷发出内心感慨：Our school is so beautiful. I love Ruichun Garden!

### （三）开启长线观察

老师带着孩子们在园子里长线观察一朵花、一株草、一棵树在四季的变化，留心园内四季景致的不同，观察小伙伴们在园子里的四季活动并创编园子里的对话，给园子制作英文标语，写一首园子主题英文小诗等，在"融合+"全文本的阅读活动中探究主题意义，丰盈阅读体验，从课堂走向生活，从知识走向素养。

Peter: Look! A butterfly!

Jenny: How nice! Where is the butterfly?

Tim: It's in the tree. It's blue.

Peter: It's not there. It's on the flower.

Jenny: Now it's near the Yanyue Pavilion.

Tim: Let's go and have a look. Hurry up!

Jenny: Shh, don't run, Peter! Be careful!

Peter: OK.

三（4）班 Lynn

In spring, it is warm.

We go to Ruichun Garden.

Trees are growing.

Flowers are smiling.

We love spring.

In summer, it is hot.

We go to Ruichun Garden.

We read books,

We play games,

In Yanyue Pavilion.

In autumn, it is cool.

We go to Ruichun Garden.

We take photos,

We draw pictures,

Near Gourd Pool.

In winter, it is cold.

We go to Ruichun Garden.

We make snowmen.

We enjoy the wintersweet.

We love Ruichun Garden.

四（1）班 Rachel

"全媒体"时代下，英语学习资源的概念非常广泛，涵盖了一切可读、可听、可看、可感等多感官的资源。"全媒体"时代下的"融合+"不是多种不同媒体的简单相加，而是一种有机融合，是动态持续的过程，要在物理变化的基础上努力激发化学反应，创造更多可能性。物型全感的课程建设正是打开了教材的外延，打通了课内外的链接点，提供给儿童真实打开的世界，天地是个大课堂，教师和儿童人人都是课程的开发者和建设者。

## 二、生长全意义的物感

我已经学会在花与阳光里微语的意义。

I have learnt the simple meaning of thy whispers in flowers and sunshine.

——泰戈尔

### （一）破解信息密语

园子里的每一棵树，每一株植物都有属于它自己的二维码。当你在一棵老树前驻足，拿起手机扫一扫二维码，这棵树的所有信息就尽收眼底，包括中英文介绍、种植的时间和经历、科属特征、物种价值、实用价值、药用价值、品格精神以及有关它的诗歌、散文、故事传说等，涵盖了科学、文学、数学、美术、摄影、绘画等多个学科。这些量身定制的二维码是高年级的孩子申领制作的。遇到没学过的单词自己查阅字典，遇到不理解的地方就请教老师，孩子们组团合作、分工收集、整理汇总。制作二维码的过程就是多方位的信息搜集查阅、整理内化再做出个性化输出的过程，是真实情境中的问题解决。

### （二）探索在场情境

充满诗意与历史气息的蕊春园还引来了不少外国友人，这时就该蕊春小导游们上场了。对于这座园子，他们有太多发自内心的话语想要倾诉给来宾们听。导游词自己创作，改了一稿又一稿，请老师把关以后对着稿子练习发音一遍又一遍，邀请伙伴到园子里实地演练走了一圈又一圈……于是，每一处景致都有了个性化的表达，每一棵树每一朵花都和孩子们说过悄悄话……

大家是否注意到了，蕊春园里的园路有十多种，水泥路、青石路、鹅卵石路、防腐木路、沙子路、泥路、青砖路……现在，这不同的路成了我们研究的微课题。

Have you noticed that there are many different kinds of roads paved with cement, bluestone, cobblestone, antiseptic woods, sand, mud and black bricks, etc. which have become a micro-lesson project for us.

一棵古老的榆树，斜照在池面上，让我们似乎想起"树阴照水爱晴柔"的诗句。我们从园子里的植物世界读到四季的诗，园林又成了一本打开的诗集。

The old elm was angle lighted toward the surface of the pond. Our Ruichun Garden becomes a collection of poems where we can read poems about four seasons.

我们再来看晚香阁，这"香"从何而来？春天有紫藤玉兰飘香，夏天有一池荷香，秋天有菊花吐蕊香飘四方，冬天有蜡梅阵阵幽香。

Now let's take a look at Wanxiang Pavilion. We can smell the scent of Chinese wisteria, magnolia in spring, lotus in summer, chrysanthemum in fall and wintersweet in winter.

好的课程，就应当是一种基于情境、指向未来、综合整体、关乎审美和道德的有意义的、真实的学习，所有的学习都通过任务和项目的方式呈现，使课程成为愉快的邀约，学习过程成为一次次美的探索，让儿童和园子里的草木一同向阳生长。

## 三、创获全艺术的物感

The poet wind is out over the sea and the forest to seek his own voice.

诗人的风，正出经海洋和森林，寻求它自己的歌声。

——泰戈尔

"早晨的花很薄 / 午后的影子又大又轻 / 风侧过身穿越篱笆 / 在新鲜的泥土墙上 / 青草开始生长。"园子里长大的孩子忍不住要用稚嫩的画笔描绘眼底的美好，用朴素的语言书写心中的喜爱，用涌动的情感吟诵一首首斑斓的诗篇。

### （一）生长叙事情愫

"岁有其物，物有其容；情以物迁，辞以情发。"孩子们写下自己与蕊春园的故事，于是每一个孩子都可以用英文讲一讲"我与蕊春园的故事"。他们在延月亭边排练英语实景剧，假山喷泉、古树凌霄都是他们的道具；爱读书的孩子们

用蕊春园中的植物元素做造型，选取英文谚语做书签，每当读书的时候就能想起园中景色，美文与美景都不辜负。

### （二）萌发绿色诗情

他们在园中或浅声吟哦或放声朗诵那些盛放在眼前的诗句：The peach tree is young and elegant; brilliant are its flowers.（桃之夭夭，灼灼其华）；There lies a glassy oblong pool, where light and shade pursue their course.（半亩方塘一鉴开，天光云影共徘徊）；After one night of wind and showers, how many are the fallen flowers？（夜来风雨声，花落知多少？）Upright stands the bamboo amid green mountains steep; its toothlike root in broken rock is planted deep.（咬定青山不放松，立根原在破岩中）……蕊春园这本打开的诗集为儿童打破语言的边界，打通中西方文化的冲突，让景与情交融，言与意共生，让穿越千年的诗词与英语在园子里完美相遇。

### （三）渲染缤纷才思

孩子们绘制了原创英文绘本来介绍延月亭、晚香阁、假山瀑布这样的蕊春美景；他们以对园林里亭台楼阁瀑布假山长期的观察为创作源泉绘制了科普绘本介绍经典园林美景及和谐的自然生态系统；他们以园林中生长的具有典型地域特征的四季花草为研究主题创作绘本；他们描绘了在园中赏花对诗、弹琴作画的美好

校园生活；他们张开想象的翅膀创编了园子里的故事：The Legend about Ruichun Garden（蕊春园的传说），The Magic Hulu Pool（神奇的葫芦池），Stories of Ruirui and Chunchun（蕊春福娃故事）等；他们又进一步推进开展了"蕊春娃读蕊春英文绘本故事""蕊春优秀原创绘本展"等系列专题活动。蕊春物型课程给了孩子们无穷的创作灵感，是他们心灵放松的港湾，心智成长的源泉。

好的教育是与美好相遇，好的校园每一天都是新的，好的课程是不断生长的，这样才能和儿童敏锐的感官相匹配，与儿童旺盛的探险精神相呼应。爱默生说，热爱大自然的人是那种成年后内外感官依然协调一致，依然保持童心的人。自然是一本打开的书，孩子们在自然情境中唤醒热情、在体验中表达自我、在开放中挥洒创意、在实践中收获成功。孩子们读天读地读自然读自己，真实的学习研究情境让他们的真性学习时刻发生，在活动中真正做到了身体在场、对话在场、情感在场、发现在场，他们以自己的方式站在园子中央，站在教育的中央。

从物型文化的生长点出发，儿童通过运用全媒体资源，建构全语言课程，丰富全感官体验，创获全艺术表达来获取重要信息、认识多元文化、增进国际视野、获得审美体验，最终达成生命智慧的圆融与成长，这是时代发展的必然趋势，更是一种美好的教育理想和价值追求。

## 第五节　蕊春物型课程与"我锻炼"

蕊春物型课程有效地促进了我校学生"我锻炼"意识的形成。蕊春少年自主、自觉、自发的体育锻炼状态，实现了从"被锻炼""他锻炼"到"我锻炼"的转变，是对蕊春物型课程建设之"我锻炼"体育课程资源开发的有效回应。"我锻炼"体育课程资源开发项目，凸显物型课程建设"以物育人"的特点，智慧地挖掘体育设施及运动器材等载体的育人价值，瞄准培养"我锻炼"意识、促进儿童体育学科综合素养提升的目标，在研究过程中给我们带来不少新的认识和思考。

### 一、蕊春物型课程中的"我锻炼"内涵

"我锻炼"相对于体育教学积弊已久的被动运动，是一种身心合一、自主发生的运动状态，强调的是一种乐于锻炼的积极习惯和善于锻炼的熟练技能，是体育教学所追求的目标。蕊春物型课程的"以物育人"理念，使体育教学返璞归真地回到了"体育设施及器材"的使用研究，架设了通往"我锻炼"境界的桥梁。蕊春物型课程视域中的"我锻炼"，就是通过创新"物型设施及器材"，引导儿童在"人"与"物"、"人"与"人"之间反思以体育为主的多种学科知识和生命健康，体验"我锻炼"的身心愉悦。可以这样认为，进入"我锻炼"状态就是进入了"物我"相宜的佳境。

## 二、蕊春物型课程中的"我锻炼"内容

小学阶段没有现成的《体育与健康》教科书，《义务教育体育与健康标准》是教材编写的根本依据。如何激发学生的运动兴趣，培养学生体育锻炼的意识和习惯，教学内容的选择给学校和体育教师带来很现实的考验。蕊春物型课程研究恰好是一个整体联通的体育课程资源开发的机遇。我们遵循"设计理念—创设物型—开发课程—实施与评价"的程序，使教材选择有据可循、有物可依、有标可验，改变了以往体育教材改编中重组思路欠清晰、目标不集中的问题。

有据可循，是依据课标各水平段教学内容，发挥蕊春物型课程的校本资源优势，使教学内容具有校园气息，循序渐进、螺旋上升，杜绝蜻蜓点水、浅尝辄止；依据儿童身心规律，教学内容富含趣味、讲究生动形象。

有物可依，是注重内容和形式的融合。好的教学内容依托合适的载体，教学过程一物多用，环环相扣。

有标可验，是以物型评价方式作为引导课程发展的标尺。蕊春物型课程的内容框架是否有助于"我锻炼"引导，直接关系到课程发展目标的达成。"我锻炼"的课堂生态环境需要好的教学内容与之匹配，有没有产生"我锻炼"氛围是课程评价的重要标准。

## 三、蕊春物型课程中的"我锻炼"载体

蕊春物型课程的"物"从何而来？物型课程研究理论指出，"万物"皆是载体。这就给"我锻炼"引导的载体提供了无限的可能性。体育设施、体育器材是体育教学的基本"家当"，"拉郎配"和"凑合用"导致教学内容与载体的脱节，课堂教学失去趣味和生机，学生提不起学习兴趣，学习效果大为打折。引导"我锻炼"需要各种各样"物"的载体，蕊春物型课程的"物"远不止于这些基本"家当"，"物

化"工作是体育课程资源开发的着眼点。

通过开发，我们让"蕊春园"成为"校园定向跑"的最佳活动场所；让"跳绳""毽子"成为必备的"随身之物"；使"花球""纸球"为校园韵律活动增添色彩……各种运动设施，大到整个校园、蕊春园、塑胶操场、笼式足球场，小到一块沙坑、一个单杠，都成为"我锻炼"的平台；现成的、自制的、改组的名目繁多的运动器材，都是"我锻炼"的载体；音乐、美术、数学等跨学科类"隐形"课程知识，也被"物化"成可见的育人资源。这些"物化"工作充分关注到"校本""班本""生本"特征，即以儿童为中心，贴近实际生活场景，便于融入具体情境，使教育活动更具实效。

## 四、蕊春物型课程中的"我锻炼"策略

"我锻炼"是体育课程实施的关键词。蕊春物型课程建设的实践研究使我们进一步明晰了"我锻炼"的内涵、内容及载体，同时探寻到一系列具体的"我锻炼"微课程开发操作策略，积累了不少的典型案例。

1. 一物多用，"走"出新路径

体育课堂讲究"物"的利用率，精妙的设计可以一物多用。例如，低年级"走"单元微课程，在"多种形式的走"一课安排用跳绳贯穿全课：准备活动是绳操、引入小游戏是"踩绳尾"，主教材用长短绳摆成各种各样的"路径"，沿着现成的"路径"走、自主设计不同的"路径"合作走等，妙趣横生的实践活动在自由绳操中结束。谁都会"走"，但因为"绳"却享受到别样的乐趣。孩子们对下一个单元课程"跳短绳"一定会很期待。

2. 巧用情境，"跑"出新视界

实小校园有校园定向跑的天然"物型"环境——蕊春园，它坐落在校园东南隅，建造于1920年，是通州区文物保护单位。园内绿树成荫，古木参天。地形迂

回曲折,地势高低错落,是定向跑活动的自然场所;园子里亭台楼阁、花草树木、画廊工坊应有尽有,园外文化小广场与之相得益彰,是通过定向跑活动拓宽体育文化浸染渠道、融合多学科知识、感受校园文化的校本活动课程的极

佳资源。我们综合多学科知识,丰富"跑"的多元搭载。通过主题情境,让单一的"跑"的教学内容载体在技能练习的同时搭载体育文化、地理、历史、生物、美术、音乐等多元学科知识,使"跑"变得充满未知诱惑、公平竞争、高频共生。原本简单的"跑",借助校园的"物",诞生了8个课时、适合全年龄段的单元微课程,是蕊春物型课程建设的典型案例。

3. 立体造型,"跳"出新花样

"单双脚连续交换跳——游戏:跳立体的房子"是我校"跳跃"单元的传统课例,获得"一师一优"部级优课、省优课评选一等奖。其中突出的亮点就是利用小折垫搭建"立体的房子",升级了传统的跳房子,"跳"的媒介由硬质换成软质,由平面转成立体,"一物多变",造型新颖,学生乐此不疲。

4. 自制实物,"投"出新发现

体育探究活动是体育生活化的重要部分,实小物型课程资源库中自主开发的体育综合实践活动课程"投掷"单元,最后一课是探究同质材料、不同形状对投掷结果的影响以及相同投掷物、不同投掷角度对投掷结果的影响。依托报纸自制成不同的投掷实物,如纸球、纸飞机等开展探究活动,经历"猜想、验证、结论"的科学实验过程,使实践活动启迪心智,"以物育人"愈加明显。

5. 定点挑战,"绕"出新纪录

球类活动的载体还包括一些辅助设施,例如足球绕杆跑,"杆"的定点位置、距离可以自主设定,挑战自己和他人的用时纪录,形成竞争。我们依次用"标记点

位""标志盘""标志杆"来练习"带球绕",不断增加难度,激发运动潜能。学校把此项活动课程定为阳光体育运动会比赛团体项目,足以见证蕊春物型课程研究成果的影响力。

以上策略仅仅是我们实践探索的一部分。蕊春物型课程的研究有助于儿童"我锻炼"意识的培养,对于开创学校体育工作新局面有着以下积极影响:第一,成功重构了体育课堂学习模式。"走、跑、跳、投"及其他各类体育项目依托"物"的载体,提供了更加丰富的学习资源,让知识学习和意义建构在校园里随时随地发生,学习与生活成为一个整体。第二,有效发展了学生综合素质。例如,在"定向"中经历"有规则的自由主张""动态的合作创新""挑战成功的喜悦、失败的坦然面对"等多向度体验,培养"守则""坚韧""合作"等素养,收获知识、技术、体能和综合能力的融合发展。第三,明显烘焙了校园体育文化。各种有趣的"物型"体验,使学生自然而然地全身心参与,即使没有集体组织,也在课余时间自发地结伴活动,或穿梭于蕊春园,使林子里充满了快乐的生机。这种依托校园实景的"我锻炼",使蕊春园更加充满了生命的活力,运动之美和人文知识的结合让校园体育文化更加有味。

## 五、蕊春物型课程中的"我锻炼"追问

我们一直行走,也不断回望。在收获新知的同时,也不断反思,至少有以下两点思考,值得进一步探究:

### (一)蕊春物型课程研究如何助推儿童动商的个性发展

每一位儿童都有不同的运动潜能和体质参数,也存在着对不同运动项目的兴趣爱好。"我锻炼"的习惯是适合所有孩子的培养目标,体育课程资源的开发在"物型"利用上应该照顾到不同层次的学生。例如足球项目,作为全国青少年校园足球

特色学校，足球应该是人人应有的锻炼之"物"，但是有同样的"物"不一定能够有相同的"型"。足球社团成员与一般同学、热爱足球运动与相对缺乏兴趣的同学、有家庭足球运动氛围的与没有任何耳濡目染的同学，或者不同水平段的学生，这些差异客观存在。如何更好地照顾儿童的个性发展需要，构建千姿百态的足球物型课程，不断增加足球人口，使足球项目成为"我锻炼"习惯培养的渠道之一，这是值得深入探究的课题。运动项目数不胜数，"物型"资源成千上万，路漫漫，长思量。

**（二）蕊春物型课程应该可以影响到校园以外的"我锻炼"，我们还可以怎么做**

蕊春物型课程着力于校园日常的"以物育人"，使各种体育设施及运动器材与儿童"物我"相连，对引导"我锻炼"起到了很好的推动作用。"我锻炼"是一种体育生活状态，应该伴随着人的一生，无论何时何地。校园以外的"物以致用""举一反三"是值得关注的重要方面，例如"校园定向跑"拓展为"公园定向跑""小区定向跑""村落定向跑"。

## 第六节　蕊春物型课程与南通非遗艺术

江苏南通地处长江入海口北侧，素有"江尾海端，风水宝地"之称。而南通木版年画、南通蓝印花布、南通板鹞风筝、南通剪纸等作为南通市的非物质文化遗产，同样具有江海文化的地域特色。这些独具特色的传统民间美术形式，植根于民间文化土壤，千百年来在民间广泛流传。

物型课程倡导"以物育人"，传承中国历史文化。南通非遗艺术，无疑是民族文化最生动、最鲜活、最复杂、最宽广的承载体，我们的蕊春学园正是抓住了这一特点，把南通非遗艺术引进了蕊春物型课程，形成了特色蕊春非遗研习课程。那么，这一课程在蕊春学园里，是怎样借助物型课程，传承创新非遗研习的呢？

## 一、以物连古今：南通非遗艺术跨时空的本域课程

物型课程是发挥"物"的课程意象，以环境建模、物型建构与课程开发为内核，实现"文化塑形"，是具有时代特征和中国特色的校本化、隐性与显性相结合的课程。对于南通非遗这一孩子们相对陌生的传统艺术，环境的布置，可以更快地拉近艺术与孩子的距离。

物型课程是对环境课程的聚焦和提升，是环境育人的新维度、新探索。苏霍姆林斯基说："校园环境是教育过程中最微妙的领域。"为了更有效地实施南通非遗艺术这一跨时空的本域课程，我们借用环境这一载体，与传统的非遗物件、文化，做了一个古今链接。

### （一）窗口式展厅，耳濡目染中传扬南通非遗艺术

学校综合楼大厅，是一个窗口式展厅，平日里，老师、学生、家长、外来参观学习的老师等，必定会从这里走过。这里，布置过板鹞工坊展示厅，非遗研习作品展，让从这里经过的你，忍不住驻足停留，一探究竟。就这样，这里常常以"非遗之物"吸引众多自主探究的人群，成为南通非遗艺术的自主研习地。

## （二）非遗廊道文化，让每一面墙诉说非遗故事

我们围绕各自的非遗主题让教室门前的每一面墙都成为知识墙、记录墙，在那里，有每一个项目的简介，有孩子们外出走访民间艺人的照片，有经典作品。

## （三）非遗专属教室，为每个项目打造独一味

我们研习的非遗项目南通板鹞风筝，是国家级非物质文化遗产项目，拥有精湛的工艺、古朴的造型、鲜明的色彩和独特的哨口，具备奇妙的空中音响效果；南通蓝印花布，古朴雅致，沉稳内敛；南通木版年画体现着一种复合美——它以自己独有的方式，彰显了寓美于丑的艺术魅力；南通剪纸以细腻灵动的手法剪出生活的明丽与诗意……

因为种类相对比较多，因此，非遗项目都有各自的专属教室，每一间教室有对各自项目的传统展示。如木版年画教室里有一面墙的南通兴仁最本土的年画作

品，一扇大红门，让人感觉一下子回到了过去；而另一面墙的学生作品展示，既给了你传统的味道，不觉中又能品出点童真、童趣。这大概就是最好的古今链接吧。我们常常有这样的感觉，每一间非遗教室，就如同一个贯穿古今的非遗研习场，在那里，我们一起赏最本土的民间典藏作品，尝试着把传统与时下生活链接，创最民族、最时尚的新非遗。

**（四）交融展示小舞台，给非遗研习一个生态园**

非遗课程进入蕊春园以后，就不再只是一项传统的艺术，它还是孩子们走向传统艺术的一扇门，这一扇扇艺术的门，不是独立的，是开放的，互通的。于是，在学校开放的校史馆楼上，还有一个传统艺术交融、展示、学习的空间，那里有书法、水墨画、木版年画、蓝印花布、剪纸等，孩子们可以相互学习，也可以近距离地观察园子，把它直接带进自己的作品中，让园子和非遗真正融为一体。

物型课程中物是课程的载体，型是着力点，南通非遗艺术在我们的校园里既有课程发展的实质性的物质，教室、廊道、展厅，又有物质经过设计后所呈现的意象，即陈列出来的各式作品等，在无形间，传扬着德育和美育。

## 二、以物生创意：南通非遗艺术追求生长的统整教学

南通板鹞风筝、南通蓝印花布、南通木版年画、南通剪纸，这4项南通非遗是

我们重点研习的非遗项目，倘若分开独立研究，对于老师来说既可称为闭门造车，也会索然无味，失去探究的兴趣。因此我们的老师们常常一起探讨，抱团成长。正如哥伦比亚教师 David C.Virtue 等人基于教学实践，提出了个别教师或教师团队实现课程统整的有效策略，我们的南通非遗艺术也在尝试一种生长的统整教学。

### （一）校本资源与南通非遗艺术完美碰撞

当南通非遗艺术走进校园后，它就注定了一种传承与变革。我校第一任美术老师兼园艺师张蓁的作品《墨菊图》在 20 世纪 30 年代在巴黎万国博览会获得金奖。因此，菊花也是学校的校花。在学校门口的地面上，刻着一朵开放的菊花；园子里蜿蜒的青石路上，嵌着王羲之、米芾等著名书法家书写的"菊"字；摇篮桥面正中，也刻着菊花的图案。秋天，学校举行盛大的菊花展。因此菊花可以说是从我们学校历史之影中走出来的物象，是传统文化中滋养出来的意象。菊花是我校物型课程的第一物象，第一意象。我们的非遗研习中少不了与它的对话和碰撞。

1. 孩子与菊花对话

秋天的菊花展，对于孩子们来说，是一件最开心不过的事啦！当他们看到菊花，眼睛里也是满满的五彩的菊花，一个个眼中闪耀着抑制不住的欣喜，三五成群地围着自己喜爱的品种，默默地和菊花女神交流着，看着看着，还会情不自禁地说："好美呀！"然后，低下头，俯下身，嗅一嗅它的香气，摸一摸它层层叠叠柔美的花瓣。在美的吸引下，孩子们开始了长线观察，也开启了想象之门。"你看，它像不像一个菊花小卫士，守护着我们的蕊春园？""快看，快看，可真美呀！就像一个公主！"儿童和菊花的平等对话，达到了物我会通之境界，菊花的秘境就这样悄然地展现在儿童面前。

2. 孩子与大师对话

物型课程的深度开发必然会由物象走向意象。取象、成象需要深度的对话，和大师对话，学习表现菊之精神、品质、趣味，体会剪纸的独特韵味。虽然是剪纸，张謇的《墨菊图》还是有必要欣赏的，因为艺术是相通的，我们可以从中体会到一种气节。剪纸菊花作品的赏析，则更直观地让孩子们了解剪纸的特色，体会不同的表现方式。

3. 孩子与剪纸菊花对话

物型课程的理想状态应该是基于儿童审美的。孩子们的菊花剪纸往往带有童话色彩，充满趣味。因此当儿童与剪纸菊花对话后，他们所表现的就是把自己所感受到的菊花的美和自己的美好意象添加组合到一起，就成了一个个生动的、无重复的、个性的剪纸娃娃作品。

校园是物型课程的开发地，这里的资源数不胜数，只要有心都可以成为南通非遗艺术的一个创作点。在我们的校本非遗教材中，就有很多这样的系列课程，例如：南通剪纸校本教材中的《海上迪斯科》《校园美景》等。对于相同的主题，我们也常常采用不同的方式去表现，这就是南通非遗艺术的魅力，不同的形式，相同的主题，不一样的人，这样出来的作品，往往是千人千面，精彩纷呈。

## （二）主体性课程与南通非遗艺术完美组合

课程即独特的生命体验。一百个孩子，一百个世界。课程是一段温暖的记忆，课程是文化与儿童相遇的情境，让课程回归儿童，真正走进儿童的心境。

还记得 2018 年新学期伊始，正值元宵佳节，学校就应景地开展了一次为期一周的蕊春闹元宵课程，即以元宵为主题的综合研修学习活动周。在元宵节里闹一闹,让年味绵延,将节日拉长。

元宵作为传统佳节,与南通非遗艺术自然有或多或少的联系,这一周为了元宵氛围的营造,我们可是动足了脑筋,写灯谜,扎彩灯,忙得不亦乐乎,孩子们也在这欢快的节日中,沉浸在探究的乐趣里。一周后我们回归课堂,开始了非遗活动,这一场亲身体验,给了孩子们很多创作的灵感,在木版年画教室里,我和孩子们开始了围绕"蕊春闹元宵"课程的版画创作,思考着怎样把南通木版年画与这个节日和孩子们的校园生活联系起来,我们重回蕊春园,走在那蜿蜒的石板小道上,看着眼前依然在空中飘荡的彩灯和灯谜,再次回味那份幸福与快乐。回来后,教室里醒目的大红门和一个个威武的门神,一下子点燃了我们的灵感,确定了我们的表现内容,之后就成就了下面这组作品。

《蕊春乐趣多系列》(获得第六届全国中小学生艺术作品展一等奖)

马斯诺曾经说:"如果一个人手里拿着锤子,就有可能把眼前所有的东西都看作钉子,即没有差异,而且会狠命地用锤子去把学生当钉子来钉。"这自然会让你去想象:教师手里应该拿什么呢?也许是一盏照人向前的灯,也许是扶人而上的梯子。在这个研习创作里,教师尊重学生的喜好,蹲下身来倾听学生的发现,用理性和专业做适时的引导,平等地和学生对话,真正走进儿童的世界,让儿童成为创作的中心，营造富有吸引力的文化场。我们坚信：智慧从此处生根发芽，美在孩子们的手中自然生成。这样的创作，在我们的南通非遗研习里是常有的，这次活动后，我们的研习蓝印花布的孩子们，用蓝印花布做了蓝印花布兔子灯、蓝印花布灯笼，南通剪纸研习的孩子们也不甘示弱，把元宵的快乐，剪进了特色团花里……

### （三）小规模体验让南通非遗艺术深入人心

非遗艺术来自民间，来源于生活。南通非遗艺术的材料，也是最民间的，就拿南通蓝印花布来说，它其实是一种最环保、最原始的草木染，所谓草木染，就是使用天然的植物染料给纺织品上色的方法。蓝草就是所需的天然蓝色染料。我们在蕊春园，开辟了一个小小的种植田地，在那里，和孩子们一起亲自种上蓝草，观察它、呵护它，待到长成时，再用它来染色，这个过程借蓝草这一物型，把蓝印的真谛真真切切地传授给孩子们。这样的体验是立体丰富的，也达到了格物致知的效果。

### （四）南通非遗艺术与 STEAM 的融合

物型课程中课程是核心，重在物的文化塑型和课程意象。南通非遗艺术走进数学、科学、音乐、信息技术等学科课堂，建设会飞的、能唱的 STEAM 课程，这是我们对南通非遗艺术与多学科的文化统整。我们在数学课上，一起探究南通板鹞风筝的骨架结构；音乐课上，通过歌曲《放鹞子》来了解南通板鹞。南通非遗艺术在我们学校已经不是一个个独立的项目，而是一个个立体丰富、相互交融的课程，非遗已成为我们课程中物的主体，并在探究物的过程中，试着去"物道""物理""物情""物趣""物行"。

简单说来，每一项非遗都不是独立的，是相互融合的，我们在传承的同时，也在随着时代的变迁，不断地发展我们的非遗项目，让它不再是简单的、古旧的，而是紧跟时代步伐，是时尚的、生活的，同时透着人文底蕴的。

## 三、以物呈朴美：南通非遗艺术浸入生活的本味展示

物型课程的开发和实施不是停留在课程本身，它的最终目的是立德树人，人，才是课程的根本，那到底人在课程中收获了什么？通过不同层面的展示，你就会发现南通非遗艺术已经浸润到孩子们的生活中，它常常以这项艺术本身最为淳朴的美展现着。

### （一）蕊春非遗作品展

每一年，蕊春园的连廊里，都会有一次蕊春非遗作品展，既是孩子们非遗研习的一个汇报，也是对非遗艺术的一种传扬。

### （二）各大赛事中，展非遗

美术类的各项比赛，比比皆是，对于比赛，我们用心思考，积极参加，彰显特色。因此，我们和孩子们常常针对比赛要求，联系非遗、联系校园家乡、民族情怀，大胆设计创作，在活动中展非遗特色。在第六届全国中小学生艺术节中，学校的南通板鹞工坊和蓝印花布工坊也在这次比赛中获得工坊类全省全国一等奖。我们的非遗项目展览漂洋过海飞到英国伦敦，飞向世界，促进了国际文化的理解与交融。这些对于同一所学校来说是极为少见的，可见，我们的非遗物型课程是扎实有效的。

### （三）我的非遗故事

课程的实施，不应停留在技术上，而应走进孩子们的心里。因此，我们在学习

传承的同时，不忘交流，给孩子述说的机会，让大家在听的同时，交流学习，让这样的传统艺术走得更远。例如，我们学校常常有来自全国各地和世界各地的友人，每一个孩子都是讲述者，对于客人的咨询，一个个答得深有体会，仿佛是一个个小小工艺师，既讲述着方法，还传达着情感。听，陈悦涵同学正在给你讲她的蓝白故事呢！

进入四年级以来，老师带领我们对校园里的一草一木、一景一物开展研究性学习。瞧，这是制作小组的组员们在尝试制作蓝印花布，制版、刮浆、染色、晾晒，普普通通的白布在我们手中幻化出神奇瑰丽的蓝白色，心中别提有多高兴了！

这是宣传小组在商讨幻灯片修改细节。客人来宾饶有兴趣地看着幻灯片，听着组长介绍蓝印花布的历史、工艺流程。

蓝印花布作为民间艺术，图案丰富多彩、寓意吉祥。美工组的组员们发现，我们身边的不少美图都可以印到布面上，于是，就有了这些奇特、有趣、充满创意的图案。在实践过程中，我们也遇到了不少小麻烦，布面上有时会染得蓝一块白一块，效果与预期大相径庭。经过老师们的细心指导，我们的技术越来越熟练，问题就这样解决了。

采访组的同学则利用课余时间走出校园，来到余西古镇、二甲蓝印染坊，采访蓝印花布非遗传人和民间手工艺人，对蓝印花布进行深入细致的了解。回到学校后，他们还进行了汇报展示呢！

这就是我所在的创意小组。蕊春园里古朴的宫灯、水里嬉戏的小鱼、小朋友的蓝花小褂、老师的蓝布包，可都是我们的杰作。

我们还有一个大胆的创意——如果将蓝印花布与其他传统艺术融合，会不会产生神奇的效果呢？我们悄悄地进行了尝试，结果真叫人又惊又喜！融入蓝印元素的木刻年画、板鹞、剪纸，清新美观、活泼大方，获得了老师学生们的一致好评。

我们还在老师的帮助下制作蓝印书签、缝制蓝印花布裙。同学们穿着自己设计制作的裙子，在蕊春园里进行了一场"蓝白服装秀"，让我们大饱眼福。

通过这次研究性学习，我们发现，身边的很多事物看似普通，却藏着许多奥秘。校长姨妈听了我们对蓝印花布的研究成果后，写下了一首《蓝印歌》。我们特别喜欢，经常一块儿哼唱，唱着唱着，眼前就会浮现出与蓝白相伴的日子，回忆起那蓝白辉映的美丽与绚烂。

儿童的世界每一天都是新的，魔幻无边，变化万千。在童心的世界，丰富的美学语言可以任意拆分再组合，所有的东西都可以相融再分解，充满新的美丽。非物质文化遗产是一种联系人们生活生产方式的产物，是民族的，是民族生活习惯的"活"的显现，它依托于人的本身而存在，而南通非遗，又极具地方特色，孩子们在蕊春非遗课程中，探寻传统工艺，发现民族故事，并试着让这些古老的文化艺术更贴近当今的生活，让它真正成为一种"活"的艺术，这大概就是我们蕊春非遗这一物型课程的最终目的吧，即让课程真正为每一个儿童而设计、存在。我们通过蕊春学园构建这座桥梁，传递着中华民族生生不息的审美观、价值观。

## 第七节　蕊春物型课程与新劳动教育

"天下无一物无礼乐。"物型课程理论提出：学校图书馆充满格调，可激发学生读书的兴味；运动场所讲格调，可点燃学生运动的激情。然而提到校园中的劳动场所，是否有足够的格调唤起学生劳作的热情呢？

不可否认，劳动教育的虚化、弱化现象比较普遍：宏观上缺乏明确的课程标准、一体化的目标体系、深度的育人价值挖掘；中观层面缺乏课程实施的内容设计、周全的保障体系、有效的评价机制；而在微观层面，劳动教育缺乏载体的设计与建设，校园物型中劳动教育元素的缺位，成为掣肘学校劳动教育开展的重要原因。

2019年6月，中共中央、国务院《关于深化教育教学改革全面提高义务教育质量的意见》中明确提出"五育"并举，作为全面发展素质教育的重要方针。新劳动教育的实施图景已经铺展，在等待制度保障、一体化课程设计等政策福利的同时，基层学校更应以劳动教育载体的构建为突破口，以教育人的"实干"来实现劳动教育在"五育"中的"破冰"。

南山湖小学是南通市通州区实验小学教育集团"孵化"的一所新学校，该校基于"物型课程"理念建设，仿照"蕊春园"，打造了"山水园"物型，是蕊春物型课程的一个"飞地"实验样板。"山水园"基于蕊春文化打造，以"山水田园"劳动课程的建设为着力点，融合创新劳动教育的载体建设，形成了较为显著的劳动教育品牌特色，实现了一所新校的快速成长。

## 一、"性本爱丘山"——基于物型课程的劳动教育载体设计

教育是基于物质、超越物质的人的精神与灵魂的再造，这是物型课程的实质所在。以发展视野观之，没有事物有固定的载体，劳动教育亦如此。但要克服空泛的劳动教育，载体建设必是重要的前提，这是劳动的具身性、对象性、实践性所决定的，这也是劳动教育实施的"牛鼻子"。因此，劳动教育必须有一定的劳动载体——适合学生劳动的场所，承载劳动教育课程的物型。

物象有限，意象无穷，劳动载体需形意兼备。南山湖小学伴湖而建，是一所融在自然山水中的学堂。学校规划伊始，即以"化万物以育人"的物型课程理念进行高标准、高起点的设计。我们以天人合一的原生态山水气象为基点，建设了"山水田园"的地表文化，取山造境，取水喻志，校园呈现出一派"山水风光，田园诗情"的意境：挖土成湖，微波粼粼；堆石成山，怪石嶙峋；喷泉游鱼，相逐成趣；绿植丰富，层次立体，呈现出可视化、立体感极强的园林格局。

前瞻的理念配合前置的设计，让南山湖小学的校园呈现山水风光、田园诗情，劳动教育的开展如得源头活水。"日出而作，日入而归"的田园，承载着浪漫诗意

的皈依。曾经，教育躬行者为振兴乡村教育而提出"田园式"乡村小学建设。而如今，在城镇化的历史潮流中，在美丽中国建设的大背景下，城市学校亦在自觉传承"田园精神"，让校园物型更葆有"田园诗情"的浪漫品质。基于以上精神文化传统，以"山水田园"作为劳动教育的物型，是链接传统、融合文化的传承之举，也是创新之举。

## 二、"悠然见南山"——"山水田园"劳动课程的目标和体系

劳动教育作为五育融合的起始点和凝结点，具有不可替代的育人价值。"山水田园"劳动课程的目标体系中，弘扬劳动精神为其核心。而对劳动精神进行寻根溯源，就不得不提传统文化中对"田园精神"的歌咏，不得不提山水画和田园诗营造的审美意境，其关心劳动者，寄情山水间，探寻天人合一之大境界。基于传承和创新，我们将"山水田园"作为劳动精神的物化载体，承载着物型与意义趋同的目标价值。

### （一）内容遴选，具化课程目标

劳动教育的课程目标有公认的三维向度：一是塑造劳动观念；二是掌握劳动知识和技能；三是养成劳动习惯与品质。以"山水田园"为载体，课程目标得以具体化。

"山水田园"塑造劳动观念。天人合一思想源远流长，乃传统文化之主体。在此基础上衍生的"山水田园诗"自成一派，歌咏自然和田园生活，大多以农村的景物和农民、牧人、渔父等为题材，彰显出难能可贵的"崇尚劳动、尊重劳动"的观念、态度。这为实现"塑造劳动观念"的课程目标提供了宏大的资源成为一种可能性。

"山水田园"承载"知行合一"。田园中需有实实在在的劳作，因为"草盛豆苗稀"，所以才要"晨兴理荒秽"。同时，大量的种植作物成为掌握劳动知识和技能的

丰富载体。植物学作为近代科学体系化研究范本之一，提供了很好的知识图谱。学生通过形色 APP（手机应用）等信息化智能辅助，可以方便地汲取知识。各班制作二维码宣传自己的劳动，"扫一扫"即可精准了解相关劳作资料。传统上，人们用"四体不勤，五谷不分"来讽刺文人的短视和孱弱，而田园劳作彰显了"知行合一"的课程目标，"一分耕耘，一分收获"，土地之上的收获是检验"知行"的重要标准。

"山水田园"涵育劳动心性。纵观当下，很多学校尝试基于农事拓展的劳动课程建设，在校内或者校外专辟"开心农场"之类劳动基地，但存在过于分散或者远离教学区的弊端。"山水田园"物型嵌于整个校园之中，教学楼之间有"山水"，教学楼上下有"田园"，劳动场所朝夕可见，俯仰可拾，与学生连接具有全天候的可能性，能够很好地克服校外劳动基地"游离"于学生学习生活之外的不足。因此，培养劳动习惯，涵育劳动心性，养成劳动品质成为适切可达的课程目标。

## （二）立体构思，形成载体集聚

针对上述课程目标，根据校园建筑的多层次结构，我们立体构思，克服散点化布局的弊端，勾连了物型课程的资源版块，形成了"三园一坪"的劳动课程物型载体集聚。

山湖园：模仿通州南山湖景区的校园微缩版——美其名曰山湖园。湖水取自南山湖水系，经过自然净化后注入池中，池水贯穿五座楼宇，成为校园流动的风景。湖的四周围有千层石，沿岸皆景，突兀有致；湖底卵石遍布，清澈湖水映照下，水草绰约，与卵石相映成趣。基于此物型，我们充分挖掘其劳动课程的资源属性，池边除了种植睡莲、蒲草、马尾等呈现南通当地植物生态的植物之外，更是大量种植了芦苇，以供学生端午节包粽子之用。在池中放养锦鲤、鲫鱼、螺蛳，构建养殖课程。

东篱园：在前期校园规划中，我们极力争取，在食堂南侧、地下车库房顶上填土造田，形成了近 300 平方米的田地，以供师生农作种植蔬果。远离"车马喧"的浮躁，氤氲在山水之中的劳作，给人的感受是自然美好的。"采菊东篱下，悠然见南山。"化用陶渊明的诗为种植园命名。分田到班，责任到组，作物种类缤纷，采用轮作方式种植。

百果园：原为一片带有坡度的绿化带，所种植被也极其普通。在校园落成之后，我们以课程视野改造之，借植树节之东风，由学生自发捐献果木进行栽种。园内，桃、李、杏争春而开，橘、梨、橡迎秋飘香，更有樱桃、石榴、红枣等点缀满园绿色。百果园还供学生剪枝、除虫、采摘之用，劳动教育的载体功能彰显。

百花坪：原为学生餐厅东侧一开阔草坪，平整却单调。后改为种植花卉，花期时形成花海，同时也种植苏丹草、黑麦草等牧草，供山湖园中的鱼儿享用。大片的花与草形成了牧场奇观。兔、鸡等小动物也入驻其间，供饲养课程使用。

"三园一坪"的物型涵盖山水、田园、牧场、果林等不同劳动场景，紧密布局在教学楼、综合楼、食堂、操场等建筑旁边，成为学校地表文化的重要构成，营造了劳动生产和生活的大情境。

### （三）多维融合，丰富物型功能

苏霍姆林斯基提出，不是所有的劳动都有教育的价值。同样，不是所有的有价值的劳动都能实现价值的最大化，融合创新是劳动课程焕发教育价值的重要策略。

树德——与德育融合。中国人的集体精神可概括为"家国情怀"，中国人的仁心柔情表现为对"乡愁"的眷恋，而能寄托对家的愁思和对国的眷恋的重要意象就是田园。因此，建设田园能够很好地培养学生"以校为家"的集体主义精神，种植劳作能够很好地植入梦想的种子，成为孩子们道德精神萌芽的沃土。土地的无私产出是一种大度馈赠，会涵养孩子的大胸襟，拓展孩子的大格局，会让孩子明白什么是感恩。

增智——与智育融合。"智者乐水，仁者乐山。"对山水的再认知是中国人的独特智慧。透过山水的复杂表象，人们悟得了"智由仁出"的哲思，寻得了"只缘身在此山中"的领悟，获得了"为有源头活水来"的智慧，入得了"相看两不厌"的境界……一花一草、一树一木都是知识源，诗词吟诵、作文速写、数学统计、科学观察等等学习活动，在山水大情境中得以有效展开。赏一赏田间的风情，看一看作物的生产，聊一聊劳作的收获，吟一吟田园的诗歌，在田园物型中获得真切的体悟和收获，劳动教育便自然生长和发生。

**强体**——与体育融合。古人"日出而作，日落而息"的劳作规律，深得修养身心之精髓，"锄禾日当午""带月荷锄归"考验的是劳动者的意志。每日饭毕，孩子们在山水学园中踏步游学，成为喜闻乐见的运动。而一次酣畅淋漓的田间劳作，更是孩子们锻炼身体、舒展四肢的好机会。体育老师还将体育课搬到了草地上，在草地上学打滚，和大地来一次亲密接触，"草地翻滚"课程深受孩子们喜欢。

**育美**——与美育融合。田园旖旎，风光无限。春天的东篱园、百花坪姹紫嫣红，催生了律动，渲染了色彩。老师组织学生进行色彩写生、组织学生编排春天的舞蹈，都有了物型的依托，学生的审美情趣变得勃发，审美意象变得丰富，审美视野变得深邃。

"山水田园"物型承载劳动课程的架构，既观照本体功能，又观照工具功能。在五育并重的视域下，劳动教育对于其他四育的工具性作用更显重要，可以说，在五育之中，同时兼具目的和手段、路径功能的，恐怕非劳动教育莫属。创新融合是实施劳动教育的关键，山水田园的丰富生动衍生了融合的多种途径。

## 三、"采菊东篱下"——"山水田园"融创劳动教育新样态

"山水田园"劳动课程来自文化传统，但更多地呈现出了接轨时代的多维度劳动教育新样态：生活劳动、生产劳动、服务性劳动、职业体验劳动、设计制作等。在"山水田园"校园物型中，科学规划、合理安排这些劳动教育是实施好课程的重点。

田园劳作的丰富类型，为打开劳动教育的新样态提供了多种可能。我们组织学生参加农业生产，种植农作物、养殖水产品、饲养小动物等；我们组织学生参与生

活劳动，相时采摘、学习烹饪、组织聚会、邀友分享；我们组织学生参加服务性劳动，销售自己的农产品、公益募捐义卖等；我们组织学生参加职业体验劳动，学校邀请了农艺师、插花师、厨师、售货员等家长助教们为孩子们进行授课，了解不同行业不同劳动的特点。

在"山水田园"的大情境中，综合性主题学习成为孩子们学习的新样态，丰收节、金花节、锦鲤节……每一个嘉年华的主题都能唤起学生"格物致知"的兴趣：哪些农作物可以喂鱼？送花给长辈应该播种哪些花种？绿叶青菜分几种？怎么样计算一亩地的产量？哪种农作物经济效益最高？怎么治理鱼塘里的蓝藻？油菜花，是蜜蜂的美食，是产油的能手，是春天的色彩，也象征着谦逊的君子品格……孩子们乐此不疲地研究着。劳动出真知，格物有乐趣，成为劳动教育的新样态。

## 四、"但使愿无违"——"山水田园"物型价值的彰显

物型课程起于物的"形而下"，但求于物的"形而上"。而基于物型课程的劳动载体也应当注入"立德树人"的教育基因，应当有"形而上"的价值意义。五育并举语境下，劳动教育的根本价值不变，在于"立德树人"，在于培养社会主义的优秀接班人，劳动教育的载体建设也应当彰显育人禀赋、树人情怀、立人策略。

### （一）全域彰显劳动的全过程

劳动教育不能空泛，要有一定的劳动对象、劳动方式、劳动过程、劳动关系、劳动成果。而要在课程中凝结这些要素，口耳相传不足以见成效，身手示范不足以得真知，几间劳技功能室也是不足以容纳这么多劳动要素的。唯有集聚校园物型，打造有格调的劳动场所，形成大的劳动情境，才能真正吸引学生，只有全过程的劳动教育（种、采、摘、食、用、养、护……），才能培育劳动意志和信念，产生以"劳动"育人的效果。

## （二）全心培育积极的劳动情感

传统文化中"万般皆下品，唯有读书高"的片面认知使得劳动教育陷于尴尬境地。"君子远庖厨""劳力者治于人"更是让学生对于劳动有了认知上的偏差和情感上的抗拒。而具象的劳动载体呈现出了劳动场所的"田园诗情"，呈现出了劳动收获时的"金色的田野"，呈现出了价值无上的"劳动真光荣"，这些是文本课程或者简单的手工课程无法企及的教育情境。

劳动有了获得感，快乐的情感才能内化于心。在端午节主题大活动中，孩子们用湖边栽种的芦苇叶包粽子；六一节，他们用蚕豆来制作玩偶，吹蚕豆叶哨子；读书节，他们给东篱园写童话，编绘本……闻着田野泥土的芬芳，品味果实成熟的喜悦，用全部感官去认知和学习，用身体丈量物理和心灵的世界，触摸着感受着劳动的意义，劳动情感便自然酝酿。全身心参与的劳动实践，让学生体会到劳动是辛苦的、困难的，更是快乐的、幸福的、美好的、伟大的，才能使学生产生认同、赞美的情愫。劳动情感的正能量，是创造真实价值的重要前提。

## （三）全力树立正确的劳动价值观

劳动有体力和脑力两种，但在小学的劳动教育中，立足大地的流淌汗水的劳动，有着特别重要的意义。当大地将鲜美的果实馈赠给勤劳的孩子们的时候，他们一定会对感恩这个词有更深的理解。传统手工劳动课程更多的是丰富学生个体的知识与学习体验，这种单向度的交流又如何能够让学生真正尊重劳动，尊重劳动果实呢？"山水田园"劳动课程探讨的终极话题，是过怎样的人生，看重的是劳动之于人生、社会、世界的价值意义。

劳动有了反哺情，价值的意义才能烛照人生。劳动赚了钱怎么用？通过义卖农产品，孩子们将"人生第一桶金"用于感恩敬老院的老人们。暑假心爱的动物无人照料怎么办？各班掀起了讨论热潮，最后写倡议书给学校，要求能够暑期返回学校轮流给锦鲤投食。孩子还纷纷申请领养学校的兔子，和动物朋友一起过暑假。毕业班的孩子要离开母校,怎样向师长恰如其分地表达心意?孩子们采摘了百草园里的鲜花,学习了插花技艺,用一捧捧精心搭配的绚烂花束表达感恩师长之情,花香意浓,情远缘真,毕业礼显得格外有意义。

诗化哲学是以人生为终极问题的一种浪漫主义美学与哲学,追求人生的圆满与心灵的余裕。在蕊春文化土壤里生长起来的"山水田园"劳动课程,其实践时间虽然不长,但其基于诗化哲学的探索实践却给新劳动教育带来很多有益的启示。要在实践中落实党中央关于"五育"并举的教育方针,劳动教育物型建设应重点进行实践研究,也唯有建设富有中国特色的"田园"式劳动教育载体,方能彰显劳动教育的中国特色,让传统文化中的"山水田园"之美为"实干兴邦"的"中国梦"赋能。

## 第八节 蕊春物型课程与科学 PDC

格物致知是中国传统物型文化的精髓,同时也是孕育现代科学精神的酵母。在实景教学成为未来教育的重要选项之后,物型课程在提升学生科学素养方面的重要性进一步得到凸显。格物致知如何与当今最有效的科学教育方式实现有效的融合呢?我们的尝试是让蕊春物型课程与科学 PDC 实现统整融通。

PDC 是指项目、驱动、生成。PDC 教育强调的是一种育人方式的变革,学校通过项目达到育人目标,让孩子完成对生活和世界的价值重建。其实施突出两个维度的目标:第一,从课堂走向生活,提高孩子的实践能力、创新能力,让其能够学以致用;第二,从学校到社会,提升孩子的生活能力、生存能力、社会适应能力,让教育真正回归本质、生活。

物型课程视野下的科学 PDC,就是以关联物型为载体,以科学项目为驱动,以 STEM 登台秀作为生成的主体方式，以统整的方式来有效提升儿童的科学素养。科学 PDC 蕊春物型课程不是学科课程的简单重组，而是以地域文化为背景，将项目、技术、科学、艺术等进行全新综合，将物态课程转化为儿童发挥潜能、体验生活的实践场，引导学生更好地了解自然、探秘科学、发明创造。

## 一、以三趣项目照亮科学精神：科学 PDC 蕊春物型课程的原型力

陶行知先生主张的"生活教育"理论启发我们，教育不仅涉及全部的生活领域，还贯穿于一个人成长的全过程。生活是一门生动有趣的"学科"，吸引着我们去研究。科学 PDC 蕊春物型课程的开发，将教育回归生活，让儿童真正参与体验探究，并以自己独特的方式呈现。儿童在生活中养成的良好学习习惯，能够促进他们的终身发展。

### （一）乡野之物：薯趣

物型课程建设的空间包括校园之外。在以生活为原型的 PDC 蕊春物型课程实践中，把儿童作为活动的主体，引导他们回归最为真实的完整世界，用所学的知识联通自己熟知的生活，真正实现自主学习。这里的"原型"，指的是生活中实实在在的物。在多彩的生活中有各式各样的物，这些原型的物是儿童开展研究性学习不竭的课程资源。丰富的活动促进了儿童学习方式的变革，更好地培养了他们的实践能力与创新精神。

教育与生活是永远无法分割的，生活中充满着神奇的魅力。我们应带领儿童走进生活，开展丰富多彩的实践活动。在迷人的乡野里，藏着许多秘密，我们可以引导儿童去发现、去探究。在红薯成熟的季节，我校低年级的儿童带上他们的小工具，走进农田，体验了一回挖薯乐。当他们在挖红薯遇到困难时，会积极思考，寻求解决的办法。红薯这个"原型"的物带给儿童的不仅是"挖"的体验，还给他们

创造了一个想象空间。在他们的眼里，红薯成了百变魔术师，成了可爱的小精灵，成了快乐家族。红薯还引领儿童走进美食的世界，拔丝红薯、红薯汤圆、红薯饼，让儿童的视觉与味觉相互联通。

### （二）游戏之物：玩趣

随着时代的发展，越来越多的电子游戏产品进入孩子的生活，这些游戏的出现，不仅影响了孩子的视力，还影响到孩子身心的健康发展。在这些游戏的影响下，宅男宅女层出不穷，他们的世界是封闭的，他们的内心是孤独的。而曾经影响过几代人的健身游戏已经渐渐远离孩子们的视线。科学PDC蕊春物型课程重拾这些老游戏：打弹珠、滚铁环、抽陀螺、跳房子、翻花绳、跳皮筋……这些游戏个个是经典，让孩子从中开辟出一片更为广阔的、充满玩趣的快乐天地。

玩对于儿童来说就是最好的生存方式和学习方式，是童年的快乐源泉。如果我们要遵循儿童最大利益原则，就应该真诚地规划好儿童的游戏活动。科学PDC蕊春物型游戏课程，跳出了原有玩的局限，将游戏转化成发展孩子兴趣与特长的课程。每一门课程融入游戏精神，激发孩子的本能的实践力。儿童根据自己的兴趣爱好进行合理分组，并推选出小组长，制订活动计划。他们通过寻访记录，了解自己所喜欢游戏的玩法及规则，游戏中的物品还可以亲自动手去制作一下。这些游戏课程符合儿童的天性，他们在看似小小的游戏中收获了大大的学问。儿童在快乐玩耍中学习，在动手操作中思考，在实践探究中创新。

回归生活的实践活动，实现从课堂走向生活，从原型实物走向活动课程，从而培养了儿童的实践能力和创新精神。

### （三）节日之物：灯趣

有着五千年灿烂文明的中华民族拥有一座历史文化传统的精神宝库，而传统佳节则是我国历史文化的重要组成部分。传统节日可以成为学校课程开发的关键落脚点，是师生共同创生的过程。科学 PDC 蕊春物型课程在于全体师生真实学习的发生，引导儿童与传统对接，与历史文化碰撞，传承一颗中国心。

元宵节是春节后第一个重要的节日，人们会在这一天逛灯会、赏花灯、猜灯谜，节日的热闹气氛一点不亚于过年。在元宵佳节之际，蕊春园成了"灯"的海洋。古老的树上结满了五彩缤纷的灯笼，悠长的回廊里挂满了古色古香的大红灯笼，樱花大道上飘满了形态各异的灯笼，这一盏盏富有创意的灯笼，让这片生命的林子焕发出蓬勃的生机。

情韵搭配创意。在活动开展之前，各班进行了形式多样的课程开发，班班有特色，个个有创意。教师事先设计好关于灯的综合学习的整体课程框架，引导儿童从寻访艺人到资料整理，从设计花灯到寻找材料，从制作花灯到展示交流，将项目化学习的元素融入课程的教学，将低阶的知识与能力提升到高阶审美能力。传统的元宵节为儿童提供了与真实生活相关联的"学习场"，他们在实景环境中进行探索与实践，让学习变得更加自主。

## 二、以审美力量拉动科学项目：科学 PDC 蕊春物型课程的实践力

从认知神经科学、实证研究等多元视角的观点看，好的项目会促进儿童大脑发育，让他们的学习更专注、更主动、更投入。科学 PDC 蕊春物型课程创建项目化的学习，以促进儿童大脑与神经相联系，调动全脑的参与，可以促进儿童的联系性记忆、情感性记忆和生存记忆的形成。在项目化的学习中，我们要引导儿童制订计划书，理清自己的目标意识，目标感能让儿童找到真实的自我，让他们的心智成长处于自由的状态，这种"自由"并不是完全的散漫，而是有目标、有研究、有实践的。

### （一）1 个项目，实现学科之间的跨越化交融

项目化学习是学与教的变革，它所形成的多样课程是学校分科教学课程结构的

丰富与互补，给儿童提供了将课内知识与现实生活相关联的机会。这样的项目驱动是有趣且有张力的，能够引发儿童的深度思考，帮助他们形成批判思维。

以创新项目为载体的 PDC 蕊春物型课程，为儿童搭建了广阔的实践平台。我校是 STEM 实验学校，学校开发了以 STEM 与 3D 打印技术相结合的课程重组。教师引导儿童以项目类型、驱动性问题、制作历程融入自己的实践创作。项目的内驱力引发儿童的学习和思考，他们在实践中，针对自己的研究内容进行自我管理，并尝试与同伴进行讨论交流。儿童在这个学习的过程中，运用了元认知。他们将自己的能力、任务目标及学习策略等方面的认知提高到一个更高级别的层次上来。儿童将美术与技术融为一体，设计创意窗花。在创作中，他们有的基于中国文字的博大精深进行设计；有的基于学校蕊春园里的传统文化经典；有的基于医学中的心电图。这样的项目打破了儿童原有的思维方式，跨学科、跨领域，构建了一个项目学习的实践网。

### （二）60 个景致，实现物我相融的实景化探寻

每一个生命的成长都需要一个完整的世界，每一个孩子都有人生出彩的机会。构建生命化的学园，是教育人义不容辞的责任与使命。我们的教育应给予儿童真实而有意义的实践体验，以"物"为载体，以"物"为支撑，让儿童与"物"真正发生勾连。这是时代的应答，是生命个体的呼唤，更是审美人生的追求。我校的 PDC 蕊春物型课程，具有很强的实践力，引导儿童用善于发现的眼睛去观察，用灵敏的耳朵去倾听，用灵巧的双手去实践。在望闻问切中，促进了儿童对事物的全面认知，并把这一事物看作审美对象，寻找客观对象的审美性质，从而对它产生审美愉悦感，将美学客体与自己的审美经验融为一个整体。

在学校的蕊春园里，有自然景物，有人文景观，一物一课程。我校开发了一套"蕊春物语"课程，60 个景致孕育出 60 个课程。这些课程引导儿童采用交互的学习方式，增强他们思维的灵活度与广度。园子里的一草一木、一亭一阁、一径一水，

无不给儿童营造了多彩的实践舞台，在一个个生动的实景中，儿童投入专注的情感体验，学习做到深入浅出。儿童聆听园子里最动听的音乐，建构学习的意义，丰富自我的审美经验，构想出完美的审美人生。他们的生命在对话与互动中逐渐丰满起来，他们的情感在物型中不断升华，达到"物我相融"的最美境界。美是真理的光辉，美是科学的渗入。我校 PDC 蕊春物型课程"以物启美""以美启真"，通过科学美来感受身边的物之美。这些课程总能给儿童以心灵的观照，给他们提供审美的滋养。儿童在多样的物型课程群布排审美链，在实践活动中阅读生命、品味生活、感悟世界。

### （三）6 个非遗，实现地域文化的吸纳化传承

非物质文化遗产是传统文化的珍贵记忆，是人类文明的基石，是人类进行创造的源泉。非物质文化遗产，作为民族文化最为生动、鲜活、广阔的物质载体，应当成为孩子探究地域文化的重要资源。

为了挖掘南通地域资源，吸纳南通民间艺术的精华，探寻南通文化古老的生命记忆，我校成立了"'蕊春'南通非遗研习所"。共有六个活动主题：南通仿真绣、南通蓝印花布、南通板鹞、南通木板年画、南通木偶、南通剪纸，并形成了一套校本教材。在非遗研习所，引领孩子欣赏民间艺术，感受乡土风情，认识家乡，亲近自然。在了解、欣赏、实践的过程中，感受古老文化的独特魅力，寻找存在于自己身边的美。每一个非遗研习组的孩子通过自我探究、小组合作、专家引领、教师指导等方式，开展了丰富多彩的综合实践活动，学生在活动中增长了知识，开阔了视野，创造能力大大增强，学生的个性得到充分发展，整体素质得到提高，学生成为有道德、有知识、有能力的和谐发展的"全人"。

非遗嬉乐活动，引导孩子追求真善美，为孩子的终身发展和幸福人生奠定基础，提升孩子的审美品位，点亮了孩子的人生，使他们浸润在生命的芬芳与光泽里。他们将成为古老文化的传播者，让南通的古老文化世代相传。

## 三、以全态物型激发科学潜能：科学 PDC 蕊春物型课程的核心力

"核心素养"是当今教育改革浪潮中对育人方式的思考与实践。素养是人应该具有的一种特质，素养的内化需要长期的养成。我们要成为培养儿童核心素养的课程导师，有意识地提升儿童的素养，并使这些素养成为他们自觉的表现。

### （一）全生态样本，构建多元融合

科学 PDC 蕊春物型课程，引导儿童从知识技能走向能力素养，聚焦核心素养，努力使自己成为具有高素养的完整的人。课程唤醒儿童活跃的思维细胞，点燃他们学习的激情，激发内在的潜能，从而使他们建立正确的世界观和人生观。在课程的实施过程中，我们要鼓励儿童动手实践，培养他们知识与技能、情感态度与价值观等方面的综合素养。多样化的课程为儿童提供了一个生态型的成长环境，在这样的活性环境中，释放儿童的天赋，培养他们的核心素养，在合作交流中进一步强化他们的核心素养。

### （二）蕊春微课程，重组生动课程

核心素养是 21 世纪教育所追寻的素养，全面理清核心素养的概念，是我们进行课程重构的出发点。以核心素养为中心的课程构建，是实现儿童个体健全发展的关键。我校的蕊春微课程群，以立体形象、格物致知的课程个体，将一个个微小的课程链接成一个巨大的群组。课程立足于全人发展的角度，倡导精通艺术，引导学生走进乡土文化，拾起童年嬉游，奔向审美活动场。在以核心素养为主轴的课程框架下，从单一走向综合，从校园延伸到校外，从主动参与到深入研究，每一个微课程都彰显核心的力量。蕊春雪课程、灯课程、路课程，这些课程都紧紧围绕核心素养的培养，为儿童终身发展奠定了扎实的基础。儿童需要的不再只是知识，他们更需要汲取知识的关键能力，能力是促进儿童个体健康成长的重要基石。

PDC 蕊春物型课程，以项目为驱动，回归最真实的生活；以生命为根本，培养最核心的能力；以微物为载体，联通最完美的世界。鲜活的课程，突破了学科的界限，建立了儿童生命的成长圈，看似独立却又是关联的。儿童用知识对接生活，思考与行动并存，实践与创新同在，建构起梦想的伊甸园。

# 第七章　参与："蕊春物型"课程范式的童心美学

蕊春物型课程范式，是一种以儿童为中心的开放范式。儿童始终是蕊春物型课程的积极参与者，而不是一个静观者。因为蕊春物型课程范式所遵循的是参与美学，是童心美学。

## 第一节　一级参与：亲物赏美

伯林特说："一切审美反应都必须既是接受又是主动的投入。……即使在静观的欣赏方式显得最为适合的艺术形式里，审美参与的方式也远比审美距离的方式更容易促使欣赏的繁荣，即融合了感知和意义因素积极地参与到艺术品中去。"这就是说，参与美学要求鉴赏者积极投入，即投入自己的所有感官并在所有空间中感受环境之美，所获得的是活生生的体验而不是抽象的审美认识。

基于参与美学理论构建的童诗创作课程将蕊春园作为审美对象，调动多样感官感受环境之美，酿造浪漫诗情，释放灵动诗想。自然风物、建筑美学、人文底蕴交融汇聚，为欣赏者带来丰富的审美感受。其间天时、花木之美更能唤醒儿童的草木之心，萌发诗情。花木所产生的绿意和芬芳为人们营造了诗意栖息的唯美空间，可以构成不同角度不同层次的富有意味的观赏体验。园中又多有古木，朱光潜先生曾说："愈古愈远的东西愈引起美感。"园林的天时、花木、山水之美与建筑之美交相辉映，园内四季变幻的景致铺排成自然物象序列。欣赏者畅游园中，可以听花木之语，阅四时之美，赏园林之趣，悟自然之道。

## 一、具身体验，享受斑斓诗意世界

就感知本身的性质来说，它绝不是一个纯物理的或纯生理性的存在。伯林特在《环境美学》中说："我们对事物的理解，并不止于当下的欣赏，而经过了以往体验的渗透，比如已掌握的知识，选择那些知识的信仰支撑，这些信仰和我们现在所见所为之间不自觉的联系，以及增强同情共鸣的记忆等等。"因此多种感官的积极参与，以往知识体验的融合渗透共同作用，审美体验才变得丰富多彩。

林语堂先生说："诗教导中国人一种泛神论与自然相融合：春则清醒怡悦，夏则小睡而听蝉声嘒嘒，秋则睹落叶而兴悲，冬则踏雪寻诗。在这样的意境中，诗可谓中国人的宗教。"当实景熏染、具身体验与诗歌相逢，美好就此发生。带着孩子集五官之能去体味四季，享受优哉游哉的烂漫时光，敞开心怀给诗以成长的空间。在园中踏雪寻梅、捡拾春光、观水赏影、看云戏虫，时光流过，我们用调皮又充满想象张力的句子将独特的感受一一珍藏。

## 二、涵养诗心，提升绿色审美能力

作家老舍面对草原的美景，感叹"既愿久立四望，又想坐下低吟一首奇丽的小诗"。这种审美愉快之所以产生，是各种心理功能相互活动、交错融合的结果。在园中赏雪时，朱景悦说："一片片雪花在说话，一句就是一朵桃花，一句就是一棵嫩芽。"这样美好的想象基于对雪花的细致观察，对季节更替的敏感和对雪景的喜爱。雪花的曼舞在孩子的眼中倒映成了桃花的盛开，嫩芽的萌发。"审美不是被动的静观，而是一种主动的活动，是人的心理诸功能、因素自由活动的结果。"面对同样的自然美景，动物是不具备各种心理功能和谐运动的能力的。这种积极的心理活动过程，是由感知、想象、理解、情感相互交融的能力，简称审美力。这种感官的人化和情欲的人化带来超生物的需要和享受，即审美。如果说儿童诗创作是语言的高级游戏，那么审美力的高低主宰着想象的质量。这样的审美能力需要在一次次与自然的对望中获得提升。

园林中美的自然节律作为欣赏、欢娱的对象，孩子们投身其中，与它合为一体，产生令人震颤的审美体验。在与自然的对望中启发言语智慧，释放诗性，用一个小小的物型多维触发认知，用另一种全景式眼光看世界，启蒙自然常识，提升绿色审美能力。

### 三、格物致知，进入物我同一境界

宋代画家郭熙在《林泉高致》中提出了著名的"四可"论："可行""可望""可游""可居"。中国古典园林就是达成这四个美学愿望的最好艺术范式，成为人类诗意栖居的理想空间，具有深远的审美意义。实际上，审美参与就是要让自然、环境、艺术以及鉴赏者都充分地向对方敞开，从而消除物我二分，形成一种混融状态。蕊春园已成为实小师生诗意栖居的精神家园，它的幽深静谧与校园外的车水马龙形成了鲜明的对比，现代人渴慕的"结庐在人境，而无车马喧"的美学理想在这里找到归宿。倘徉园间，有"一片瑟瑟石，数竿青青竹"，有"菡萏成列，若将若迎"，有"波光柳色碧溟濛，曲渚斜桥画舸通"……"明月时至，清风自来，行无所牵，止无所柅"，这种天人合一、物我同一的自在闲适是美的享受，也是产生美的缘由。

依据园内景物铺排的项目单元课程体系让学生获得格物致知的初体验、初审美、初探索，在多学科融合的碰撞探索中，赋予他们多元的感知方式，习得的不仅仅是知识，还有感受力、想象力。这样的亲物赏美课程，可以谓之"格物"。在"格物"的过程中见天地、见古今、见自己。站在蕊春园里，脚下是厚重的历史，一檐一亭都是华夏文化的独特言说，阳光雨雪却还和几千年前一样，顺着时光向前看，求知的触角可以织成一张网，网住一些不会褪色的美好，一些可以在未来世界继续发光的美好，比如诗歌，比如会发现美的眼睛。

## 第二节　二级参与：植物种美

美即自然，自然即美。作为审美对象的自然界万物，都具有各自不同的特点，这些未加雕琢的无数本色个体，在儿童的心中种下了审美的种子。

### 一、走进田间地头，赏自然之美

对万物怀有好奇之心是儿童的天性。我们要引导儿童走进田园，与植物进行亲密接触。

与植物对话，感受大自然的神奇魅力。自然美历来就是美学的范畴，不管是改造的，还是未被改造的自然，都以感性的形式深深吸引着我们，而且我们在这个欣赏的过程中能够获得美感与愉悦感。农田植物对儿童的吸引在于它们能够带给儿童"趣味"，这种"趣味"是基于儿童对植物的喜爱而形成的，这是积极的、正面的情感体现。我们应抓住儿童这根"趣味之弦"，以趣味开始，并以趣味结束。

当下我们正处在一个快节奏的信息时代，为此，儿童更需要乡村田园的滋养。

自然能够让儿童更具想象力，能够使他们学会热爱生活中的一切事物。对于儿童来说，大自然就像一块磁铁一样，吸引着他们，这是一种生命情感的关联。大自然还似一个触发器，它能够激发儿童的热情，并将这份热情移情于他们的学习和生活。我们要有敏锐的洞察力，把课程计划与阅读自然连成一个整体。我们应引导儿童走进田间地头，他们可以是摄影师，可以是小画家，可以是小作家等。通过对农田植物的细致观察，在自然的平凡中捕捉神奇。儿童在与自然环境的相互交融中，获得直接的美感体验，从而与自然产生共鸣。

## 二、尝试种植体验，学技术之美

杜威强调"在做中学"，审美教育亦是如此。没有亲自实践体验的学习，只能属于纸上谈兵，而实践体验却能够激发儿童的自主性和求知欲。儿童参与种植体验，实则是一种劳动教育，它是儿童成长过程中不可或缺的一部分。我们的人生梦想，只有劳动才能实现；我们的人生难题，只有劳动才能破解；我们的人生辉煌，只有劳动才能铸就。劳动实践中，我们能够学到种植技术，在学习种植的过程中，我们的确可以收获独特的劳作技艺之美，这是我们一辈子的财富。

对于农田劳作，儿童的参与度并不高，有的甚至为零。在他们放手大胆进行实践操作之前，尝试种植显得尤为重要，我们可以以引导儿童从学习种植蔬菜作为开始。在春秋两季，学生自己制订种植计划，包括种植对象、种植地点、种植方法等，在种植之前，他们要做好计划书。只有做好充分准备，他们才能更好地参与实践劳动。他们走向乡野，跟着爷爷奶奶亲自去挑选种苗。在长辈们手把手地指导下，他们尝试栽种，体验到劳动乐趣的同时，更学到了不少关于种植的学问。当儿童遇上了这些具体植物时，他们的审美注意力就完全停留在他所参与种植的对象上了，这对于提高他们的种植审美力具有重要作用。

### 三、实践一米菜园,品耕种之美

在我们学校的时代小广场上,有一片特殊的责任田——"一米菜园"。这是一个属于所有三年级孩子的快乐成长园。"一米菜园"就是一个长 1.2 米、宽 60 厘米、高 40 厘米的木箱,每个班级都有这样的两块"地"。这小小的植物实践园给儿童提供了丰富多样的劳动实践活动,从确定种植对象到测量株距行距,从填土到施肥,从种植到收获,他们见证了植物成长的过程。通过一系列在场的劳动实践,儿童进入劳动教育发生的实景中,实现了身心合一的劳动体验,从而形成热爱生活和崇尚劳动的积极态度。

在实践的基础上,我们引导学生进一步掌握农作物栽培的技术要领以及注意事项,形成具体的研究报告。这些布排全语言的劳动体验链,为儿童劳动教育的有效开展提供了优质的平台,并形成了一个绿色的磁性课程。在这些丰富多彩的环境下进行语言交流与实践操作,极大地提高了他们学习农作物栽培的兴趣。他们在真实的全方位劳动实践中自我感知、自我体验、自我积累。这片生命的实践园,有助于儿童体味劳动的艰辛,并对劳动者怀有一种发自内心深处的尊重。这片微菜园孕育了无数精彩的故事。儿童用五彩的画笔和稚嫩的语言,记录下他们与植物宝贝一起快乐成长的足迹。灵动的文字,跳动的音符,他们在这片劳作的园艺场里释放了自己的劳动潜能,每个人通过辛勤劳动、合作探究提升了自己的劳动品质。他们在实践中品读劳作之美,从而获得终身受益的经验积累。

植物,一个富有活力与生机的精灵,成了儿童生命中的劳动导师,更是儿童人生中的审美大师。儿童在它的助力下,收获了来自大自然的尊严感、崇高感与幸福感。

## 第三节　三级参与：化物创美

万条丝绦

交织盎然生机

怀藏待苏醒的灵机

睁开慧眼

复苏的季节

蕴藏着蜕变的能量

自然万物有灵

化物创美

魔法师的变幻

创造我的世界与世界中的我

参与美学，实现了从静观到参与的重大转变，这是童年美学的一场革命。参与美学更强调开敞、参与、创造；强调超越主客观的两分法，消融欣赏者与欣赏对象之间的距离感，建立起更加紧密的投注关系，以全方位、全感官的方式沉浸到欣赏对象之中去。从而获得谢丽尔·福斯特所说的"一种被环绕的感觉或一种被包围着的、精妙的触感所浇浸的感觉"。

作为参与美学的第三层级，所追求的是化物创美。所谓化物创美，包含两个层面的含义：一是化育外物，按照美的规律，通过一定的栽培、管理，使得外物更具生命的美感，参与到物美的生长历程中去；二是化用外物，通过美的想象，对外物进行富有创意的改造、制作，参与到物美的创造过程之中去。

## 一、化物以合其物性

参与美学的参与,到了第三层级,就是化用外物,通过培育与制作,创造出更美、更新的外物来。参与,就是培育,就是创作。这是高层次的参与。

参与美学的化物创美,是在美感与创意的层面,实现人与物的更高境界的融合、互动,是把物的生命之美与人的灵性之美加以融合,形成新的生命样态的高级的美。

化物的本质就是合其物性。物性从参与美学的角度来看,就是物的灵魂。既然物性是物的灵魂,那么,它就是活的,只能用人的灵魂去体会。

## 二、深度参与以化物

如何用参与的方式来化物?泰山水敢当在《李子柒的"不言、化物",是标准的华夏坤道》一文中,以化竹子之物性为例,提出了一种打开方式,就是在雨中,头戴斗笠,身披蓑衣,走进绿滴清响的竹林。"用自己的脸颊贴近一棵绿竹的主干,任主干上的水滑过自己的下巴,流过自己的脖子,进入自己温暖的胸膛,在那里,用自己的心去感受:一支竹子,立在五月的雨里,是什么心情。"

化物,需要用"心",用心的力量来亲近万物,用心的妙悟来感受万物,将自己化为眼前的审美之物,在角色转化中更好地体味物之灵性、物之灵魂。

引领儿童去化物,首先需要做的,正是要在亲物上下功夫。眼中有"物",努力让亲近万物成为一种生命的习惯。应时而动,亲近四季,亲近时物。这其实就是化物之功。

引领儿童去化物,还需要在合物上下功夫。这其实是一种心功。努力做到天人合一、物我合一。在凝视中,儿童把自己转化成"物",以物观物,以物体物,打破人与物之间的界限,真正做到融于物、化为物。

引领儿童去化物，更需要在领悟上下功夫。所谓领悟，就是要感受、发现物之性、物之灵、物之魂，从而发现化物之路径，物之化用之可能。

## 三、化物指向创美

引领儿童去化物，就是在美学参与的第三层级上下功夫，为合宜的创美做好"筹备"的工作。

没有深度的参与，就没有体验；没有深度的参与，就没有创造；没有深度的参与，就没有美的存在与诞生。

还是泰山水敢当说得好："斫竹的声音，慢慢地消失。倾倒的青竹，在少女青春的肩膀，颤抖着远去。竹林里没有眼泪，也没有哭泣。每一株青竹都明白，它们依然活着，不过是产生了生命的位移：从山林到民居，从绿植到床椅……它们正用一生渐变的翠绿……"儿童的化物创美亦当如是，化物终将走向创美。让蚕豆化为飞翔的蚕豆鸟，尽显绿色的灵动之美；让绿苇化为轻巧的小舟，尽显创造的力量；让螃蟹化为举重的大力士，尽显生命的奇趣；让知了化作歌唱的绿树，尽显怡人的音韵……

创美与事物灵性一致，用和谐、顺应的方式来创美。只有在亲物有情、格物致知之后，顺着物之灵性来化物、来创美，才是和谐的，才是真正的美。

创美与儿童心性一致，用本我、合宜的方式来创美。只有用我之眼来看见，用我之心去妙悟，用我之手去创造，才是真正属于我的创造、属于我的美丽。

这就是美学参与，这就是化物创美！参与美学是真正属于童年的美学，属于创造的美学。

## 第四节　四级参与：融物合美

童年是与美的相遇，在物型课程的建设与实践中，蕊春园成了一座宝藏，承载了所有的"物"，也传递了所有的"美"。正是课程的开发与实施让每一处的物型具有了指引性和方向性，促进了儿童素质和能力的发展。

我们带领学生在亲物中赏美，用植物种美，在化物中创美，以物来育人，引导学习者在主客体之间、主体之间反思知识和生命，提升学生的综合审美能力。但在"儿童与物"产生关系的学习中，极为必要且重要的是引领学生将自己与对象融合共情，因为没有心理参与和情绪色彩，就没有真正的儿童学习；没有凝视与对话，就没有真正的情感合成。

即使在儿童面前的只是一株不起眼的野花小草，但在融合与共情中，在对话与凝视中也能达到"你中有我，我中有你"，一切"他者"都要归结为"我者"的"物我合一"的最高境界，进而使儿童获得审美共情的能力。

我们布置学生以小组为单位利用实践课与大课间等时间在校园随处走、随处看，在享受自由的同时更专注于一件事：发现并认识小野花。遇到不认识的花草，带上《路边的野花》《中国野花图鉴》这两本书，查一查，要求随身携带《野花手记》和一支铅笔，详细地画下不知名野花的样子，记录下颜色与形状，学会运用电脑查阅资料，咨询同伴与老师了解自己准备认识的野花，再选取一朵野花进行长线跟踪研究，隔三差五去和这株野花待上几分钟看看它，并和它说说心里话。周末可以采用拍视频和照片的方式上传自己和野花的相处情况，并在微信中口述自己的观察情况。

曹同学跟踪拍摄的镜头和微信口述。

① 风中的它

微信口述：4月14日 外面刮大风，我走近这株墙角边的蒲公英，它浑身摆动着，仿佛在说："哎呀，好大的风，我快撑不住了。"我快步走上前，用身体挡住风，嘿，它不动了，抬起金色的花瓣看着我笑了。

② 多了一株

微信口述：4月20日 每天放学同学们都排着路队从它身边经过回家了，如果我也回家了，它在漆黑的夜晚该多孤独啊。今天早晨，我竟意外地发现在它的旁边多了个伙伴，我真替它高兴。

③ 我想读书

微信口述：4月21日 下午我又去看它，它正在干什么呢？啊，它正在专心致志地听三（1）班小朋友读书呢！它悄悄地说："我好羡慕他们，也想进去读书。"我见它有点难过，拿起书说："朋友没关系，我来讲个故事给你听。"

乔治亚·奥基夫说："某种意义上，没有人真正看过一朵花。"人类为了看花而看花，很少有人静静倾听花开花落的声音，倾听它的呼吸与诉说，走进它的内心与之融合。学生在长线的观察与相处中明白了怎样才叫真正地去看一朵花：每天都很牵挂这朵花，想去看看它，听听它的心语，把它当成家人和朋友。一来二去，学生们和自己选取的对象建立了深厚的情感，去看它成为一种常态，静静坐下，记录下当时的所观所感，便成为学生微日记的素材。瞿同学就写下了几篇真实而独特的日记。

例文：@春风秋雨（瞿婧笔名）

12.12　　　　　　　　　　星期一　　　　　　　　　　阴

今天中午，当我欢蹦乱跳着去看我的朋友三色草时，我惊呆了，那朵最大最漂亮的三色草，竟然枯萎在它那瘦小的花茎上！回想往日，它是那么精神。花瓣是那么鲜艳，叶子是那么绿而油光发亮，如果我来了，它还会在微风中向我点头哩！可是如今，我刚刚认识三色堇，但只有四天不见，就"英勇牺牲"了！那时我的心情，怪怪的，说不出话来，有点想哭，为刚刚认识的朋友感到心情沉痛。但也哭不出来，因为它有了很多的后代会继承它，一个比一个漂亮，而且它谢落的花瓣可以化成土中的肥料，培育子孙后代。小小的野花，结束了短暂的一生，但是它一直在奉献着它的美丽，用它瘦小的身躯化成养料，让别的新生花朵，在温暖的阳光下微笑！

——春风秋雨

朱光潜先生说："把我的情感移到物里，去分享物的生命。"小野花本无意，但儿童却有心，在对某一小生命进行长线跟踪研究与观察中，儿童睁开了"心灵之眼"，唤醒了自我的"草木之心"，知道了怎样才叫真正地去看一朵花，知道了怎样去分享物的生命，倾听物的心声。凝视与对话应成为儿童与物的相处常态。于是世界中的一草一木都成了人的朋友，这种与万物相融相即的心理状态，是一种诗意而美好的情怀。让儿童获得完满、诗意、美好的生活，正是我们培养人的最终目标。

《庄子·达生》曰："天地者，万物之父母也。"汉代大儒董仲舒也有名言曰："天亦有喜怒之气，哀乐之心，与人相副。以类合之，天人一也。"对天人合一也有了更进一步的阐述。当我们将天地万物与自我的本体融合共生之后，天人合一的境界才始成。对儿童来说，在成长的路上能将自己与周边的万物融为一体，将本体与他人、环境、社会、自然融合起来，实现终极的人生目标，便拥有了成长的意义。

# 第八章　关联：蕊春物型课程的活动设计

所谓关联，即事物相互之间发生牵连和影响。这世界上任何生命都不是孤立存在的，都要和周围的人或物发生各种各样的关系。有的关系显而易见，有的关系则隐晦含蓄，需要深入探寻才能发现。蕊春物型课程的活动设计正是为了建立儿童与现实世界的关联，通过一系列课程项目活动的开展，让儿童在动手实践、合作探究、切身体验的过程中，亲近自然、走进社会、融入生活，去找寻自我成长中最需要的元素，从而回归儿童学习的第一路径。丰富的、个性化的课程体验，是儿童一辈子难以忘怀且受益匪浅的精神财富，这样的学习才能真正意义上指向"全人"的发展。

依据儿童的身心发展特点，蕊春物型课程活动的设计主要采用嬉游、制作这些儿童喜欢的方式，旨在让儿童在自然的嬉乐中，感受天地之大美；在传统工艺的制作中，感受传统之文化。茫茫苇海，迎风歌唱，那是儿童耳里最美的天籁；悠悠渔湾，荡舟其上，那是儿童心里最美的童话；金色农场，耕织其间，那是儿童眼里最美的田园。这一个个真实的生命场，为儿童的学习提供了最佳的学习情境，学生身处其间，不仅能看到自然内部的相融共处，也能体验到人与自然的和谐共存，甚至会迁移到人与人之间的和美共生，由美的景色触发美的体验，达成美的品格，实现完整的美育过程。做兔儿灯、做香囊、包粽子、绘蛋画……在这一个个活动中，学生们既能在动手动脑的过程中，增强动手能力与审美能力，同时，也能提高他们对传统文化的认知和传承本土文化的责任感。

## 第一节　因地嬉游：田园综合体关联活动

王阳明说："大抵童子之情，乐嬉游而惮拘检，如草木之始萌芽，舒畅之则条达，摧挠之则衰萎。今教童子，必使其趋向鼓舞，中心喜悦，则其进自不能已。"爱嬉游是儿童的天性，因此，我们因地制宜，让儿童回归田园，让他们在自然中成长，在生活中体验，在快乐中发展。

田园综合体关联活动，不仅仅是让儿童跑到田园里去，更是一种精神和心灵的回归。1762年，卢梭在《爱弥儿》中提出自然主义教育观念，成为"田园教育"的萌芽。他强调教育要服从自然的永恒法则，主张采用实物教学和直观教学的方法，让孩子从生活和实践的切身体验中，通过感官的感受去获取他所需要的知识。为学生在郁郁葱葱的室外教室提供农业经验，让孩子在其间劳作、感悟，不仅让孩子感受自然，更让孩子在感受自然的同时学会生活、感恩社会，提高孩子们的情商以培养他们的生活能力和社会责任感。

苇海渔湾、远山田野、花鸟虫鱼、清风明月是儿童身外的自然，儿童与这个自然相遇，积极探究、努力尝试，就会充实心灵。因此，我们在设计田园综合体关联活动时，努力把科学、艺术、人文、自然等元素，充分地融合在活动的流程里，给孩子时间，让儿童成为儿童。

## 一、苇海听音

南通地处长江之尾、东海之滨。放眼望去，一溜溜苇帐就是一道道绿色的墙，五百里苇丛就是绿色的海洋。近处的呈墨绿色，远处的呈翠绿色，再远的呈浅绿色。风一吹，那苇浪就翻滚着，欢笑着，一层赶着一层，轻轻流入云际。展翅群飞的鸟儿以及水底和滩涂上穿梭的小生物，更为苇海增添了几分灵动。芦苇地畔，湿润的空间，茁壮的苇叶在招手，脚下的地软铺绿毡。采棕叶的大嫂露笑颜，割芦苇的大叔喜开镰，拾地软的孩童闹翻天。

以芦苇为媒介开展主题活动，既注重学生兴趣、个性、能力的发展，给学生带来多重经历和体验，深入挖掘芦苇的精神，更好地发挥芦苇的育人功能。

【芦苇知识我了解】

1. 低年级段学生学习运用各种感官，对芦苇的基本形态有初步的认知，通过实地观察校园里芦苇的生长，感受芦苇的魅力。

2. 中年级段学生在实践中了解植物的生长特性，感受芦苇在恶劣的生长环境中顽强的生命力。

3. 高年级段学生在课余生活中，通过向父母师长询问的方式，了解与芦苇相关的生活习俗、节日，争当芦苇介绍员。

【芦苇工艺我尝试】

1. 低年级段学生在美术课堂，欣赏芦苇贴画，了解基本的工具和材料，掌握较为简单的芦苇贴画的制作方法，尝试完成简单的芦苇贴画制作。鼓励学生展开想象，激发学生参与课堂的兴趣和欲望。

2. 中年级段学生在主题学习中，收集生活里常见的芦苇艺术品。掌握简单的芦苇艺术品的制作方法，小组合作动手完成两种以上芦苇艺术品的制作。鼓励学生开动脑筋，享受创造的乐趣，培养团队合作的能力。

3. 高年级段学生深入生活，通过查找、收集、整理和归纳的方法，了解芦苇的价值。探究较为复杂的芦苇传统工艺，如苇席、苇帘、苇雕、苇画……较好地掌握芦苇画和芦苇工艺品的制作方法。激励学生在实践中独立构思创作，追求美感。培养学生认真细致的制作态度、积极探索的精神、敢于创新的能力和健康的审美情趣。

**【芦苇之美我研究】**

自然的美育是无痕的，苇海正是生动的育人教材。芦苇的主题活动开发，基于儿童的年龄特征，以形式多样的活动作为依托，促进学生德智体美劳全面发展。苇丛一碧千里，随风摇曳，如同碧海苍天，故美其名曰"苇海"。初夏的苇海，成了学生嬉乐的神话天地。

1. 文之美——创编绿苇童诗

走进苇海，引领学生观察芦苇叶的形态，用苇叶相互嬉戏，充满童趣的诗歌便流泻出来：

**武　功**

我举起长矛刺中了小明，

小明乐呵呵；

小明握着宝剑刺中了我，

我乐呵呵。

我用的是绿苇长矛，

小明用的是绿苇宝剑。

苇海的底下埋藏着无数的秘密，苇海里荡漾着"未知"的迷离之光。

2. 形之美——制作苇叶风车

苇海不仅引发了学生的诗性，更激起了动手创造的兴趣。摘一支芦苇，先穿过苇尖，再拴上一个扣，迎风一送，风车立刻飞旋成一个模糊的绿圆。不一会儿，拿着风车的孩子在田埂上飞奔,数只风车在拼命地转着,整个苇海,飘荡着欢声笑语。

3. 音之美——吹响苇叶哨子

修长的芦苇紧紧地靠着,苇叶密密麻麻,形成了一道绿色的长城。微风过处,芦苇撩起青纱,跳起优美的舞蹈;飒飒的声响与水中的蛙声,正好成了大自然美妙和谐的音乐伴奏。清脆的笛声,唤醒了沉睡的苇海。一个孩子手握苇笛吹了起来,一旁的孩子禁不住诱惑,就地取材,也开始了尝试。你一声,我一声,此起彼伏共同奏出了大自然的乐章。

苇哨能唱出永新的旋律,苇船能抵达新大陆,绿苇风车能飞旋出新的力量。绿色的嬉戏,就是最鲜活的童年旋律。真正的童年存在于大自然里。

4. 味之美——品尝苇叶粽子

每年的端午节前夕,精选那些比较阔大的苇叶,叠成叠儿,带回教室。师生共同用蒸煮过的苇叶把江米和枣裹成一个个三角锥形,再用细线扎牢。这粽子的味道,的确与买的粽子不一样,除了米香枣甜之外,还有一种苇叶所独有的香气,经过裹扎与蒸煮之后,渗入到粽子中,吃起来别有一种风味。

我们应该引导学生投入大自然的怀抱,和花草树木尽情地嬉戏,用心去采撷童年的快乐,为让他们拥有一个自然的童年、艺术的童年进行不断的探索。

**【芦苇精神我探究】**

芦苇,它昂扬、蓬勃向上,展示着无穷的生命力;它朴素、优雅,演绎着淳朴向善的情怀。将芦苇的形象融入主题活动的基本元素中,有助于培养具有"芦苇精神"——向上、向善、向美的学生。向上,是一种昂扬的斗志,每天多学一点,多进步一点;向善,是一种积极的心态,健康的身心,不断成长;向美,是一种独特的情趣,回归自然的滋养,得到美的启迪。

1. 苇海故事话英雄

自古以来,无数的革命烈士和英雄儿女,在芦苇丛中演绎着一幕幕精彩的故事,奏响了一曲曲壮丽的乐章。引导学生通过上网收集资料的方式,重温经典,感受先烈们的英雄气概，激发学生热爱国家、热爱家乡的情感。

2. 芦苇精神巧记录

在研究性学习的基础上，以摄影、表演、绘画等多种形式载体记录芦苇精神，鼓励学生学习芦苇平凡朴素的品质以及勇敢顽强的精神。

探寻童化学习路径，创造天人合一、物我会通、格物缘情的审美境界，倡导实景学习、依物探究的新方式，不断丰富学生与世界的联系，形成理解生活、创美未来的整全世界。不同年龄层次的学生在主题活动中积累经验，自主学习，达到不同年段的目标。

## 二、农场耕织

在每个人的内心深处，都有一片无拘无束的田野，春能耕，夏能长，秋能收，冬能藏。无论是"童孙未解供耕织，也傍桑阴学种瓜"还是"最喜小儿无赖，溪头卧剥莲蓬"，都在向我们传递着千百年来儿童对于耕织的喜爱。让儿童来到农场，亲手耕织，不仅仅可以让儿童在劳动的过程中，获取经验与知识，而且可以让他们更加明确"纸上得来终觉浅，绝知此事要躬行"的意义，最终让他们学会用身体"丈量"世界。

农场里，孩子们拿着铁锹、铲子、小耙子挥洒汗水，他们喊着号子拎起水桶，扬着笑脸把水浇下；他们蹲下身子挖着红薯，拼尽力气把它拔出；他们踮起脚尖采摘桑叶，精心挑选把蚕喂养……红薯笑了，蚕宝宝笑了，整个世界都笑了！

带儿童到农场耕织，让学生动手实践，出力流汗，在劳动实践中进行教育，儿童将收获自然最美的馈赠。

活动设计如下：

*活动准备：*

1. 了解适合当季种植的蔬菜，通过查找资料、询问菜农等方式了解该蔬菜种植所需的自然条件（土壤湿度、温度、所需土地面积等）。

2. 挑选优质蔬菜幼苗。

3. 准备好种植工具（铲子、小耙子、喷壶等）。

活动过程：

一、我为蔬菜来代言

1. 学生化身为蔬菜幼苗，以第一人称的方式向大家介绍自己的成长需要哪些条件，需要哪些照顾。

（示例：大家好，我是圣女果，又叫小西红柿、小番茄。我最喜欢的温度是20~28℃，在这样的温度下我的种子就可以发芽啦！我很喜欢喝水，但是你们也不能天天喂我，你们要仔细观察，看到我的土地妈妈干了再给我浇水。我长到30~40厘米高的时候，你们就要给我搭个"人"字形的架子，把我的蔓绑好。等到我的果实成熟时，你们就可以品尝酸酸甜甜的果子啦！）

2. 听了这些蔬菜幼苗的介绍，你们打算选哪一种植物的幼苗种植呢？说说自己的理由。

（示例：我打算种植小青菜，因为小青菜种植的要求不太高，播种之后只要经常浇水，施一次肥就可以了，很适合我这种没有什么种植经验的人来种植。）

设计理念：让儿童为蔬菜代言是建立在儿童充分了解蔬菜的种植条件的基础上的，这就需要儿童前期进行大量的学习，这是基于真实生活情境、带有任务驱动的学习，儿童可以通过采访菜农、阅读书籍、查阅资料等方式获得学习的资源，从而提高他们自主学习的能力。同时，让儿童为蔬菜代言，可以让他们的表达能力得到充分的锻炼，提高他们的核心素养。

二、我为菜园来规划

现场丈量班级所拥有的种植面积，规划可以种植哪些蔬菜，计算大约需要多少幼苗。

（1）商讨选择种植的蔬菜品种时要考虑哪些因素：尽量选择所需种植条件相仿

的蔬菜幼苗；尽量选择颜色不同的蔬菜幼苗，让班级农场的色彩更加丰富；尽量选择高低错落的幼苗，让班级农场更加富有层次。

（2）在确定好种植蔬菜的品种之后，根据每一株蔬菜幼苗所需的土壤面积计算出所需的蔬菜幼苗数量。

（3）绘制菜园规划设计图。

（4）展示交流自己的规划，并说明这样规划的好处。

设计理念：我为菜园来规划，这是一个综合性很强的学习项目，涉及语文、数学、美术、科学等多个学科。儿童在规划菜园的过程中，实际上完成了各科学习的联动，将各科学习进行了无缝对接，从而让学习真正自然地发生。

三、我为蔬菜来选苗

1. 在菜农的现场指导下，挑选品种优质的蔬菜幼苗。

2. 发现优质的蔬菜幼苗的共同特点，思考：怎样才能培育优质的蔬菜幼苗？

设计理念：挑选优质幼苗，这是一个实践性很强的学习项目，不仅可以让儿童运用已了解的蔬菜培育知识，而且可以让他们在向菜农的学习过程中加深对劳动者的尊重，对土地的热爱，提高他们口语交际的水平。

四、我为农场来种植

1. 在菜农的现场指导下，将蔬菜幼苗根据规划种下。

2. 给种好的幼苗浇水。

设计理念：在种植幼苗的过程中，儿童将所学到的知识化为实践，翻土、施肥、种植、浇水，在劳动的过程中，感受挥洒汗水的快乐，培养勤俭、奋斗、创新、奉献的劳动精神。

五、我为蔬菜来护航

1. 每天观察蔬菜的成长状况，及时浇水。

2. 每天尝试和蔬菜对话（把对蔬菜的希望说给蔬菜听，把自己的快乐与蔬菜分享，把自己的烦恼向蔬菜倾诉）。

3. 每天通过图文结合的方式记录蔬菜的成长。

4. 查找描写蔬菜的诗文，积累背诵。

设计理念：儿童每天观察蔬菜的成长状况，可以在潜移默化中与物建立关联，从而打开美的心灵通道，睁开心灵之眼，涵养草木之心。同时，每天以图文的方式记录蔬菜的成长，是对生命的一次探究，一次记忆，为儿童近距离感受生命的力量，体悟自然的神奇提供了很好的载体。

六、我为果实来歌唱

1. 采摘成熟的蔬菜。

2. 给成熟的蔬菜做张名片，给它做份广告。

3. 将蔬菜做成各种美食，分享创意食谱。

设计理念：当所有的付出迎来最美的收获，儿童心间的那份快意无法形容。及时采摘，在劳动中体会"一分耕耘一分收获"的真谛；给蔬菜做名片、做广告，那是儿童对自己劳动成果的再次肯定；将蔬菜做成创意美食，那是儿童创造性思维的再次挑战。

以上活动设计仅仅是农场耕织系列活动中的一个，农场耕织还可以是精心养护蚕宝宝直到它们吐丝结茧；可以是种下芦稷收下穗子编织笤帚；可以是纺纱成线学习织布；可以是……总之，农场耕织旨在让儿童从身体力行的劳动中，与物建立关联，与之对话，将教育与生活和谐相融，提高教育实效，实现知行合一，从而促进儿童形成正确的世界观、人生观、价值观，真正起到"润物细无声"之效。

## 第二节　适时布设：老江海制作型活动

### 一、元宵灯会

> 蕊春元宵课程，闹的背后是静，感性的背后是理性，情境的背后是整体，个性的背后是创造。今天的课程就是明天的素养，今天的美丽就是明天的精彩。
>
> ——题记

好的教育，当给予孩子真实的、有意义的学习，蕊春元宵课程，恰是一种基于情境、指向未来、综合整体、关乎审美和道德的有意义的学习。

#### （一）元宵盛会　和着童心世界的节拍

"爆竹花炮还在耳边萦绕，我们就不得不来上学校……"面对孩子们报名时的抱怨，我们胸有成竹。在寒假中学校已经做好策划，将开学的一周，变为以元宵为主题的综合研修学习活动周。在元宵节里闹一闹，让年味儿绵延，将节日拉长；通过蕊春元宵课程，让儿童的学习丰富而活泼，立体而广远。

"蕊春闹元宵"活动，对每个孩子都是全新体验。丰富的内容、新鲜的方式让孩子目不暇接、兴味盎然。最无法抗拒的是灯的诱惑。"扎怎样的花灯，需要怎样的材料，有哪些程序，跟着谁学制作，设计怎样的图案，做什么样的装饰……"孩子们满腔的热情，满脑的问题。连续几天，校园里荡漾着一丝神秘，急急匆匆的问询，神神秘秘的私语，校园空气中氤氲的，是一种橙色的跃动。

老师、家长的朋友圈、QQ 群热闹起来，大家纷纷晒出了美灯，各式各样，红的，绿的，紫的，黄的；会转的，会跑的，会跳的，会发光的；彩纸的，彩布的，彩条的，薄纱的；小狗的，小兔子的，小鱼儿的，蜻蜓的；有荷花，有牡丹，有梅花，有牡丹花；纯红包做的，蓝印花布的，木刻的年画，手工的剪纸……琳琅满目的花灯让沉稳的大人们都开始期待。

几天后，孩子们的小脸上已经露出从容、笃定的微笑。在校园里行走，孩子们几乎是走着走着就忍不住奔跑和雀跃了。展开的笑靥，飞扬的眉眼，银铃般的笑声，传递着快乐与内心的沸腾。

"交灯令"下，早已迫不及待的孩子，一群一群，提着灯，满心欢喜，在校园里奔走。半天的时间，阅览室里竟盛放了几千盏灯，把书的世界映得通明。

"谁家见月能闲坐，何处闻灯不看来。"含蓄的中国人，一年中，只有正月十五元宵节，才大胆地闹一闹！这一闹，正是吻合了儿童的天性。课程最需关注的是儿童，儿童是课程的主角，遵循儿童年龄特点和成长规律的课程，在充分了解学生学习愿望的基础上合力建构的课程，才是真正适合儿童的课程。"袨服华装着处逢，六街灯火闹儿童。""蕊春闹元宵"活动，踩在了童心世界的律动点上。在孩子的等待、期盼中，年味儿顺着元宵的步伐，顺着弯弯绕绕的樱花大道，顺着曲曲弯弯的卵石路，在园子里绵长，在童心的世界里延展。

**（二）元宵探寻 踩准传统文化的轴心**

正月十五日是一年中第一个月圆之夜，也是一元复始、大地回春的夜晚。吃汤圆、猜灯谜、看狮舞、赏花灯，欢欢喜喜过大年，热热闹闹闹元宵。自古以来，元宵节就是中国人的"狂欢节"。

古代元宵"家家走桥，人人看灯"的胜景远去，如何让今天的儿童触摸、打开、了解和感受这个经典的节日，我们尝试着在不同的学段运用不同的方式。低年级——问一问元宵节名字的由来，让爷爷奶奶爸爸妈妈讲一讲他们童年的元宵节，说几个元宵节的习俗，唱一唱元宵节的儿歌；中年级——了解元宵节的别称，聊一聊去年元宵节的故事，读一读元宵节的古诗词，访一访家乡南通元宵节的习俗；高年级——说一说自己记忆最深的一个元宵节，做一份关于元宵节多种知识的手抄报，找一找优秀文学作品里关于元宵节的描述，赏一赏历代名画里元宵节的盛况，搜一搜百度里关于元宵节的记述，用文字和图表描摹元宵节从诞生到兴起，到繁盛、到衰微再到复兴的沿革史。

走近一个节日，就是走进一种文化。沉浸在关于元宵节的多元信息中，孩子感受到元宵就是"2 000多年前明帝点灯敬佛、汉武帝祭祀、司马迁创'太阳历'"的古远；元宵就是"永乐七年诏令，元宵节自正月十一日起给百官赐假十日，以度佳节"明朝百官放假十日的隆重；元宵就是"出门赏月、燃灯放焰、喜猜灯谜"的欢腾；元宵就是"白昼为市、夜间燃灯、舞龙狮、跑旱船、踩高跷、扭秧歌"的壮观；元宵就是"共吃汤圆、阖家团聚、同庆佳节、其乐融融"的温暖；元宵就是"月上柳梢头，人约黄昏后"的浪漫；元宵就是"接汉疑星落，依楼似月悬"的梦幻；元宵就是"有灯无月不娱人，有月无灯不算春"的诗情；元宵就是"蓦然回首，那人却在，灯火阑珊处"的美妙……孩子们在最诗情画意的节日中，探寻着传统节日的文化内涵，贯通着民族的血脉，感受着中华经典的魅力，汲取着中华文化的基因，在不知不觉中形成文化认同，提升着文化素养，树立起文化自信。

闹元宵，挂花灯，最美中国节；闹元宵，挂花灯，最圆童年梦！一次节日探寻，让孩子穿越历史，与传统对话，找到精神原乡；一组元宵课程，让孩子浸润民俗，让文化沉淀，让童真的岁月留香。

### （三）园林灯展 丰富儿童的东方审美

初春的蕊春园，亭台楼阁，水榭池鱼，廊道曲回，飞檐素瓦，显得特别宁静。当那些喜庆的花灯，被儿童提在手中带进园子，悬在池上，挂在树上，飘在廊中，露于檐下，寂静的园子一下子喧闹起来。整个园子都被徐徐展开，整个林子都在轻轻摇晃，整个世界都变得明丽……似乎所有的憧憬，随着花灯的出现，都可以在这个静静的园子里延伸。随之一起延伸生长的，还有孩子对美的感受和体验——那种对传统、古典、中国味道、东方意蕴的美的感受与体验。

"无分彼此，大道如一。"孩子们在园子里欢笑，嬉闹，睁开明澈的眼，找寻属于自己的唯一。"漫步园中/突然抬头/惊喜地发现头顶悬挂的/正是我做的花灯/你看/我亲笔画的小狗/还在冲我傻笑呢……"（飞宇）带孩子园中赏灯，让孩子感悟到每一盏灯都是美的，每一盏灯都是一个故事，都有一段传奇。可爱的，稚拙的，精细的，粗糙的，模仿的，创造的……每一盏灯都是独一无二的存在，都是学生们生命的作品。依庄子所言，"万物一体，世界平等，心与天游，无分彼此"，在生动的赏灯情境中渗透"大道如一"的中国哲学，让孩子获得"齐同万物"的东方审美。

"与物有宜，忘情融物。"可爱的动物灯，遇上了大自然里的花草树木，一切都变得美妙起来，漫步园中，孩子们童话的窗被打开，诗意萌动——"叽叽喳喳/叽叽喳喳/有个好消息告诉大家/不知道哪儿来这么多好看

的巢啊/又会飘/又会发光/快快住下/快快住下。"（奚奇）"鱼鸟相友于，物物无不堪"，园子中的一草一木、一灯一廊，都成了孩子的朋友。园中赏灯，让孩子收获"与物有宜"的中国美学。

"梅花/大胆地开/你负责春天/我负责黑夜。"（张翌）此时此景，孩子已经忘掉自己的身份，我看花花看我，我看花，我到花里去；花看我，花到我里来。儿童在兴奋、感动、理解状态下达成与园景灯景的沟通，达到"忘情融物"的审美境界。

"大美无言，大巧若拙。"和孩子观灯，常常能够感受到他们思维的信马由缰，跌宕飞跃。"灯笼在滑滑梯/嗖的一声飞出去/风伸出手掌喊停/后面的灯全撞到一

起 / 路看了 / 笑弯了身体。"（周思楠）"小蚂蚁对红包灯笼说——借我一百块吧，我知道，你有的是钱。"（吴浩睿）孩子超常的想象，展现出中国式的幽默，稚拙的背后是儿童特有的纯真本色与自然淳朴，充满着天然生态的美感。

"花灯和灯谜，是蕊春园的眼睛；观察和想象，是我的眼睛。"带着孩子透过花窗的格望灯影；倚着圆柱看灯舞；穿过连廊的曲曲折折，看荷花灯、鱼灯挂在池边水榭的廊檐下；透过延月亭的亭角望走马灯、宫灯在阳光下的穿梭喧腾……"有我之境，以我观物，故物皆着我之色彩；无我之境，以物观物，故不知何者为我，何者为物。"通过古典美学的方式塑造儿童的思维，品悟东方文化的韵味，形成跨文化的适应力。

"疏处走马，瞬间恒长。"花灯遇上古园林，让蕊春园林古典的美与经典的灯文化完美融合，这才是蕊春灯展最独特的韵味所在吧。园子里墙壁的白色，地面上方砖的青色，屋瓦和檐漏一律的淡灰色，还有四周草木的绿色，像极了传统的水墨画。在这片素净淡雅的底色中，在白墙长廊的疏空中，让花灯闪耀进来，上演一场花灯与古典园林的唯美相遇。一排六角的宫灯悬于檐下，檐上的世界，属于青苔、荒草、风雨和花鸟；檐下的世界，属于楹联、诗词、彩谜和花灯。檐上春阳微醺，檐下彩灯摇曳。那一盏一盏的彩灯，在屋檐下，在春风里，跳舞、唱歌、翻滚、飞翔……灰色的屋檐，因了这些灯，增了许多活的空间与情趣。

古朴的园门旁，镂空的花窗下，青色的砖墙边，挂着几盏花灯，墙角绽放着几株梅，散发着浓浓的古味。

"百千年藓著枯树，一两点春供老枝。绝壁笛声哪得到，只愁斜日冻蜂知。"蕊春灯展，将千灯齐放彩谜飘荡的鲜活融进古园的幽深中，让古园亘古的永恒呈现在元宵美景的鲜活中，将元宵美丽的瞬间揉入绵长的过去。在苍古中寓以绚丽，让当下瞬间驻留恒长，"念念无往，在在无心"，这正是元宵灯展欲向孩子渗透的东方审美、东方哲学、东方艺术的精髓所在。

### (四)元宵课程 探寻儿童学习的本义

"如何辨别具有生活价值的知识""如何提出开放性问题,获得闯荡世界的激情与力量""如何让值得学习的知识在生活中融会贯通"……这是戴维·珀金斯在《为未知而教,为未来而学》一书中提出的几个问题。元宵课程的实践,正是在研究、回答这些问题,努力探寻儿童学习的本义。

STEAM 课程落地。STEAM 是 Science(科学)、Technology(技术)、Engineering(工程)、Arts(艺术)、Maths(数学)五个学科的英语单词首字母缩写,是一种重实践的超学科教育理念。它不仅仅是五个学科的叠加,更注重学习与现实世界的联系,让学生自己动手完成他们感兴趣的,在过程中学习各种学科以及跨学科的知识。扎兔子灯蕴含着劳动人民丰富的智慧,是科学与技术等多学科融合的结晶。在制作兔子灯的过程中,计算藤条、彩纸、彩条的数量长度,是数学学科的知识和能力;搭建框架,保持平衡,用的是工程知识和能力;查找资料、精心制作,用的是技术能力;轮子用光滑标准的圆减少阻力,灯里面装简单电路,使用节能灯,用的是科学的知识;设计造型,美化图案,细节装饰,需要的是艺术的素养。一次兔子灯的制作,让 STEAM 项目在学校落地,体现出目标多维性、过程渐进性、能力多元性、应用真实性、学习自主性等特征。

打通学习与生活。教育的初衷,源于有生活价值的学习。生活中的小事足以囊括一本教科书中的知识。元宵灯会活动中,我们每一个班级安排半天时间,让每一个孩子都参与到扎灯笼、做汤圆等体验式的实践活动中。做汤圆的活动,从糯米粉干湿的调试,到馅儿的准备,到揉搓成球形,再到包馅儿,烧好沸水,把准下与捞的时机等,全程充满生活的技巧和策略。过程中引导大家进行连环问题的探索:汤圆为什么要做彩色的?"秀色可餐"——孩子们研究色彩对人思维的影响、食物颜色与感觉、食物颜色与食欲、食物颜色与心理等相关知识。彩色汤圆的"色"从哪里来?通过现场的制作,孩子们见证了班级彩色纯天然汤圆的诞生过程:挤出的火龙果的汁是红色,橙子的汁是黄色,猕猴桃的汁是绿色,这种纯天然无添加的彩色汤圆,让每个孩子看见美丽,更收获健康生活的理念。

实现学科跨界。真实性学习强调真实情境和真实问题的创设,元宵活动是一个立体的综合的问题情境,所有的学习都是通过任务和项目的方式呈现,打破了学科的界限,使综合学习成为可能。在猜灯谜的过程中,孩子发现,小小的智力活动,竟然用上了数学、科学、地理、历史、生态、环保、地域、道德、文学、诗词等多个方面的知识。

三年级的张亚珍老师带领孩子探究扎兔儿灯活动中的数学问题:买兔儿灯的费用,使用藤条的长度,彩条的长度,兔儿灯制作速度优化。

下面是一个孩子写的数学日记:

做一个兔子灯,需要多长的藤条呢?我想,2米长应该够了吧?不过,这只是估算,得进行准确计算。我们齐心协力,算出答案:

身长:$14 \times 5 \times 2 = 140$ 厘米

身高:$15 \times 3 + 12 = 57$ 厘米

支撑:$9 + 7 \times 2 = 23$ 厘米

头:$18 + 30 = 48$ 厘米

其他:$15 \times 3 = 45$ 厘米

共:$140 + 57 + 23 + 48 + 45 = 313$ 厘米

313厘米等于3米13厘米,原来估算的2米远远不够。

得知计算结果后我大吃一惊:天哪,这大约相当于三个我的身高的藤条呢!

三个我的身高的藤条只能做一只兔子灯,真难以想象。做一只兔子灯所需要的藤条,竟比教室还要高呢。那么,学校中操场摆放的巨型兔儿灯,用了多长的藤条呢?我也好想去算一算啊!

让合作成为必然。课程的意义在于建立联系——建立人与真实世界的联系,鼓励孩子们选择尝试;建立人与人之间的联系,让学生从小就学会交流与分享;开放、综合、多元、创新的元宵活动，使孩子的合作变得必要、真实和自然。比如怎样才能加快制作兔儿灯的速度问题，孩子们发现合作是技巧，我做头部，你做耳朵，他做身体，最后一起拼装，速度最快，效率最高。为完成关于全校花灯数量、类型，男女生制作占比，低中高年级花灯种类的统计任务，孩子们自觉分组，先分任务分类别进行点数，然后通过统计设计，最终画成圆形、扇形、线型、圆柱形等多个种类的统计图表。猜灯谜的过程也需要合作，一个孩子的作文里这么描述："我和陆佳倩、丁沈宁一头扎进'五色海'中，环顾四周，一无所获。后来，我们三个人凑在一起，丁沈宁个子高，她抓住纸条，大家一起来想。'远看似把弓，上面车马过，下面轮船游'。（打一交通工具）陆佳倩说：'不是船吗？'我说：'不对，船下面没有轮船游，是桥！对，是桥，上面人可以过，下面也有船。'我善于联想，通过描述能猜出八九；陆佳倩善于拼字，给出半个字，基本都可以猜到；而丁沈宁的长处是记性好，只要是看过的听过的，都能想起来。我开玩笑说：'我们这个组合天下无敌了！'"

引发深度学习。很多时候，我们的学习仅仅止于形，即以任务的达成作为学习的结束，如做成花灯、搓好汤圆、猜到答案等，而缺少反观学习的来时路、提炼学习方法、总结得失，进一步"打通知识最后一公里"的深究环节。在本次活动精彩展开的同时，张亚珍老师重点关注由本次活动引发的对学习和活动本身的思考。活动中，她走进六（1）班教室，用40分钟时间和同学们聊了两个大问题：1. 蕊春元宵灯会，是校长姨妈为大家出的一份大试卷，考到了小学六年学习的很多知识，你发现了吗？ 2. 你觉得本次蕊春灯会存在哪些不足？请你帮助校长姨妈为明年的灯会策划一个方案。第一个问题，是让孩子关注知识的来龙去脉，明晰"知识从哪里来，到哪里去"的问题，帮助学生理清学习与生活、学习与未来的关系。第二个问题，是培养孩子的批判性思维和解决情境中真实问题的本领，这是当下孩子最缺失，而恰恰是未来社会最需要的素养。张亚珍老师鼓励孩子用创新的方式记录本次活动的收获和感悟，第二天，就收获了不一样的惊喜：

**兔子花灯说明书：**

请仔细阅读说明书，并在老师、同学、家长的指导下制作

【花灯名称】

通用名称：兔子花灯

英文名称：Rabbit Lamp

汉语拼音：Tuzi Huadeng

【结构组成】

兔子花灯由细竹条、白纸、红纸、棉线和你以及同伴构成

【型号规格】

30厘米×20厘米×25厘米

【有效期】

半年

【性状】

本灯为白色、无味、环保兔形灯

【生产程序】

略（商业机密，此处略去）

【用法用量】

1次1人1个，也可1次1人多个，还可1次几人1个，在快乐、烦恼或闲暇时随意享用

【执行标准】

《蕊春灯典》2018版第一部标准

【生产企业】

企业名称：蕊春灯业有限公司

生产地址：江苏省南通市通州区实小灯业科技工业园

通州区为民路38号

邮编：226300

网址：www.tzsx.cn

【价格】

无价

（因为我觉得做的永远比买的珍贵，所以无价。但我不相信你会用一百万买一个看上去笨拙粗陋、其貌不扬的灯笼。我不愿卖，你也不会买）

这样新颖的形式，这么智慧的表达，这么深刻的体悟，令人真心佩服。

## 2018 蕊春闹元宵活动的不足及建议

今年的元宵灯会，内容更有趣味，奖品更具诱惑，灯谜更具挑战，现场制作趣味多多。可是，如此精彩的活动中，还存在一些不足。

首先，没有考虑到天气因素，今天风大，灯谜在空中不停地飞，看不清。有个儿高的，往上一跳，"嘶啦"，纸就坏了。到了最后，空中不剩多少，地上倒有一堆。

其次，场地安排不科学，在其他地方挂灯谜还好，蕊春园里走廊狭小，挤那么多人，堵不说，有的同学站在座台上看题目，一挤就掉下去了，不说哪儿疼，衣服也脏了。

还有一个极其严重的问题：兑奖处的工作人员不认真！他们不管三七二十一，你答再多题，也只能拿到四张，不公平！更不公平的在后面，我们费心猜得那么多，别人乱摸的答案，竟然也能换到！兑奖处的人员还不好好看答案，太不认真了吧。

我以为，上述的问题是可以解决的。天气的问题，有两种解决方案：一用更牢的纸，二把纸固定好。场地的问题，可以搬到后操场，既实现了对花草的保护，又避免了拥堵。最后一个问题，只能让校长解决，我也是无能为力了。

哈哈，谢谢你，小批评家！你发现的问题很精准，态度很诚恳，批评很犀利，建议有价值。所有的问题都是校长姨妈的问题，校长姨妈谢谢你！

多个孩子帮助设计了2019蕊春元宵活动设计方案，孩子们的设计创新多多，建议亮点纷呈：

——建议时间放在晚上，那才算是真正意义的闹元宵；

——建议邀请家长参加，特别要邀请初一年级的校友参加（哈哈）；

——建议进一步丰富活动内容，安排好各个活动区域，如灯谜竞猜区，诗词挑战区、花灯教学区、元宵歌舞区、花灯交易区、汤圆品尝区、书法展示区等；

——建议活动名称要取得美一点，如蕊春"闹元宵"杯飞花令诗词大擂台、蕊春DIY兔儿灯手工制作工坊、蕊春元宵歌曲乐队演奏区、蕊春诗词吟诵朗读大舞台、蕊春激情美食品尝区、蕊春浪漫花灯交易区等；

——建议活动方案要有鼓动性，如：蕊春"闹元宵"杯飞花令诗词大擂台，让热爱诗词和古典文学的同学，在擂台上亮出你们的精彩，创造属于你的世界；蕊春DIY兔儿灯手工制作工坊，让心灵手巧的同学与老师一起，体会制作属于自己的兔儿灯时的快乐与洒脱；蕊春元宵歌曲乐队演奏区，拿起你喜欢的乐器，与大伙一起欢腾起来吧……

很多孩子精心描画绘制了活动安排区域图、流程图，让我收获了满满的感动。

最好的学习，关键在于能否成功开启另一场学习，促进学生的可持续发展。好的课程，是为学生推开一扇窗，让他们看到一个新的世界，为未来增加更多的可能。

### （五）今天的美丽 是为了遇见更精彩的未来

元宵的爆竹声此起彼伏，元宵的微信满满刷屏。一位老师说："从小到大，这是我过得最有意思的一个元宵节！"一位即将退休的老师拉住我说："谢谢你带领大家搞了这么有意义的活动，让我退休后能够拥有温暖的回忆。"晚上我在学校加班，看到一波一波的老师带着家属孩子来游园赏灯，很有氛围，很是自豪。学校的一个音乐老师在活动当晚，创作了一首《爱在蕊春》的短曲，记录了这充满爱与创造的一天，然后用手机录制自弹自唱发到教师群里，美妙的旋律和动听的声音在校园传唱。

元宵渐远，余韵悠长。今天的学习，昭示着未来的发展；今天的课程，就是明天的素养；今天的快乐，蓄积着明天的勃发。带着孩子闹花灯，他们心里会留下什么？

我想起年前在园子里挂灯笼时，一位40岁的校友写在朋友圈里的童年记忆——记得童年元宵节，实小有"娃娃灯会"。自己做的那个蹩脚的灯笼虽然被挂在校园里不起眼的角落，但是心里还是小鹿乱撞，蹲在灯笼下面乐开了花。

我们开展今天的活动，就是希望当今天的孩子长到四十岁的时候，还能够拥有一个可以回忆的充满温暖的"小鹿乱撞"的童年。那是童年的味道，小学的味道。童年，是每一个人的精神的原乡，一个拥有美好的、柔软的、温暖的童年的人，才能拥有心灵之源，生命之脉，长大后才能守住文化的根，形成文化自觉和文化自信。

带着孩子扎花灯，将来他们会成为什么？

他们会成为会制作花灯的数学家、物理学家、社会学家、法学家等等。当然，他们当中也会有小部分成为某设计工坊的主人、某DIY的首席制作或者某项文化灯会的主创。

他们长大后会成为会扎花灯的爸爸、妈妈，年老后会成为会扎花灯的爷爷、奶奶，成为有趣味能逗乐的家长，给他（她）的子孙后代以童年的温暖与温馨，让他（她）的家里弥散着浓浓年味与人间情味。

未来的元宵节，或许大家会沉浸在动画制作、6D打印、互联网畅游、激光灯闪烁的绚烂世界，欣赏现代科技声光电带来的视觉盛宴，甚至，科学的发展让我们现在都无法穷尽对未来表达美的想象。但是，我以为，这种原始的、原生态的美的制作，会成为未来美的稀缺。这源自大自然的原始竹篾藤条材料，出自自己和家人之手的手工制作，这些可以在地上跑、在廊道里挂、在空中舞、在河里漂的花灯，这些可触碰、可提拿、可推拉的实物，才会真正带给大家过节的质的感受。

"惟怜一灯影，万里眼中明。"灯，是智慧光明的象征；灯，亦含点亮传承的寓意。有盏照亮心田的灯，航行万里，眼中永远都是光明。今天的元宵之灯，点亮童年，温暖蕊春；明天的中华之灯，将照亮神州的万里江山，照出花开盛世华夏腾飞的美丽神话。

一园蕊春灯暖，万里江山情长。热闹蕊春，热闹一生！

## 二、兔儿灯

记忆中，有一盏兔儿灯，承载着童年的美好，消逝在风中。现如今，孩子们的记忆中，也会有这样一盏，充满着爱，延续传承，预示着吉祥好运的兔儿灯吗？

华光璀璨耀园中，蕊春灯火闹儿童。遥看千盏循廊熠，疑是碎星落梧桐。趁着节日的欢欣，我们也策划着将带着大伙儿童年回忆的兔儿灯，带进孩子们的记忆中，就这样，一场"灯"的课程开启了。

### （一）"传帮带"中寻回忆

兔子灯是一种古老的汉族传统手工艺。相传唐朝的时候，人们把兔子视为吉祥之物，兔子灯所到之处就意味着吉祥和好运。后来，人们就沿用这一吉祥物来迎神接福，其中包含着人们祈求神灵保佑，期盼来年五谷丰登，人畜兴旺的美好愿望。

儿时的兔儿灯大多是长辈们为我们精心扎制的，独一无二。说到亲自做，对于我们很多人来说，也是头一遭。于是，我们仿佛也回到了孩童时代，围着我们的"吴大师"（年长的资深美术老师）虚心请教。首先是"吴大师"带着美术老师学做传统的兔儿灯；接着是美术老师们再带着高年级的老师们学做兔儿灯；最后高年级的老师们，再走进教室，教孩子们做传统的兔儿灯。就这样，一个带一个，传统的兔儿灯的制作就这样传承下来了，我们这一群人也在传承中找寻着回忆，满满的幸福,溢于言表。

那么传统的兔儿灯需要哪些材料呢？ 1. 竹篾；2. 棉线；3. 白纸；4. 彩色皱纹纸；5. 剪刀；6. 固体胶；7. 双面胶；8. 两根粗吸管；9. 四个一样大小的瓶盖或者象棋；10. 两根细铁丝；11. 小木板（提前备好一个钉子，以方便后面放蜡烛）；12. 蜡烛。

"吴大师"教导我们这样做：1. 扎骨架，简单说来，就是四个圆（兔子的脑袋和身体上用的），两个大点的椭圆（兔子的身体），两个长长的椭圆（兔子的耳朵），两个小小的圆（兔子的尾巴），最后装好轮子，骨架才算完成；2. 用白纸糊轮廓（这是一个细致活儿，需要足够的耐心）；3. 装饰兔儿灯，我们常用的方式是剪贴，选用色彩鲜艳的皱纹纸装饰美化，你的兔儿灯更吸引人。

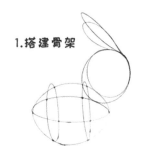  

制作步骤

### （二）"灯工坊"中觅传承

为了让更多的孩子了解兔儿灯，我们索性在学校操场上搭建了一个更大的舞台，美其名曰"元宵花灯制作工坊"。喜庆的大舞台和舞台中央的一个巨型兔儿灯，吸引了一大批孩子们的眼球，他们纷纷聚拢过来，校园里的一群小福娃们更是穿着喜庆的唐装凑上了舞台，为啥呢？因为上面有我们啊，一群速成的民间扎兔儿灯的高手，只见美术老师们，二三人一组，围坐一圈，饶有兴致地扎着兔儿灯，他们有的扎骨架，有的糊纸，有的装饰，分工明确，步骤清晰，不管是台上的娃，还是台下的娃，个个都能清楚地看到整个制作过程。就在这样热热闹闹的氛围中，传统工艺的传承也在悄然进行着。

元宵花灯制作工坊

光看多不过瘾呐，我们的蕊春娃娃们主动围上来，老师长老师短地讨教起来，看着他们一个个专注认真的样子，就知道，他们已经被这个小兔子打动了，可想而知，小小的兔儿灯已经成功走进他们的心中。看，连咱们的校长姨妈都忍不住和我们的巨型兔子灯合影啦，孩子们更是抵挡不住它的诱惑，此时的他们是快乐的、幸福的，多年以后，这场盛宴一定还会留存在他们的记忆中。

和巨型兔子灯合影

### （三）"灯课程"中现创新

有人说，儿童是天生的艺术家，他们的创造能力，你无法估量。是的，在这一周的蕊春闹元宵之灯课程中，我们不难发现，孩子们在我们为期一周的活动中，听着灯的故事，画着灯的模样，剪着灯的形状，打开了研究灯的第一扇门。再加上和最传统的兔儿灯的亲密接触，彻底打开了他们的创造之门。来吧，看看他们的成果吧！看，这个兔儿灯，美吧，亮闪闪的装饰，很吸睛呢！

一个蕊春闹元宵课程，深深地烙印在孩子们的心间，它就如同一块磁石，吸引着孩子们自觉主动地投身其中，并试着用自己的方式去表达、去记录，这大概就是孩子们最好的成长方式。

### 三、巧手做香袋

端午节是我国最古老、最重要的民间传统节日之一。老南通过端午，有粽子、黄酒的浓浓香味，也有菖蒲、艾草带来的田野清香，还有佩香袋、挂钟馗、赛龙舟等辟邪纳福、禳毒防疫的忙碌。

在南通老一辈人的记忆里，端午节前的中药铺子特别忙，除了大量供应艾蒲雄黄外，还要忙着制作香袋。造型有粽子、莲藕、老虎头等，还有做成小人儿形的，南通人称它做"驮子老侯"，其中尤以大、小人儿合驮最具特色，戏称"驮侯儿抱侯儿"，在身上晃晃荡荡。里面装的是药铺店里买来的中草药，可以驱蚊虫，走到哪里便香到哪里。

随着时间的推移，很多习俗早已淡化，如今，古老美好的民俗记忆与我们的生活渐行渐远……让传统节日不只是课堂上、书本中单调的名词，让中国传统文化的种子在儿童的心田萌芽生长。

追寻记忆中的小小物件，端午之际，引领着孩子们，围绕香袋制作，开展趣味识物、巧手制物、创美赏物等系列活动，在趣味探究、尝试体验、交流合作中学习成长。

*活动一：识物——香袋里的秘密*

"带个香草袋，不怕五虫害。"端午节佩戴香囊，有辟邪驱瘟之意。初识香囊，孩子们围绕问题，小组合作，展开探究。

问题1：端午香袋里装着什么？

问题2：为什么要在香袋里装这些中草药？

最后，进行成果汇报。如在教室一角，开辟展示陈列区，让孩子们用文字、图画、实物等方式，多角度展示相关学习成果。

**【设计意图】**带着问题，孩子们围绕端午，围绕香袋里的中草药，展开自主学习。网络书本查一查，长辈专家问一问，大自然中找一找……展示中，孩子们话民俗，绘"五毒"，辨草药，合作探究之后获取的信息，更是记忆犹新，难以忘怀。古老的传统文化走进了孩子们的生活视野。

活动二：制物——学做香袋

菱形、粽子形、爱心形……形形色色，玲珑夺目。小巧的香袋，有着最传统的基本造型，最巧妙的制作手法。将传统的手工技艺，带入课堂，在学习中传承。

1. 选择造型，尝试制作。
2. 发现问题，及时交流。

**【设计意图】**根据孩子的年龄层次，选择相应难度的造型，分层教学，在交流与分享中，让每一个孩子都能感受制作的乐趣。在纸张的折剪中，在一针一线中，培养学生的动手操作技能。

活动三：赏物——审美创造

旧时端午，美丽的香袋，装点了孩子的衣襟，承载着平安顺遂之寓意。如今，香袋成为一种时尚的装饰，装点了生活的多个角落。

1. 美评——欣赏品鉴

邀请"小小美评家"，用图片或实物的方式，向老师和同学介绍最美香囊，并从造型、色彩、寓意、工艺、运用等角度展开评论。

2. 美展——创意制作

开展"最美香囊，制作大比拼"活动，端午节之际，将孩子们的作品展示悬挂在校园内，全校师生共同欣赏，评价打分，评出"最美色彩奖""最具创意奖""最佳制作奖"。

【设计意图】：活动中，孩子们是全场的主角。他们是小小美评家，是工艺制作师，或是参与打分的评委，在角色的转换中，他们对美有了更深刻的认识和理解。从孩子们的小小作品中，不仅体现出中华传统文化中美的元素，还能链接当下的生活，创造出时尚个性之美。美需要传承，更需要发展与创造。孩子们必将成为有审美力、创造力的新一代。

小小香袋，述说着古人的勤劳与智慧、愿望与祝福。今天，我们也追随着古人的足迹，巧手制作，创意生活。

小小香袋，让节日变得快乐而温馨，校园的走廊里、展架上，一件件美作让我们驻足流连。浓浓的端午情，就这样在清香四溢，五彩斑斓中弥漫开去。

端午节，成为孩子们幸福快乐的节日，长大后，这一枚枚香袋，将成为他们内心深处最美的回忆。以物为媒，引领孩子们与传统牵手，与美相遇，幸福成长。

## 四、粽子

"粽子香，香厨房。艾叶香，香满堂。桃枝插在大门上，出门一望麦儿黄。这儿端阳，那儿端阳，处处都端阳。"粽子，又称"角黍""筒粽"，由粽叶包裹糯米蒸制而成，是中华民族传统节庆食物之一。粽子早在春秋之前就已出现，最初是用来祭祀祖先和神灵的。到了晋代，粽子成为端午节庆食物。民间传说吃粽子是为纪念投江的屈原而传承下来的……

千百年来，每年农历五月初五的端午节，中国百姓家家都要浸糯米、洗粽叶、包粽子。不同人文环境与不同地貌衍生出来的粽子品种也是各有千秋。往往对于这种传统的中国食品，"食"的美味反成了次要，而"俗"中所蕴含的悠久华夏文化，及它留给孩子们美味的童年回忆，才是最期盼它的理由……

南通人裹粽子分有馅料和没馅料的两种。没有馅料的粽子，叫"光米粽子"，也叫白粽子，空口吃没味道，一般是蘸了糖吃。儿歌里头说的"打个五月五，洋糖粽子过端午"，就是说的这种粽子。加料的粽子一般有枣儿粽子、赤豆粽子、蜜枣粽子、咸肉粽子、火腿粽子……按形状分，有三角粽子、四角粽子、小脚粽子、宝塔粽子……

端午节的历史悠久，可学生只知道端午节要吃粽子，对其背后的文化不甚了解。依托端午节粽子为载体，开展以"包粽子——走进南通端午节"为主题的综合实践活动。帮助学生了解我国的传统文化，特别是南通的端午节风俗及其含义，培养学生热爱国家、热爱家乡、热爱生活的思想感情和动手操作能力。

## （一）自然美：探寻苇叶

南通地区处于长江入海口，拥有丰富的滩涂湿地资源。盛夏时节，走近芦苇滩，满眼芦苇青青、耳边鸟鸣啾啾。每根芦苇从杆到叶都是鲜绿的，绿得闪闪发亮，嫩得每片叶子都要滴出水来，临风摇曳，婀娜多姿，显示出一派生机勃勃、欣欣向荣的景象。

在此时，指导学生们在苇海里采集新鲜的芦苇叶，一边劳作，一边听风吹芦苇沙沙响，浪花撞击堤岸哗哗声。劳动教育具有不可替代的育人价值。在物型课程的目标体系中，弘扬劳动精神是核心。赏一赏芦苇滩的风情，看一看芦苇的生长，聊一聊劳作的收获，吟一吟田园的诗歌，在田园物型中获得真切的体悟和收获，劳动教育便自然生长和发生。

## （二）创造美：制作粽子

浸泡糯米，清洗、煮烫苇叶，准备馅料……芦苇叶细长，通常要用三张苇叶来包一个粽子。苇叶是分向背的，分辨的方法是看叶筋，叶筋凹陷的一面是正面，凸起的一面是背面。叠苇叶时，正面向上，左手捏住叶子的一头，右手用三个手指捏住叶子的另一头，轻轻地往里一圈，卷成了漏斗形状后，最外面的一张叶子在最下面。卷好后就往里加上喜欢的馅料，上部的苇叶向下折，直到完全盖住糯米为止。随即用手将叶子的两侧捏下去，之后的苇叶尖端向一侧折叠，用绳子绕着粽子的角系紧，就大功告成了！制作粽子的步骤，虽然并不复杂，但是指导学生尝试把粽子包得美观、富有创造力，便是活动中包含的隐性美育。

美育是审美教育，也是情操教育和心灵教育，美育是培养孩子健康的审美观，发展学生鉴赏美和创造美的能力的教育，它能让学生终身受益。物型课程的建设要高度重视，让学生回到真实的自然状态。

## （三）启迪美：文化载体

粽子不仅延续了江海大地的饮食文化，更具有丰富的育人内涵。粽叶取材源于自然，启迪学生感受自然之美的同时，不忘保护自然，呵护生态之美；粽子馅料丰富，无论咸、甜均可包裹其中，做人亦如此，圆融、大度方能受到大家的欢迎；各地粽子造型不一，有大有小，有长有短，有方有圆，激发学生在生活中的创造力。把精心制作的粽子，与家人、师长、邻里、朋友分享，寄托端午节安康的美好寓意的同时，也在潜移默化中引导学生学会分享。

让学校成为一个可供、可助学生不断涵养、不断创生的美好场域。美育是无处不在的，美育不仅仅是艺术教育，它是以社会美、艺术美、自然美、科学美为依托，以实现人的全面发展为宗旨的形象化的情感教育。

## 五、蛋画

立夏是二十四节气中的第七个节气，也是夏季的第一个节气，在民间有尝新、秤人、斗蛋等习俗。每每到立夏，南通的老百姓家家户户都会煮好各种各样的蛋，套上早已编制好的网袋，挂于孩子的颈上，有"立夏胸挂蛋，孩子不疰夏"的寓意。孩子们便三五成群，拿出蛋进行斗蛋游戏。为了彰显实力，必定要在蛋上涂画一番，便有了蛋画一说。

蛋画，也称画蛋。它源于我国古老的蛋俗文化。在中国古代神话中，开天辟地的创世神仙——盘古氏，就孕育在如一个巨大卵蛋的混沌天地中。蛋文化包含着传宗接代、繁衍子孙、诞生之意，亦包含新生、萌芽的祥瑞之情，是古越大地悠久的乡土民俗文化，展示着传统越文化的深厚底蕴。南北朝宗懔在《荆楚岁时记》载："古之豪家，食称画卵，今代犹染蓝茜杂色，仍加雕镂，递相饷遗，或置盘俎。"清代初期，在庙会上就有画蛋出售，画的是简单的花鸟鱼虫和十二生肖，玩赏过后，可去皮食用。至清代中期，才发展成为在空蛋壳上彩绘，画蛋才正式成为真正的工艺品。至清末民初，民间在喜庆嫁娶、祝福寿诞、喜得贵子时往往向亲戚、邻居赠送红鸡蛋或彩蛋，后来为图兴旺发达和全家福荫美满的吉利寓意，彩蛋绘画更趋精美。

蛋画这一习俗历史悠久，为了让学生感受立夏传统习俗的魅力，能够更好地传承和发扬民俗，现将这一传统民俗活动移至课堂，进行了画蛋系列活动。

【寻蛋画】同学们，你们看到过蛋画吗？收集资料，了解蛋画，绘制《立夏——我了解的蛋画》手抄报。

国内：蛋画作为非物质文化遗产，在中国许多地方都有传承基地，其中浙江平阳蛋画以国画手法于蛋壳上着色描绘，工笔精细，画艺精湛，精巧美观。

国外：复活节送彩蛋，也是一些西方国家的悠久传统，它象征着丰硕和平安。如把彩蛋放在摇篮边，则是祈祷婴儿的平安。德国从17世纪开始，已对一般彩蛋进行精美的艺术加工，使之成为工艺品。著名的俄罗斯皇室彩蛋，枚枚独具匠心，堪称国宝。其中尼古拉斯二世送给他妻子的彩蛋，通体画着十多幅他加冕场面和臣民祝福的油画，具有很高的历史价值和艺术价值。

【赏蛋画】同学们绘制、剪贴的《立夏——我了解的蛋画》手抄报粘贴在宣传栏共享，你从中学到了哪些蛋画知识？

蛋画的题材相当丰富，传统的有脸谱、肖像、串画，现代的有人物、动物、花草、风景、卡通……由于蛋壳画面实在太小，艺人们充分运用含蓄的遮藏法，比如从巨石后面露出一条尾巴、在假山洞中露出一条小辫子，都算作画了一只老虎或一个小孩，设计精巧，意趣浓厚，令人回味无穷。

蛋画的品种十分多样。单只的，有横置的平蛋，壳外画山水，壳内绘人物或走兽，目光从蛋壳洞中望去，仿佛人物（走兽）欲从洞中出来，引人入胜，别具意趣。有竖置的立蛋，可四面观赏，宛如一幅无尽头的横幅画卷，寸间万里，咫尺多变，层次清晰，精致入微。还可以成组成套，如用7只平蛋演绎"孙悟空三打白骨精"的神话故事，借鉴连环画的格局，将孙悟空一打、二打、三打白骨精的情节，惟妙惟肖地表现出来。此外，还有巧夺天工的立体画彩蛋，在蛋壳内绘楼台亭阁、山石树木、才子佳人，再装进特小灯泡，开关一按，犹如月宫再现，趣味盎然，美不胜收。

【绘蛋画】班级内进行蛋画竞赛，比一比谁的蛋画最有创意！

绘制步骤：

1. 选蛋：挑选光滑的鸡蛋、鸭蛋、鹅蛋……

2. 洗蛋：轻轻地将鸡蛋清洗干净。

3. 煮蛋：为了防止鸡蛋在绘画时破裂，先将鸡蛋煮熟。

4. 上底色：准备颜料和毛笔给鸡蛋上底色，选择自己喜欢的颜色，上底色的时候以少量多次为主。

5. 绘草稿：等鸡蛋的底色完全干了之后，可以画自己喜欢的图案了，如果是比较复杂的图案，建议先用铅笔作草稿。

6. 涂颜色：根据图案的颜色上色，也可以按照自己的喜好用蜡笔、彩笔给鸡蛋上的图案上色。

7. 护甲油：最后等鸡蛋上面的颜色干了之后，我们可以刷上一层透明的护甲油增添光泽度。

因为是画在蛋上的，蛋呈球状，形圆面小，必须一手执蛋，一手握笔，边转边画，需小心谨慎，才能使小小的蛋画呈现出精细耐看的大千世界。

【赛蛋画】每班选出优秀作品，陈列在学校的展览馆，同学们参观学习的同时，评选出今年的"蛋画小能手"。

学生们发挥自己的想象力，尽情地在鸡蛋上涂画，呈现出的作品可谓匠心独运，让人大饱眼福。每个蛋壳画都细致精巧，美不胜收。有的同学描绘可爱的动漫人物，例如小黄人、哆啦A梦等；有的同学则在鸡蛋上进行表情包的创作，表情生动，让人忍俊不禁；有的同学在鸡蛋上绘制美丽的风景图；还有的同学将自己喜爱的动物描绘于鸡蛋上，比如小鸡、小熊等。

蛋画活动，同学们积极参与，就地取材，提升了学生的绘画兴趣和审美素养，锻炼了学生的想象力和动手能力，在有趣的创作过程中感受生活之美、创作之乐。小小的蛋，成了同学们创作的"园地"，也成为蕊春物型课程的题材之一。孩子们精心构思，细致描画，释放了小作者们的热情与才华！每一个作品，都有属于它自己的创意和价值，都是独一无二、充满热爱与真情的杰作！

## 第三节 体味自然：蕊春物型课程的直用案例

### 一、蕊春之紫薇

#### （一）案例引言

蕊春园里花草树木的数量与品种相当繁多，在校园里生活的每一天，儿童都会在蕊春园内嬉戏玩耍，这些花草树木都成为默默的陪伴者。如何让蕊春园的每一件事物真正介入儿童的生活，与儿童的生命真正发生关联？课程是其中最重要最关键的纽带。那么，究竟可以围绕蕊春园内的事物创设什么样的课程呢？我选取了蕊春园中颇具代表性的紫薇树构建了"自然阅读：紫薇"的蕊春园文化课程。

#### （二）案例描述

这一课程，我按照"察形""理知""悟情"这三个步骤来开展。

1. 察形：以当下为切入点，延展四季，从外在样态上接受

"察形"即观察外在形态。蕊春园是儿童校园生活的乐园，他们将园内的所有一切都当成生活的常态，正因为如此，他们更容易对蕊春园内的花花草草、树树木木"熟视无睹"。所以，我在构建"自然阅读：紫薇"这一语文综合性学习活动时将"察形"作为第一步，并将四季特点作为"察形"过程的教学目标。

在教学过程中，我先引导儿童从当下切入，让他们借助"手""眼"两种器官观察了紫薇树，并撰写了自然记录。儿童观察仔细，记录生动。下面摘录一则：时值冬季，紫薇树早已花叶凋零，露出白花花的树干，树干上还有一处又一处疙瘩状的凸起。如果用手轻轻抚摸树干，还能够感觉到树顶的枝干在轻轻摇晃，好像怕痒

一样，难怪人称：怕痒痒树。（昊阳）在儿童互相分享记录的基础上，我概括出了冬天的紫薇具有"凋零"的特点。紧接着，我又引导儿童回忆紫薇树春、夏、秋季的样子。为了帮助儿童进一步展开回忆，我出示了他人拍摄的照片及汪曾祺描写夏天紫薇的作品，来引导儿童发现紫薇在不同季节的相关特点。他们观察到春天的紫薇开始"发芽"，夏天的紫薇进行"开花"，秋天的紫薇走向"结果"。当然，在"察形"环节的结尾，我还提醒儿童：所概括出的是每个季节的主要特点，因为有些季节可能会出现几种形态，比如秋季的紫薇，有可能出现花、叶、果同时存在的现象，这跟当地的气温密切相关。

2. 理知：以知识为梳理点，立体构建，从内在文化上吸纳

对于蕊春园中的任何一种事物而言，要想真正获得较为立体的认知，还需要引导儿童围绕该事物梳理相关的知识点。只有这样，儿童才能够对蕊春园中的某一事物形成较为深刻的感知。也只有这样，儿童才能够从事物的表面形态走向文化内质。

本环节教学中，我询问儿童"对于紫薇，还想了解些什么？"儿童表示想了解紫薇的由来、传说、诗词、别名等。此时，我借助思维导图，将相关的项目粘贴上去。然后让儿童围绕课前查找的资料，四人为一小组合作完成思维导图。完成过程中，我邀请两组儿童到黑板前来合作完成。完成后，我又让儿童以"我最感兴趣的是紫薇的……"或"下面我给大家介绍紫薇的……"的形式选择自己最感兴趣的方面进行介绍。交流完毕，我又询问儿童："上学的每一天，我们都从这株紫薇身边经过，再看看这张思维导图，你有什么感受？"有儿童表示：真想不到关于紫薇的知识这么丰富，紫薇是一种有文化的树。

3. 悟情：以话题为激发点，真情表达，从相互情感上认同

我以为，蕊春园文化课程建构的目标一是要让儿童了解、掌握蕊春园中相关景致的知识与文化，二是要让儿童对学校的蕊春园产生热爱、依恋的情感。那么，究竟如何才能让儿童与蕊春园中的一切产生情感的联系呢？我以为围绕关键事件唤醒表达显得尤为重要。

在"自然阅读：紫薇"一课教学的尾声，我先是采用一组导语唤醒了儿童表达的欲望：同学们，除了感觉到紫薇是一种非常有历史、非常有文化的树，每天早晨，当你走进校园，从它身边走过的时候，它的枝干微微颤动，你感受到它了吗？上课的时候，当我们在教室里唱歌、读书的时候，它的树枝在风中轻轻摇曳，你感受到它了吗？晚上，当我们放学走出校门的时候，回头一看，它静静地站在那儿，你感受到它了吗？然后再出示相关练习。这三组练习一下子激活了紫薇树在儿童生活视野中的存在，下面选取一位紫雨同学的现场写话：

2010年9月1日，当我第一次走进校园的时候，它在风中轻盈地摆动着树枝，树叶簌簌地响着，好像在对我说："小朋友，欢迎你来到实验小学！来，我送你一片树叶做书签，愿你能成为一个喜欢读书的孩子。"2016年6月30日，当我拿着小学毕业证书离开校园的时候，它又再一次在风中舞动着枝条，树叶啦啦地响着，好像在说："小伙子，你就要离开母校了，让我再为你跳支舞吧，祝你以后的学习旅程一路顺风！"2046年6月30日，当我小学毕业30年重回校园的时候，它有些迟疑地摇晃着越发苍老的枝丫，当我轻轻抚摸它那光滑的树干时，它竟激动地颤抖了起来，我轻轻地问："我童年的紫薇树啊，你还好吗？"

### （三）案例反思

本课程的创设是基于"实景"的，一是基于学校蕊春园，课程内容围绕儿童天天生活的校园；二是基于儿童对身边的事物缺少"留心"这一现实。围绕操作的三个阶段，我发现每一阶段都有其需要注意的"关键处"。

1. "察形"的关键在于"处处留心"

在引导"察形"的过程中，我意识到儿童平时对紫薇还是缺少观察的。当儿童概括出冬季紫薇的特点后，问及其他季节紫薇的特点时，儿童不太答得出来。究其原因，主要还是在平时的生活中缺少相应的观察。所以，要让蕊春园文化课程真正走向审美，还需要引导儿童能够用心观察蕊春园里的一切。当然，有意识的观察需要引导，我们不妨尝试以下方式：

（1）依据时间节点，设置计划。可以从二十四节气中，抽取出一些比较重要的时间节点进行观察。当然，计划确定之后，执行最为重要。

（2）根据观察方法，全面记录。教师可以教予一定的观察方法，比如说如何调动各种感官等。记录时可以采用文字的形式，也可以采用各种现代媒介，比如摄影、摄像等。当然也可以采用实物的方式，比如收集紫薇的种子、枯叶等。

（3）整理记录结果，互相分享。以一定的时间长度为期限，定期整理记录结果，可以制作出幻灯片、视频等观察记录作品，采用小组的方式互相分享。

"察形"是从外在形态上予以观察、确认，为进一步认知其相关知识背景、文化渊源打下基础。

2."理知"的关键在于"完整认识"

事实上，蕊春园里的每一样事物都拥有丰富的知识背景与文化背景，儿童对这样一份知识背景与文化背景的梳理、认知、理解是促进审美真正达成的重要手段。理知的过程，我以为其中这样三个环节较为重要：一是对资料的筛选。现在，只要打开搜索引擎，就可以找到关于某一事物的海量资料，这些资料究竟该如何使用，还需要教师进一步教儿童学会筛选，其中按照类别择取、选择典型内容是筛选的合理方式。二是对资料的整理。运用思维导图是一种较好的整理方式，这样儿童能够比较直观地对该事物的资料进行分门别类整理，既有细节又兼顾整体感。三是对资料的反馈。资料如果仅仅只停留在纸面上，那样的信息是无生命介入的，是没有意义的，因此，教师还必须创设相应的活动让这些信息浸润到儿童的生命中去。在本活动中，我引导儿童用转述的方式来理解、接受紫薇的相关知识。事实证明，这样的方式儿童既比较容易接受，又容易识记相关知识点。比如，课后儿童对紫薇的别称、品种、神话传说等记忆相对牢固，主要是因为在课堂上有多位儿童围绕这些方面进行了分享。

"理知"是蕊春文化课程建构的重要环节，在这一过程中，儿童会建构起对某一事物的完整认识。

3. "悟情"的关键在于"生命认同"

任何一种文化课程实施的终极目标就是让儿童形成文化的皈依，情感的投注是重要的方面。围绕相关话题进行直接式表达是一种有效的方式。上例中，儿童经过如此表达，马上意识到了紫薇树不只是蕊春园中的一种树，更是他们童年生活中的重要伴侣。有朝一日，他们可以从紫薇树身上寻找到他们童年生活的印记。

"悟情"，让蕊春文化课程从情感的维度使儿童对课程内容获得认同感，此时的课程内容不再是纯粹的事物，而是投射了儿童的生活情感。

当然，这一课程创设的最终目的就是引导儿童关注、留心生活。其实，学习的终极意义就是为了更好地生活。事实上，当我们采用这样的方式去观照生活，生活也会因此而有了牵挂、光亮与温情。作为在校园里生活的儿童，我们有必要引导他们认识这重要的一点。

## 二、蕊春之虫趣——诗化童年：激发孩子的一百种语言

### （一）案例引言

一个在我儿子身上的发现。童年，本应是一首轻快自在、散发阳光芳香的诗，充盈着生命起初的欣喜和欢畅。天马行空的想象和不拘一格的表达让孩子的话一不小心就成了诗：

"妈妈的爪子好厉害，一抓就抓到了痒。"

"我很脚滑，谁也追不到。"

"小溪里的水真好喝，是矿泉水味的。"

"巨大的张老师会说很小的话。"

天真和浪漫是童诗的内核，跳跃和灵动是童诗的外衣。童诗就是孩子创意表达的语言游戏。儿童拥有一个独特的精神天地，有着他对周围世界的看法，对各种人

事物的价值评判标准。儿童的价值观往往与成人的价值观相矛盾、相冲突。儿童奇幻的精神世界常常外化为独特的"诗性"语言。这种蓬勃的创造力如果不加以呵护和培养，儿童的"诗性"常常暗淡甚至遗失在按部就班的日常里。去年，我带一年级，五十几双清潭一般透亮的眼睛望着我，那一颗颗藏着"诗心"的种子来到我的课堂，我要怎样呵护，才能让它萌发出孩子的一百种语言？

幸好，学校里有个蕊春园。居住在城市里的孩子能拥有一个可以看四季流转，闻草木清香的园子是多么幸福的事情。被钢筋水泥逐渐硬化的赤子之心在这里慢慢苏醒，人是自然之子，诗歌也和植物的种子一样要无限接近大地，顺着阳光的方向呈上对天空的仰望。当童年的魔法时光遇见这座自然园和伊甸园，多彩课程找到栖息之地，诗意生活渐次铺展。

为了让诗能成串成串地长出来，什么时候深耕，什么时候播种，什么时候追肥，又该怎样耐着性子静候都是有讲究的。我是个刚学会犁地的新手，壮着胆子，揣着期待，和孩子们开始了一段色彩斑斓的寻诗之旅。

初秋，天高云淡，蝉声未消，秋意未浓。正是虫子们优哉游哉的美丽时光，我们悄悄进园，听一回蟋蟀的低唱，赏一只蜗牛的漫步。瓢虫、蜘蛛、毛毛虫、螳螂、西瓜虫、天牛做着各自的事，那一刻，时钟仿佛停摆了，园子里静极了，我们说好都不带嘴巴去，尽情张开眼睛、耳朵、心灵……那一刻，我又分明听到了什么在沸腾。

回到教室，我们花了十几分钟说说各自的发现，趣事一箩筐。于是萌发了设计《虫子猜想诗》的念头。

### （二）案例描述

师：前段时间，杨老师带着二（2）班的小朋友在蕊春园里观察虫子。瞧，有只小蚂蚁爬上了季哲涵的手臂。我们一起来猜：在蚂蚁眼里，季哲涵的手臂是什么？它想在那儿干什么呢？

生：是一张软软的床，蚂蚁想在那儿美美地睡一觉。

师：好一张硕大无比的床，真软和。

生：还可以把那儿当蹦床，蚂蚁在蹦床上练青蛙跳。

师：青蛙有危机感，下次不要输给蚂蚁哦！

生：在蚂蚁眼里那儿是一片森林，它要去探险。

师：有趣的想象，你是说密密的汗毛是一棵棵大树，是吗？

生：对的。

师：如果手臂是垂着的，小蚂蚁从底下往上看，哇，好高啊，像什么呢？

生：是巨大的梯子，蚂蚁想登高望远。

师：离白云更近了。

生：还像巨大的滑梯，蚂蚁可以爬上滑梯再溜下来。

师：多么惬意啊，可以听到风在耳旁呼啸。

生：蚂蚁可能会说："咦，这块土地怎么这么软啊？"

师：是啊，一片软软的、暖暖的神奇土壤。

生：这是一辆软软的巴士车，可以带我去任何地方。

师：蚂蚁就可以免费旅行咯！

生：还可以遮风挡雨。

师：怎么说？

生：蚂蚁跑到手臂的下面就可以遮风挡雨了。

师：巨型的肉肉的蘑菇伞。

师：如果季哲涵是个胆小的孩子，他可能会有什么反应？

生：他会喊"救命啊！"

师：也许还会？

生：又叫又跳。

师：可了不得了！这样一来，先前美美地睡觉的蚂蚁呢？爬山、攀岩、探险、旅行着的蚂蚁呢？都以为发生了什么事？

生：真奇怪，滑梯怎么转了起来，还会怪叫！

师：会尖叫的滑梯，会变身的滑梯！

生：睡觉的蚂蚁被弹了起来，就像坐上了高空弹射器。

师：会发射子弹的软床！

师：如果季哲涵不仅不害怕，还想逗逗蚂蚁，他会怎么做？

生：对着蚂蚁吹口气，挠它痒痒。

生：用手挡住，看它怎么走。

生：我会喊大家一起来看。

师：哦，睡觉的蚂蚁抬头一看：咦，乌云把太阳挡住啦！

生：还是会冒热气的乌云。

师：多么有诗意的想法！我仿佛看到一首首小诗在你们的脑海里跳动着，马上就要蹦出来啦！

二（2）班的阮晓筱也写了一首《蚂蚁爬山》，我们来听听看。

师：喜欢吗？让我们加上动作一起读。

《蚂蚁爬山》

小蚂蚁，

去爬山，

满山杂草都不怕。

爬呀爬，爬呀爬，

"啊嚏！"一声地震啦！

山也抖，草也摇，

吓得蚂蚁快快逃。

师：你们也有很多奇妙的想象，把你们的想象变成一句令人回味的话，一句带给我们惊喜的话。杨老师这儿有几个提示，你可以选择喜欢的一个继续往后想，也可以整首诗都自己来创作。

小组合作，集合四个人的智慧，让我们开始文字的魔法吧！

《友情提醒》

别说我没告诉你，

那儿有张又软又暖的床。

千万别去睡觉啊，

不然，

＿＿＿＿＿＿＿＿。

《奇遇》

跑，

赶快跑！

这里的＿＿＿＿会尖叫！

《怀疑》

也许妈妈说得对，

我该去检查视力了。

我看见＿＿＿＿＿＿。

《小蚂蚁历险记》

小蚂蚁，爬呀爬，

爬上＿＿＿＿＿＿。

只听＿＿＿＿＿，

＿＿＿＿＿＿＿＿＿＿＿＿。

《蚂蚁的游乐场》

谁都不要和我抢，

是我先发现的游乐场。

我要抓住灌木去攀岩，

我要＿＿＿＿＿＿，

我要＿＿＿＿＿＿。

生：小蚂蚁，爬啊爬，

爬到一辆巴士上，

正想四处兜兜风，

忽然巴士一声喊：

"救命啊！救命啊！"

师：你会把长长的句子裁成短句了，有诗的味道。

生：小蚂蚁，去爬山，

爬到一半雷声响，

抬头一看奇怪啦，

没下雨，天很亮。

师：响，亮，韵母里都有 ang，我仿佛听到来自山谷的回响，多好听啊！

生：也许妈妈说得对，

我该去检查视力了。

我看见几朵会冒热气的乌云。

师：你们想过吗？我们的脑袋在蚂蚁眼里是会冒热气的乌云，多么有创意。

生：跑，

赶快跑！

这里的丛林会尖叫！

师：丛林会尖叫，给我们带来了惊喜，谢谢你！

师：与蚂蚁的偶遇变成了有趣的诗，其实只要你愿意细细看、尽情猜，蕊春园里处处是诗。

瞧，长眼睛的树叶，爱思考的毛毛虫，在手指上散步的小蜗牛，跳高比赛时被罚出场的蚱蜢……

### （三）案例反思

在孩子的生活中，游戏就是全部，童诗应该是好玩的文字游戏。设计之初，我就把趣味性放在首位，以"猜"的形式串起各个版块。"猜谜语"是为了激起好奇心，同时感知短句、押韵带来的节奏感和音韵美。"猜表情"是为了让孩子获得代入感，真正走进虫子的内心世界，外化为语言时自觉呈现的拟人手法是童诗常用的表达方式，这里没有提拟人的修辞术语，但孩子会自觉地运用。"猜诗心"延续猜的方式来填补作品中最关键的一句话，让孩子在具体语境下释放自己的奇妙想象，这是一次关键的"试水"。孩子们天马行空的想象并不输大人，其丰富程度甚至超越了诗人的想象，但现象如何用一句凝练的话表达出来是难点。也就是说，孩子们多的是诗想，少的是表达的技巧，而这种表达技巧该怎样教给孩子一直是困扰我的。在今天的课堂上，我尝试用对比总结的方法让孩子知道："诗不直说，不说全，有节奏，让别人去回味。"虽然点明了技法，但我不要求孩子一下子全做到，因为诗是语言表达的最高形式，有时只可意会不可言传。对于二年级的孩子来说，能说出一句富有想象、让别人感到惊喜的话就已经是了不起的事情，更难能可贵的是对诗有着延绵不断的热情。"猜现象"是整课最重要的环节，我选取了蕊春园寻虫活动中的一个小插曲——蚂蚁爬上季哲涵的手臂作为想象的切入点，第一次在自己班级我给了"我看见＿＿＿＿，我猜想＿＿＿＿。"这个句式作为表达的支架。非常糟糕的是，这个呆板的句式毫无诗意，把孩子们灵动的想象之光全部毁灭，我很沮丧。第二次上课时我预设了三个问题帮助孩子打开思路：季哲涵的手臂在蚂蚁眼里是什么？季哲涵可能出现哪些反应？这些反应在蚂蚁眼里又是怎样的？通过视角的不断转化，实现想象井喷的可能。事实上，这节课上孩子们自在穿梭于自己和虫子的世界，产生了很多的奇思妙想。但小组讨论后出现的大多是童话式的表达，用的是平淡的叙述方式，少一句最有味道、最富有诗想的话。后来，我反思了一下，也许，我应该再帮孩子们一把，根据他们的想象，罗列出几种大致的类型，构建几个开放性的绿色支架，让孩子集中注意力，专攻一句让人回味无穷的话，通过这句话释放他们所有的奇思妙想。

我们就像蜜蜂采集花粉一样在蕊春园里采集美丽的诗想，放在蜂房里悄悄珍藏，甜美的滋味终将在时光里慢慢酝酿，如约呈上。

### 三、蕊春之乐手——蟋蟀

#### （一）案例引言

在蕊春园这片生命的林子里，有许多小生命存在，它们用自己的生命唱着四季的歌，让每一个进入其中的蕊春娃真切地感受到了自然的美好。作为歌唱家的蟋蟀，更是让蕊春娃心生爱意。于是，我与孩子们一起在蕊春园中找蟋蟀，观察蟋蟀，听它们演奏。然而，有一天，一个孩子忽然发现原本在蕊春园草丛中蹦跳的蟋蟀竟然跑到底楼的教室里来了，很是不解。在我的提议下，孩子们查起了资料，了解了蟋蟀到屋子里来的原因。原来，蟋蟀是秋虫，自古以来，人们只要看到蟋蟀入室，就知道秋天来了。而最早将蟋蟀作为秋的意象的诗歌就出自《诗经》。为了唤醒孩子的诗心，我便开始了对《诗经·唐风·蟋蟀》的研究。

怎样让小学六年级的孩子读懂《诗经》，是我研究的重点，也是难点。我开始思考，究竟要让孩子在《诗经》中学到些什么，得到些什么？一番思考之后，我觉得只要能够激活孩子的草木之心，唤起他们对大自然的热爱，初步了解《诗经》重章叠句的特点就行。于是，我开发了蕊春园中的"蟋蟀"课程，也有了我与孩子学习《诗经·唐风·蟋蟀》一课的经历。

#### （二）案例描述

那天课伊始，我和孩子们如往日一般对起了诗，这天的主题是"秋"，在一来一往地对诗中，孩子们的诗心就开启了，我喜欢这样开启课堂的方式，诗意而美好。接着，我播放了一首关于蟋蟀的儿歌，并让孩子猜猜儿歌的主人公，一下子激发了孩子们的学习兴趣。他们一个个说出自己的猜想,并给出了足够多的理由,在孩子们的七嘴八舌中,蟋蟀的一些自然特点全都呈现出来了。在此基础上,我带孩子们从余光中笔下的蟋蟀开始,追溯到陆游、杜甫、白居易笔下的蟋蟀,学生们读着读着就开始质疑了:为什么那么多诗人写蟋蟀?为什么不写蟋蟀在草丛里蹦跳,却写它在屋子里?当孩子有了探究的欲望时,我卖了个关子,告诉孩子这和一个字有关,说着就出示了甲骨文"秋",让学生猜,这就又一次激发起孩子学习的兴趣,竟然有一个孩子猜对了,我便问他这么猜的根据。孩子说:"因为我知道蟋蟀秋天就躲进屋子里了,所以我觉得可能是'秋'字。"那一刻我忍不住为孩子的智慧点赞。同时,我告诉孩子郭沫若专门考证过这个字,甲骨文的"秋"字,象形蟋蟀一类的秋虫,谐其鸣声,借作秋季的"秋"字。作为候虫,我国先民早就把蟋蟀理解为秋天的表征。而第一次真正把蟋蟀和秋天勾连起来的是一首诗,这首诗来自先秦,出自我国第一部诗歌总集《诗经》。

在一系列的铺垫之后,我与孩子们自然走进了《诗经·唐风·蟋蟀》。因为孩子们有五年多小古文的学习经验,所以在教学时,我首先让学生借助拼音自己读准字音,并在检查朗读时相机正音,之后齐读,孩子们在自读、听读、齐读的过程中初步感受了诗歌的节奏与音韵。在读正确的基础上,我让学生进行小组合作,借助注释理解诗意,有疑问的组内讨论,不能解决的问题组长汇总,提交全班讨论。学生的合作无疑是成功的,在有效提高教学效率的同时,同伴互学的方式让不同基础的孩子得以抱团成长,他们很快地解决了一些问题。而一些小组里未能解决的问题,也由其他组的同学帮助解决了。在理解诗意之后,让学生带着理解读,这遍读书就比之前有了提升。

学生读完后,我播放了蟋蟀翅膀振动的声音并问孩子:"秋天,当蟋蟀躲到屋里来,从它的演奏中,你听到了什么?"有的学生猜:"是在说抓紧时间,抓紧时间!因为叫声很急促。"显而易见,这是抓住声音的节奏来听的。有的学生猜:"它可能在说好冷啊,好冷啊!"这就不仅仅根据声音的节奏来猜,还结合了自己的生活经验。在孩子们表达完自己的感受后，我问："那么，古人听到这样的声音，看到蟋蟀跳到室内来了，又会有怎样的触动呢？"在这个问题情境下，再让孩子读诗歌的第一章，孩子们就又多了一些思考。他们认为蟋蟀到堂屋里来了，一年又要过去了；蟋蟀到堂屋里来了，要抓紧时间找寻快乐，但不能为了快乐荒废自己。在孩子们充分表达自己的发现后，我提醒孩子关注这章中的两个"乐"，并出示两个不同的义项，让孩子选择。孩子们的选择让我明白，他们已经领会了意思。他们的感受更让我佩服，儿童是天生的诗人，他们天生对于诗歌就有一种敏锐的感知力。儿童是天生的哲学家，他们的感受就是那样富有哲理。在孩子们有了这些感知之后，我又让孩子们读第二章、第三章，当他们发现很多字是重复时，我相机告诉他们，这是诗经独特的语言特点，这种重章叠句的形式可以加强抒情效果。当孩子发现变化的字的意思好像差不多，但却是递进的时候，我大大地表扬了孩子的思考力。至此，应该说，我的教学目标基本达到了。然而，我没有戛然而止，而是补充了韩愈的："以鸟鸣春，以雷鸣夏，以虫鸣秋，以风鸣冬。"从而，让孩子明白大自然总在无声地启示着人们。再引导孩子们说说自己受到的大自然的启迪，让孩子们养成留心观察自然的习惯。在对大自然感恩的情意中又带孩子们用平长仄短的方式吟诵、吟唱了诗歌。最后又回到了余光中、陆游、杜甫、白居易笔下的蟋蟀，再次感受蟋蟀作为秋虫在诗歌中的意象。

### （三）案例反思

一直以来，我们认为小学生是无法理解《诗经》的，更不要说在课堂上带孩子学《诗经》。但我觉得只要找到小学生与《诗经》中部分篇目的联结点，站在小学生的理解水平上来制定与之相匹配的学习目标，《诗经》也是可以从神坛上走下来，走进小学生的课堂的。王荣生教授说："教什么比怎么教更重要。"《诗经·唐风·蟋蟀》的主角——蟋蟀，是小学生非常熟悉并喜爱的昆虫，让学生自主探究其生活习性的同时，激发他们的草木情怀，借助诗经开启诗心，我觉得这是一个很好的教学内容。当然,我的这个教学案例是专门为有古文学习基础的小学生设计的,从某种意义上来说,是专门为生活在蕊春园中,热爱大自然的蕊春娃设计的,因为如果不是蕊春园的陪伴,这群娃娃不会去关注蟋蟀,更不可能这么近距离地观察蟋蟀、研究蟋蟀,从而发现蟋蟀对于古人、对于诗人的意义,也就不能积极主动地投入到《诗经》的学习中。

在案例中,我两次运用"猜"的方式,"猜主人公""猜甲骨文",有效地激活了孩子的学习欲望,调动了他们原有的学习经验,让课堂变得饶有趣味;两次带孩子从余光中开始,欣赏陆游、杜甫、白居易笔下的蟋蟀,在品读诗句的同时感受蟋蟀意象的传承,无声中润泽孩子的诗心,无痕地将蟋蟀千百年的意象植入孩子的心间。因此,在我眼里,这样的课堂是在与大自然对白,是诗意的浅吟低唱,是生命的相互碰撞。在这样的课堂里,我感到孩子们的草木心在萌芽,诗心在萌动,文化在传承。

## 四、蕊春之雪趣——"数雪"时光妙趣课程案例

### (一)案例引言

2018年第一场纷扬的雪,把神州大地装点得格外壮丽。古朴的蕊春园,因飘逸潇洒的雪花,更增添了诗情画意。通州实小数学组在王俊副校长以雪研数的引领下,悄然打开了一扇"数雪"的课程之窗。于是,这突如其来的雪,瞬间幻化成每个蕊春娃娃近在咫尺的数学探究素材,一场校园内外的学习革命悄然上演。

## （二）案例描述

### 雪花实验——探寻小秘密

窗外的雪在认真地下，班级群里像炸开的锅那样热闹非凡。在老师的号召下，早已按捺不住满心好奇的蕊春娃们，纷纷和父母一同带好工具，全副武装来到雪地里。生活中的长方体和正方体随处可见，那咱们就来自己动手做一个吧。你来铲一铲，我来拍一拍；小手捏一捏，小刀切一切。可爱的蕊春娃娃们费尽九牛二虎之力，终于完成了一件件像样的作品。图形王国真是让人感到妙趣横生呀！

在成人看来，雪的融化只不过是一种再常见不过的自然现象，但在一帮四年级孩子们的眼里却充满了新奇。或许是因为学生初识"升与毫升"的容量单位，对体积已经有了初步的认识，在固态的雪变成液态的水的过程中，体积的有趣变化让孩子们研究起来乐此不疲。细致地观察，静心地等待，精确地测算，严谨地记录，一个个俨然成了实验室里的小小科学家。

不仅如此，班级 QQ 群里也展开了激烈的研讨。无论是孩子，还是家长，都因这场意外的雪，被裹挟进了学习的生态场。

### 雪花手绘——画出的精彩

浪漫的雪花，不只是文学的宠儿，也是数学的骄子。一片片雪花落在了苍茫大

地，更落入了孩子们的数学心田。在三年级孩子的画笔下，雪花成了绘本的主角，融入长度、面积、质量等问题中成为研究的主题。

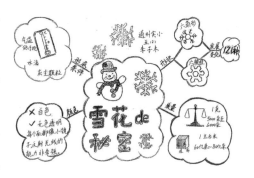

以"雪花"为主题的思维导图，充分激活了孩子们各个方面的潜能。看似简单的制作，却折射出孩子立体全面的思考——雪与光线、雪与几何、雪与质量……颇有全课程的意味。

## 雪花剪纸——领略轴对称

据科学家研究，世界上或许不存在两片完全相同的雪花。但综观其形状，却有着相同的特征，几乎所有的雪花都是轴对称图形。为了让孩子们领略到雪花特有的对称美，老师们也算是动足了脑筋。有借助等边三角形连续三等分的技巧来绘制科赫雪花的，还有用放大的点子图来描绘帕克雪花的，更有家庭全员参与雪花剪纸，这些无不让孩子们领略到雪花图案千姿百态的对称美。

## 雪花日记——记录新发现

俗话说：我手写我心。在缤纷的白雪世界里，孩子用数学的眼光去观察，去发现，去探究。他们用日记记录下一个个精彩的瞬间：有雪中脚步丈量的精准测绘，有取雪称重的比例推算，有自捏学具研究间隔排列的数海徜徉，更有姐妹同行的雪地惊叹……

## 雪花里的数学

在下着小雪的傍晚，我和姐姐去楼下玩雪，姐姐问我："小宝，你知道世界上有多少种雪花吗？"我摇了摇头，姐姐说："那我来告诉你吧！世界上一共有15种雪花，有的像五角星，有的像一朵小花，有的像直尺上的六边形……"我惊讶地喊道："哇！原来有这么多种雪花啊！"姐姐又问："你知道雪花是什么形状的吗？"我立即回答道："我知道！我知道！是六边形的，并且还是轴对称图形。"姐姐听到我的回答很开心，又问道："你知道单个雪花的大小通常在几毫米之间吗？"我顿时有点愣住了。姐姐看到我疑惑的表情，笑道："不知道了吧！我来告诉你吧，一般在0.05~4.6毫米之间哦！"我点了点头，看着落在我手中的小雪花，没想到它还藏着这么多小知识呢。随后我就和姐姐一起去堆雪人、打雪仗了……

——三（5）黄赫文

这场惊艳的蕊春"数雪"课程，得益于视野宏阔的王笑梅校长醍醐灌顶般的指引，还有王俊副校长的高位引领。蕊春数学课程以雪为媒，架构起数学资源开发的骨架，相信更多的数学课程将如凌霄花那般次第绽放，为蕊春课程带来无限的生机。

### （三）案例反思

大雪纷纷扬扬地飘落，对于孩子而言，这是最美的童话。玩雪是孩子们的天性，只有这样的经历才能让学生将生活和知识联系起来。数学知识存在于我们身边的每一个角落，存在于我们生活的每个细节。很多学生觉得学习数学难，学习数学知识不能很快进入状态的原因不是缺少体验，而是缺少老师的引导。在探究一个新的知识之前，老师应该先想想这个知识出现在我们生活的哪些现象中，应该怎样让孩子"回"到生活中。课程体系的设置决定了数学课不可能一直在野外上课，教室里的时间才是主要的。如果孩子缺少与生活世界的连接，那么数学课也是照本宣科。要让孩子能"回"到生活中，就要老师精心设计教学情境，从孩子的角度来思考怎样把知识"溶解"在生活中亲身经历的事情里，在孩子对生活的"再"经历中找出原本蕴含在生活中的数学知识。这次的"数雪"妙趣课程，充分发挥了学生自主探究精神，让学生体验了提出问题、解决问题、验证问题的过程，这样的数学探究活动自然本真，学生学得轻松快乐，毫无雕琢的痕迹。

## 五、蕊春之步道——"数学实景探究"课程案例

### （一）案例主题

数学实景探究是用现有的、在地的场景，设计出一系列的数学体验以及挑战的活动，如测量、计算、估算、几何图形的探索和论证等。罗巴切夫斯基说："不管数学的任何一个分支是多么抽象，总有一天会应用在这实际世界上。"我们学校有着得天独厚的自然和文化资源——蕊春园，一座有着百年历史的园林。园子里亭台楼阁、小桥流水、奇花异草、名木古树等为我们数学实景探究提供了丰硕的研究载体。带着数学的眼光去发现问题、解决问题，借此帮助学生理解数学的价值，为学生学习数学提供真正的、多元的理解和认识，多元建构学生对数学的理解，使学生在问题解决、合作交流等方面得到和谐的发展，为学生打下数学素养的底子。

### （二）案例描述

孩子们在学习了"梯形面积"和"三角形面积"之后，来了一场说走就走的"蕊春园数学（面积）寻宝之旅"。全班分成六个小组，在组长的带领之下确定了三个研究主题。

1. 步道问题的实景化生成

"延月亭地面是个近似的六边形，六边形的面积怎么求？"组长一边指着，一边启发大家思考。大家面面相觑。"可以分成两个三角形和一个长方形。""正六边形可以看成两个完全一样的梯形呀！""我觉得分成两个梯形更简单。""梯形的上下底可以直接量出来，它的高如何准确地量出来呢？""简单，你看这条砖缝不就是梯形的高吗？"孩子们激动地击掌庆贺。现场随即安静下来，孩子们迅速投入紧张的测量和计算。

2. 步道策略的渐进式优化

不远处的晚香阁也是热闹非凡。"晚香阁的连廊是个组合图形！怎样求它四周连廊的面积呢？"生1："数地砖的块数，连廊的面积 = 地砖的块数 × 每块地砖的面积。"大家异口同声："这个方法太麻烦，这里有三种规格的地砖呢。"一阵沉默。"我觉得可以分成四个梯形，边说边示意。"旁边的同学会意地一笑，掌声响起来了。"用外面长方形的面积减去里面长方形的面积就可以了。""我俩的想法和你们不一样，我俩把连廊分成四个长方形，然后分别求出面积，再加起来就可以了。"说着就亮起了自己的示意图。

3. 步道成果的广场式发布

摇篮桥上更是精彩，组长正携组员在桥上慷慨激昂地边演示边讲解。"摇篮桥的桥面面积大约是多少？""桥面是拱形的，不是一个平面，这怎么求？"另一位同学当场拿出一张A4纸，演示给同伴看，并让同学们用手摸一摸，"化曲为直"让问题迎刃而解。"怎么测量桥面的长和宽？""拱形桥面的长度就只要用软尺贴紧桥面从桥的一头，量到另一头就可以了。"……

### （三）案例诠释

1. 步道，用实景推展合作的绿色边界

实景探究，无论是问题呈现，还是问题解决的方式，与坐在教室里都是完全不一样的。原来看似简单的问题，到了生活中就遇到坎儿，数据的测量、单位的选择、同伴的协作、方法的优化、语言的表达等等，孩子们必须在团队的合作之下一件一件地完成。在问题面前，小组合作无须组织，一切都来得那么自然，可谓顺其自然。孩子们你问我答，测量、演示、质疑、释疑，娴熟地使用计算器，原来的担忧成了惊喜，原来的问题迎刃而解。

2. 步道，用实景激发学生的绿色学力

蕊春数学实景探究课程的开发，为所有的学生提供了一个体验数学、研究数学的活动场，其活动不仅仅是孩子对所学知识的一种简单拓展和补充，更重要的是学生的已有经验在外界的刺激下引起内在变化的过程。这个过程是可持续的，是为学生的未来服务的，是学生终身发展所需要的。数学实景探究让学生在活动探究的过程中动口、动手、动脑完成学习自主建构，使学生的经验和知识得以丰富、拓展、加深，能力得以形成，让数学学习成为再发生、再创造的过程。

3. 步道，用实景涵养个人的绿色知识

蕊春数学实景探究让学生共同探索新知，让学生参与课程开发的过程，学生的个人知识、直接经验、生活世界都成了重要的课程资源，尊重"儿童文化"，发掘"童心""童趣"的课程价值。实景探究尊重学生个人感受和独特见解，探究的过程就是学生发现问题、提出问题、分析问题、解决问题的过程，真正使学习成了一个富有个性化的过程。

## 六、蕊春之寻宝

### （一）案例引言

"认识方向"是二年级数学学习的重要内容。"方向"本就是一个十分抽象的概念，它看不见摸不着，人们只能通过对各种现象的观察与推理获知方向，教这一内容时，常常要让老师花费很大力气，孩子们却总是似懂非懂。那么如何巧妙地设计问题情境，使学生产生认知需求？如何激发他们通过多种途径，形成认知技能？如何打开学生的认知视野，让他们实现真正的应用？我想只要抓住这几个关键问题，学生就能真正掌握好"认识方向"。

我们学校有一座美丽的园子——蕊春园。蕊春园是一座古典园林，其中亭台楼阁、花草树木样样俱全。蕊春园里有极其丰富的教学资源，对于孩子们来说是再合适不过的现实场景。于是，我便想到了"蕊春寻宝"这样一个十分新颖有趣的实践活动。

通过几次实地考察，我先在蕊春园里选取了12个藏匿宝藏的地点，将写有关于"指南针发展史"的课外拓展知识的"数学宝藏"装在信封中，有的藏在"鞠寿堂南边，从东往西数第三扇窗户上"，有的藏在"蕊春园南门西边一块门联后"，还有的藏在"蕊春园最东边长廊里从北往南数第一个书法作品后"，还利用前不久正月十五学校举办的灯展所悬挂的灯笼，藏在"晚香阁北边，从西往东数第四个灯笼里"，等等。

### （二）案例描述

一开始，教学是在教室里进行的，我先抛出了"蕊春寻宝"其中一份"寻宝秘籍"。

师：今天咱们和你周围的同学组成探险队来玩一个寻找宝藏的游戏，你们想玩吗？

孩子们大声回答：想！

师：课前老师获得了寻宝秘籍，让咱们来看看。

师出示寻宝秘籍：此宝藏在晚香阁的东面，从南往北数的第二个灯笼里。

师提问：这份寻宝秘籍你看懂了吗？有没有疑问？

孩子们问：东面在哪里呀？

师：是啊，秘籍中提到的东南北是什么意思呀？

有位孩子立刻举手说：我知道，这是表示方向的。

师顺水推舟：哦，原来是表示方向的词，要想找到宝藏就得先认识方向。

经过一番共同探讨，学生基本能在教室里认识东南西北四个方向，并初步具备了根据一个已知方向去判断其他方向的能力。

有了相关的知识技能储备，接下来最激动人心的时刻到了，大家一起组队去蕊春园寻找宝藏。

活动前，全班分为12个小组，每组一份寻宝线路图。确定好学校大门的方向后，在组长的带领下，孩子们先对线路图进行了解读和研究，之后便踏上了寻宝之路。

进入蕊春园后，小组内开始出现分歧。

生1：假山的东边到底是哪个方向？生2：在这边。生3：不对，应该是在这边。生4：树林里的那条路是朝北走的吗？生5：晚香阁朝南，对了，北在这边，东在这边，西在那边，1、2、3、4，宝物藏在这个灯笼里，啊，找到了，找到了！

孩子们欢呼的声音此起彼伏，从来没有看到他们在一节数学课上这样开心过。

### （三）案例反思

课伊始，我先抛出了"蕊春寻宝"其中一份"寻宝秘籍"，自然，对于秘籍中提到的东南西北这些词语，孩子们感到不解，于是他们迫切提出了问题："以前我们只知道前后左右，那么秘籍中所说的东南西北到底指什么？"

孩子们有了这样迫切的认知需求，接下来的教学就顺理成章了。孩子们上课时可专心、可积极了。很快就具备了根据一个已知方向去判断其他方向的能力。

有了相关的知识技能储备，接下来最激动人心的时刻到了，大家一起组队去蕊春园寻找宝藏。

在组长的带领下，孩子们首先对线路图进行了解读和研究。在对线路的解读和研究过程中，对蕊春园的印象与脑中刚认识的方向影影重叠，引发了强烈的思维冲撞。此刻孩子们发现，真实的寻宝并不是件容易的事情呢，这样充满挑战的活动使孩子们寻求宝藏的心情更为急切。

进入蕊春园后,小组内开始出现分歧。一走出教室,孩子们刚刚建立的方向模型开始变得模糊与错乱,他们急需建立新的方向模型以适应新的环境。

蕊春园外部造型方方正正,对称的古式建筑南北分明,为孩子们认识方向提供了可以依循的基本框架。蕊春园内部长廊曲折、小路蜿蜒,池塘假山等造型独特,又对孩子辨认方向造成了干扰。

啊?假山的东边到底是哪个方向?树林里的那条路是朝北走的吗?……如此富有挑战性的问题逼迫着学生去想尽各种办法,孩子在分析判断中不断提高自身对方向的认知能力。

"蕊春寻宝",这么一次小小的数学实践活动,在孩子们的兴奋欢呼与奔跑中体现了其对发展孩子观察能力、分析能力、团队协作能力的综合提升作用。

## 七、蕊春之楹联——以"蕊春文化"楹联课程建构为例

楹联是"诗中之诗",言简意赅,雅俗共赏,极具审美情趣。近年来,将楹联作为课程资源来开发的尝试者不在少数,"楹联课""对课"也渐入寻常课堂中。而"蕊春文化"楹联课程的构建开发,不同于一般对课的地方,在于以审美作为课程的重要旨趣,在遴选内容、优化实施、评价反馈的过程中,遵循"美是教育的本质"原则,让儿童与美幸福地相遇,让美在课程中恣意地徜徉。

### (一)创生资源,绘就课程的生态之美

遴选适宜的教学内容是课程建设的基础。对联这一文学形式,博大精深,历史悠久,具有广泛的生活实用性和较高的文学价值,与我们的生活有着非常密切的联系。历朝历代,名联辈出,神州大地,佳对皆是。怎样遴选考验的是教师的课程眼光,脱离时空地欣赏美,纸上谈兵地创造美,美育效果会大打折扣。因此,在选择课程内容时,我力求做到两点创新。

一是内容独创。"弱水三千，只取一瓢。"为课程所用的楹联来源有：1. 从校史中来，清末状元张謇与我校创始人孙儆颇有渊源，将其所作对联"静观鱼读月，笑对鸟谈天"纳入课程之中；2. 从校友中来，发掘本地文化名人资源，邀请热心校友亲临蕊春园林，观实景，作佳对，纳入课程之中；3. 从师生中来，开展了全校楹联征集创作大赛，师生们徜徉园林之中，才思如泉，佳作频出，真人真作，实景实联，情景交融，佳句天成，辑录优者集成册子，形成蕊春楹联资源库。

二是立体综合。楹联不但是语言艺术，而且熔历史、书法、雕刻、建筑于一炉，是一门综合艺术，具有多种艺术的审美特征。因此，在重修蕊春园时，学校统筹规划，突破陈规，灵活重构，树立大美育观，提出"园林即课程"的建设观。在楹联创制上做了细致而周全的考虑。园中楹联书写采用楷、行、草、隶、篆五体，是学书法的好教材，园中楹联分别悬挂于门、亭、台、楼、阁上，远观近看皆可，乃风景建筑美的好范式。漫游蕊春园中，处处都可以欣赏到楹联这种综合艺术的结晶，处处能感受到楹联美的存在。它有校园传统作为积淀，更有师生创新作为继承，彰显出课程的"生态"之美。

**【课程现场】**（在老师的带领下，学生们在蕊春园中进行游学，行至蕊春园大门，立有两根紫红色楹柱，挂有两块匾额，上书：赏蕊观园知物理，寻春踏院悟天真。隽永的书体，令人赏心悦目。）

师：同学们，蕊春园正门的这副对联读来朗朗上口，细细品味，这副对联挂在此处，又有很多的妙处，你发现了吗？

生：我发现上联中有"蕊""园"，下联中有"春"，合起来就是蕊春园。

师：这个秘密让你给发现了！真了不起，这叫"嵌字联"。写对联的人独具匠心，想知道他是谁吗？

生：想。

师：作者是我们通州本地的作家黎化，他想了三天，才得此对联。（师范读）读着读着，就能读出他对我们的期望，感受到了吗？

生：我从"赏蕊观园知物理"，知道了作家爷爷希望我们小朋友在园子里能够观察风景，知道很多知识。

生：从"寻春踏院悟天真"，还能感受到作家爷爷希望我们能够积极发现，做一个有感悟的孩子，做个天真快乐的小孩子。

师：好的对联就是这样饱含真情啊，让我们一起来饱含真情地读一读吧！

古代楹联的审美最基本也是最重要的标准是"工切"。"工"是楹联形式上的要求，即对仗工整；"切"是楹联内容上的要求，即楹联内容与题目或者题咏对象切合。课程实施中，教者引领学生由发现楹联其"工"，到感受楹联其"切"，学生认知和情感的水平同步提升，审美的特质在课程中彰显。因此，蕊春楹联文化课程的资源是立体的、鲜活的，彰显出生态之美，它的文本镌刻于高高的楹柱之上，它的注释融化于园林的气韵之中，它的解读更加多元，它的链接更加广阔。

### （二）优化实施，彰显课程的情境之美

"蕊春文化"楹联课程的构建，使整个蕊春园成为一本课程意义上的"打开的书"。因此，楹联文化课程的实施已经不是传统意义上的"读、品、吟、诵、对、制"了。教师带领孩子在园林中观景赏联，孩子在打开的"园林书"中，审美的情感被唤醒，阅读的智慧得以生成，创新的情愫得以激发。他们的眼、耳、口、鼻、心全息感受着课程的教材——楹联以及楹联所附着的整个园林环境。他们的课程学习流程不再是"阅读文本—欣赏文本—仿制文本"，而是"感受情境—发现融合—愉悦创造"。因此，在这样一个全息化的学习情境中，审美活动的比重增加，课程的实施更加自然高效。

【课程现场】（老师带学生游园至葫芦池上的摇篮桥，此桥居蕊春园中心位置，园中景致尽可纵览。葫芦池碧水悠悠，桃李园花开灼灼，晚香阁前一副楹联格外显眼：傍桃倚李三春暖，赏桂品茗一水香）

师：这副楹联居于园子正中，据说作者就是站在此处，看到眼前景色，有感而

发,写成此联的。咱们也来好好欣赏欣赏周围的景致,再读读这副对联,你有什么发现?

(学生们边反复诵读楹联,边眼观360°园林全景)

生:老师,我有发现!原来我以为"一水"是指品茗的"茶水",现在,我还发现"一水"还可以理解成眼前的这片葫芦池。

师:那"一水香"呢?

生:桃李园中的桃花被风一吹,落入池中,池水应该是很香的!

生:老师,我还觉得这个香还应该是校园的书香,因为老师经常带我们来蕊春园中读书。

师:作者创作这首对联时,一定没有想到,我们小朋友能够从他的对联中品味出这么多的香味来!香味是美好的,让我们读出此联的美好来。

(生读略)

师:这副楹联里还藏着另一份美好的祝愿呢!你能读出来吗?

生:对联中有"桃""李"二字,我想到"桃李满天下"这句祝福语,所以,我觉得这副对联还能读出对老师的祝福!

师:短短的楹联,却蕴含着真诚的情,丰富的景。这情、这景交融在一起,美妙无穷。就让我们伴着晚香阁中那悠扬的琵琶声(园中有背景音乐),再来吟诵此联。

传统楹联审美主要指向楹联的声律美、语言美,而鲜有创新美、情境美。而"蕊春文化"楹联课程则以全息化的实景课程,为学生的"审美化学习"提供了完美情境。学生可以在读到楹联后到园中寻找对应的景,体悟情景交融的美感;也可以扫描二维码看书法家创作对联时录制的视频资料;还可以在校史馆中看到更多的蕊春楹联作品。课程以开放式的姿态悦纳着孩子们，与自然的相通，与生命的呼应，蕊春楹联课程成就了孩子心灵和智慧的丰美。

### （三）灵活评价，洋溢课程的和谐之美

课程评价是课程完整生态闭环的重要环节。蕊春楹联课程的检测和评价也是和创造美的过程融合在一起的。按难易程度，主要形式有：看着眼前的美景，师生互出上下联，感受"对对子"的趣味和雅致；小组合作拟联赛联，感受创新对联的魅力和快乐；独自拟联作对并相互修改，体会同伴合作，相互品评的乐趣；将自己"探联"的过程用作文的形式呈现，我手写我心，记录发现美和创造美的心路历程。学生还可以把创作的对联整理成一部楹联集，有机会收藏在蕊春校史馆里，成为蕊春园的一部分永远流传下去……

【作品呈现】（学生蔡婧杨的作文《蕊春探联》节选）

站在摇篮桥上，向下俯瞰，葫芦池清澈见底，依稀可见河底圆润的鹅卵石，充满诗情画意。看到这样的美景，我的脑海里突然迸发出这样一副对联：远听白泉潺潺，近看碧波悠悠。回到教室，我便开始像唐代诗人贾岛一样斟酌起对联中的文字来。我觉得"近看碧波悠悠"中"看"字用得不够妥帖，或许改用"观"字更恰当些，因为"观"比"看"更带有观赏的意思，而"看"太笼统，读者体会不出是怎样的感情。所以，用"观"字更好些！改完之后我又念了一遍，对仗工整，音韵和谐，真是"佳句本天成，妙手偶得之"啊！

趣赏蕊春楹联，妙制园林佳对。"蕊春文化"楹联课程的构建，不仅着眼于历史和传承，更面向现实和创新；不仅关注内容和形式，更指向过程和情感。而课程之中，美作为实施的主要资源和介质，成为课程的灵魂。

成长于蕊春园的孩子们是幸福的、快乐的，也是和谐的、美丽的。在课程化的园林中，楹联之美彰显出生命的特质，而课程实施中生命之美绽放得更加绚烂。

## 八、蕊春之圈层

### (一)案例引言

从古至今,智者对草木的温暖情愫感染着我们。人与草木相依,对草木自然而然产生本真而浓重的依偎感、亲切感。著名的思想家、教育家孔子强调,要"多识鸟兽草木之名"。可现在的孩子能叫出多少草木的名字?天还是那么蓝,可是找春天的孩子去了哪里?他们或许能叫出各路明星的名字,但是却不会留意春天冒出的第一片嫩芽,秋天掉落的最后一片银杏叶。他们能感知花的美、花的香,却无法看出草木的不同,甚至对草木的名称也不知晓。

孩子的心缺失了方向和指引,即使春光再明媚,内心却抽不出一片嫩叶来。草木是一种文化,这样的文化是需要孩子去传承的!唤醒孩子的草木之心,让他们仍然像孩子一样,与草木产生情感,懂得呵护草木,这是我们迫切需要做到的。唤醒儿童的草木之心迫在眉睫!

### (二)案例描述

我带着孩子们来到学校的蕊春园,整体认识植物,和植物交朋友。他们相互介绍着自己的新朋友,有人喜欢高大的龙爪槐,有人欣赏灿烂的连翘花,有人偏爱盛开的桃花,有人钟情于内敛的蔷薇。可是,你的的确确看到了,有孩子怜惜地抚摸着草尖,有孩子蹲在假山旁的小草边"发呆",有孩子和粗糙的老榆树面对面。

融入自然的孩子是天生的缪斯。这几天里,我带着孩子们天天到园子里,看到很多暖心的画面。他捡起落叶轻轻盖在小草的身上,唯恐秋风吹凉了草儿;他蹲在墙角的小蘑菇旁,从口袋里掏出几颗小石子儿,围成一个堡垒,护

着小蘑菇；她俯下身子，看着蝴蝶、蜜蜂绕着菊花翩翩起舞，便情不自禁哼起《蝶恋花》；他总爱静坐在台阶上，用画笔将枝头的每一片叶子描画清晰。

风起，蕊春园里一大片自由的野花，每一朵都迎风而舞，每一株小草都诉说着自己的情怀。相信，是一种力量。孩子们相信每一天的诉说，相信每一天的守护。孩子们纷纷查阅资料，这棵树的别称是什么？那种花喜阳还是喜阴？这株草多久能浇一次水？这种果子有什么奇特的用处？那种植物靠什么传播种子？这种花的花语是什么？一个个小问题的提出和思考，一次次仔细地查阅和整理，一张张卡片的制作与美化，让每一株植物都拥有了自己的名片。为了让更多的人了解植物朋友，孩子们又在大家的帮助下，设计了植物朋友的二维码。他们还用充满童趣的语言设计了保护标语。"小草也怕疼，请您绕一绕。""你的微笑，你的赞美，会让我的花开得更美！"

### （三）案例反思

《卷耳》有云："采采卷耳，不盈顷筐。"

《蒹葭》有云："蒹葭苍苍，白露为霜。"

《桃夭》有云："桃之夭夭，灼灼其华。"

……

《诗经》作为中国古代诗歌的开端，细细读来，其中涉及草木内容的篇目，至少在半数以上。

战国诗人屈原在《离骚》中，常以香草美人代表美好的政治制度和高尚的人品。在诗人眼里，各种香草显得那么可爱。

诗人陶渊明在家门前亲手种了五株柳树，自称"五柳先生"。

著名诗人白居易有草木情怀，"小松未盈尺，心爱手自移""栽松满后院，种柳荫前墀"。

现代作家、媒体人王开岭的散文则阐明了安顿疲累身心的好方法：多闻草木，少识人。

胸有山川沟壑，情怀千古人文，心系草木苍生，这是一种大境界。

1. 从生活入手，认领自己的植物朋友

"池塘边的榕树上，知了在声声叫着夏天；操场边的秋千上，只有蝴蝶停在上面……阳光下蜻蜓飞过来，一片片绿油油的稻田；水彩蜡笔和万花筒，画不出天边那一条彩虹……"伴随着《童年》悠扬的旋律，那种轻松、快乐、无忧无虑的童年生活，自然而然浮现在人们眼前。

我们之所以如此怀念童年，我想，那是因为在那里有鸟儿的啼鸣，有湛蓝的天空和洁白的云朵，那是因为我们在大自然这本书里，感受到了生命的律动、自然的节奏。

"儿童是自然之子，他们有着比成人更贴近自然的本性。"在我们的校园内，就有大自然的一角——蕊春园。这是大自然给予我们的得天独厚的自然环境。春暖花开，蕊春园处处生机盎然。黄的连翘花，白的蔷薇花，桃花粉着脸，玉兰缀满枝。小草蓬勃地生长，小蘑菇拔节似的蹿出来。

给植物加上了"朋友"这样的称号，分外具有人情味。童心就散在园子里，闪着光，发着亮。

卢梭倡导的教育是顺从大自然的法则，发展人的天性。那就让孩子们按照自己的喜好，听从自己内心的召唤，选定植物，与它建立长期的联系吧！

2. 用心相处，和植物朋友建立长期的联系

因为有了长期的关注，孩子们发现了植物独特的生命力。他们看树叶的萌芽、成长、凋零，看每个季节，每个星期，甚至每一天，我们的植物朋友都发生了哪些变化。孩子感受着完整的生命历程，也产生了关于植物朋友的奇思妙想。

"儿童对自然的热爱与亲近是朴素的、原始的，是儿童的生命存在最本真的状态，是儿童的精神归复于自然、同步于世界的活生生的体现。"孩子们总是喜欢用自己独特的方式表达对植物朋友的喜欢。

清晨，蕊春园的小道上，洒满孩子读书的影子。左边一片金黄的连翘花，正在盛开；右边一片青青的小草芽，努力拔节。孩子们轻轻地挨着它们，琅琅书声萦绕在整个园子里。

孩子们相信每一天的诉说，相信每一天的看望。我相信他们与植物朋友对话的每一种姿态都是生命与世界对话的姿态，他们融入草木，热爱草木，幸有所悟，草木之心得到唤醒。

3. 我为植物朋友做些什么

是谁让一草一木都含情？是谁让一花一叶能说话？是拥有草木之心的儿童。我们在潜移默化中唤醒儿童的草木之心，让儿童心存诗意，胸怀感动，这样他们就会发现每一个季节都会绽放独有的美丽，每一株草木都尽显生命的极致。擦亮心灵之眼，春天是蝶恋花，夏天是雨霖铃，秋天是声声慢，冬天是一剪梅，草木之心让我们的生活如诗如画，使我们的精神家园草木葳蕤。

4. 心心相印，草木会感恩

孩子们关注植物的适应性，认识不同的植物通过哪些方式适应气候和环境。在前期和植物交朋友的过程中，孩子们用各种方式记录着植物的生长变化。他们关心园中所有的一草一木，但更关心的是进入老年的紫薇如何度过寒冬？面对那渐渐被掏空的树干，孩子们为它做了填灌石膏的手术，并以麻绳为绷带，包扎得严严实实。

冬去春来，原已老态龙钟的紫薇树竟然开出了嫣红的花朵。虽然这是自然的规律，但拥有草木之心的孩子们总是觉得，这是紫薇树感受到了孩子们浓浓的心意，将这份呵护化作春日的嫣红，回赠给孩子们的惊喜。约瑟夫·克奈尔在《与孩子共享自然》中写道："只要我们努力去帮助和关心其他生命，这些美好的情感就会在我们的生命里自由地飞扬。"爱是相互传递的，草木之心让人的善良天性得以充分发挥。

5. 与草木共处，与自然共处

拥有草木之心，再去蕊春园走一走，孩子们发现，草木是最安静、最富美德的生物。没有一株偷懒的草木。能开花的去开，毫不掩饰，毫不扭捏，大大方方。能长叶的去长，撑起如盖的绿荫遮挡烈日。有的年年凋落旧叶，而以此渴望来年的新生，没有停滞，没有老化，在天地空间里长成材了。即使是渺小的不起眼的一株小草，也不卑不亢，和假山相依相伴，活出了生命的大自在。即使是早已没有了生命迹象的老榆树，依然能与孩子们共存于蕊  春园，枯与荣、美与丑顺应着天地造化，了然于儿童心中。"认识生命……学会对他人生命的尊重、关怀和欣赏，树立积极的人生观。"这不正是公民人格德育的目标吗？

蕊春园是有形的，蕊春园又是无形的。带着草木之心从蕊春园走出去，到大千世界中去。心灵之眼一旦打开，草木之心一旦醒来，孩子们就能像树一样，即使被不定的风带到了背阴的地方，也不会锁紧心扉，依然有着阳光般的心态。在安静的草木面前，何不让我们生出一颗草木之心呢？以草木之心对待世界，以草木之心对待人生，一切才会幸福！

## 九、蕊春之豆趣——"飞舞的豆豆"儿童诗教学漫谈

儿童真实地生活在梦想之中。神话般的憧憬，都是一种生命的冒险。儿童的历险，是一种理想的膨胀，一种野性的冲动。儿童的历险，因为梦想、理想的注入而显得异常美丽与可爱。

的确，儿童都应该是有野心与野性的。丑小鸭都应该渴望成为天鹅，猫都应该

渴望成为老虎,小牛都应该渴望成为飞鸟……

**(一)疯狂的蚕豆——膨胀理想,鼓起冒险的"冲动"**

　　当儿童遇到豆子的时候,飞翔的梦想就会变得强烈起来。尽管,飞翔隐藏着各种不可预测的风险。但是,没有谁愿意一辈子就蹲在地上,谁不想像鸟儿那样在蓝天里自由地飞翔呢?在儿童的世界里,万物有灵,他们都有从周遭事物中看到自己的本领。于是,通过暗示可以让儿童与田野中的蚕豆合为一体,变成一条饱满的绿蚕豆。然后让这些"蚕豆"环顾四周,展开想象的翼翅,说说都看到了哪些奇美的地域风光。孩子们有的看到了一碧千里的苇海,有的看到了一碧如洗的天空,有的看到了波涛汹涌的长江……这些"壮观"的景物,总能唤起儿童冒险的冲动。现在只需要用漂亮的问题来激发他们的童话思维了:如果你是一条蚕豆,你想如何冲上蓝天冒险?如何到江海上历险呢?飞进了芦苇荡,你会怎么疯玩呢?这样的诱导,显然是一组强烈的刺激,能激发儿童的艺术潜能。你看,"顽童"们开始了"疯狂"的历险:"绿蚕豆"要到苇海里荡秋千,借着芦苇柔韧的弹力来个"鲤鱼打挺"弹上月球;要变成一只特别的"翠鸟"飞上蓝天,追飞机玩;要变成一只"绿舟"在江海上劈波斩浪,钻进鲸鱼的鼻子里成为"喷泉"里的"翡翠"……当然,孩子们最喜欢的冒险,还是做飞翔的蚕豆鸟,因为这可以享受变魔术的乐趣,让翠绿的蚕豆鸟从自己的掌心"孵化"而出,在振翅飞翔中体验蓝天冒险的快感。以绿蚕豆为玩具的冒险旅程竟然可以生长出盎然的童趣与诗意。在孩子们写的蚕豆冒险诗中有四首特别出色。一首是《飞翔的蚕豆鸟》,一首是《蚕豆的童话》,第三首为《蚕豆的眼睛和耳朵》,第四首为《吓人的手指脸谱》。有意思的是,第一首写的是蚕豆鸟鼓励自己不停地飞翔,因为它有一种坠落的恐惧情结,其理由竟然是自己不会滑翔。它越是一本正经地把自己当成真的飞机,就越让人忍不住发笑。

### 飞翔的蚕豆鸟

蚕豆

不会飞起

鸟儿

不长在田里

蚕豆剥去了籽儿

就成为垃圾

麦子收割了

麦秆就被铡细

麦秆折成 V 字

从蚕豆壳的腰间

伸出

蚕豆壳就有了翅膀

翅膀抖动　蚕豆就

飞成了鸟

蚕豆鸟

继续飞呀

别停下

不然就太危险了

因为我是蚕豆

我不会滑翔

第二首诗写的蚕豆鸟与第一只蚕豆鸟所遇到的情形恰好相反。它总是飞不起来，在众人的点拨和帮助下，它终于自我减肥，轻松起飞。圆满的结局，给人以如愿以偿的抚慰，更给人一种发现的惊喜和柔软的启迪。

### 蚕豆的童话

蚕豆田里闪动着

黑紫色的熊猫眼

小鸟掠过天空

一条蚕豆荚也想飞翔


使劲扇动着

鱼一般的绿鳍

可是飞不起来

蚕豆荚在挣扎中叹息

只怪自己太胖太沉


小鸟轻盈地飞回来

你要是减减肥

就能和我们一样飞了

蚕豆荚连忙张开嘴

让豆宝宝鱼贯而出

就像优秀的轮滑队


我也来助你一臂之力

金色的麦秆

乐呵呵地做

蚕豆荚的翅膀

啊，飞起来了

飞起来了

原来

心里轻一点

都可以成为快乐的一只鸟

有一对翅膀

都可以在蓝天散步

第三首诗写的是蚕豆睁大眼睛、竖起耳朵的那种高度警觉的模样。它敏锐地感觉到会有什么危险的事情要发生，于是就宝剑高举，如临大敌。其实呢，只是风吹过庄稼地。虚惊一场而已！

## 蚕豆的眼睛和耳朵

四月

蚕豆睁大了眼睛

黑黑的眼珠

比熊猫的眼圈还大

哦，明白了

麦浪涌起

而你又不会游泳

四月

蚕豆竖起了耳朵

就像长颈鹿那样警觉

哦，明白了

危险的故事就要发生

油菜举起宝剑要冲锋

第四首诗写的是蚕豆的软壳有一百张面孔，可能是美丽喜人的，也可能来一个180°的大转弯，变出"鳄鱼眼镜蛇"，变出"妖魔鬼怪"，吓得你大惊失色。儿童喜欢吓人，喜欢搞点恶作剧。对于飘然而至的"恐怖"，他们是既怕又爱。享受这份特别的怕，享受故弄玄虚的复杂体验，正是儿童特有的生活乐趣。因此，我们在指导儿童写蚕豆儿童诗的时候，可以让他们突然来一个"恐怖的转身"。诗歌中的转身，往往可以涨涌儿童的诗趣。

## 吓人的手指脸谱

每一个指头

都有一个美丽的面孔

有海绵宝宝方方正正的脸庞

有功夫熊猫憨态可掬的面孔

有那米老鼠开怀大笑的表情


随着手指的

前后进退，相互配合

左右呼应，频频点头

所有的面孔都活了

所有的面孔都在变

快乐的表情

　　　　都随着手在舞动

　　　　夜很深，很静

　　　　你变出鳄鱼眼镜蛇

　　　　变出妖魔鬼怪

　　　　哈哈

　　　　你听

　　　　惨叫比狼还要狼

　　　　我在笑

## （二）肥胖的紫括号——假装糊涂，制造逼真的"惊恐"

　　儿童的历险，和大人不太一样。儿童在很多时候真实地生活在梦想的世界里。以假当真，是他们的习惯，更是他们的天赋。因此，蚕豆与儿童诗携手的历险记，就可以沿着"假戏真做"的路径往下走——让他们在梦想中历险，在虚拟中历险。一般情况下，大自然是安静的，是儿童嬉游的安全港湾。也正因为大自然的慈爱，儿童才可以享受余裕的童年生活。然而平静却不能平淡，儿童喜欢从生活中发现"刺激"。儿童所喜好的刺激，是比较安全的，也是充满生活情趣的。儿童比成人更渴望从生活中、从自然里寻获惊喜的发现。顺应儿童的心灵召唤，走在豆豆儿童诗的快乐旅途上，我们要努力增强儿童想象的弹性，由虚拟走向现实，以置换拉动改变。通过"假装糊涂""信以为真"，让儿童的目光和生活保持适度的偏离，让现实和感受之间拥有足够的张力，就为儿童的"安全历险"提供了广阔的空间和无限的可能性。当我领着儿童手握扁豆去历险的时候，我要让他们"看不见"扁豆，"不认识"扁豆，或者说尽力忘记扁豆，让扁豆变成"非扁豆"。如此，扁豆忽然有了神力，变幻成儿童手中奇异的历险玩具；儿童就有可能借助扁豆去历险，从安全中玩出惊险。冒险，是儿童生命成长历程中的一种内在需要。真正的儿童总是渴望心灵的再一次出发与探险。探险的过程尽管野蛮、荒唐、空幻、神秘,但满足了儿童的成长需要。童年也因此而充满一种将伴随一生的诗意和情趣。

## 肥胖的紫括号

握一对燃烧的牛角

斗一斗

会流血

会像斗牛士那样受伤吗


捧一弯红色的新月

夹在辫子上

会像琴弦一样

在风中奏响吗


摘一只肥胖的括号

嵌在

我列的数学算式间

老师会打大大的"×"吗


你的碗里

怎么有肥胖的括号

怎么装得下红色的新月

你怎么还敢吃燃烧的牛角

别担心

你也来尝一下

很好吃

那是好吃的扁豆

**（三）跳豆的舞会——忍受误会，弹跳激情的"煎熬"**

世界充满了生命的奇趣。在每一个习以为常的地方，都可能藏着一百个秘密。秘密都是内在的。儿童最容易被外表所吸引，而忽略背后的真正秘密。而这种忽略，无疑就会制造各种各样的误会。儿童的误会在很多情况下会释放出嬉乐的气味，或者也可以说儿童的误会就是悲与喜、险与夷、缓与急、苦与乐，这些无数组对立两极的错位。正是儿童心理与世界真相的偶然性绝缘，就涨涌起某种无奈的危险——哭笑不得的悲喜剧。就拿来自异国的跳豆来说吧，从外表来看，它有一种神奇的本领，会跳动，甚至会跳舞。植物能够像动物那样运动，还有比这更神奇的植物吗？所以儿童的直觉就是"跳豆是世界上最有艺术细胞的豆豆"，是最善于嬉乐的豆豆。他们误以为跳豆热衷于开舞会，是豆豆王国中的乐天派。可是，他们不知道的是，跳豆纯粹是"苦中作乐"。儿童不知真相，自然不会想到去解救处在水深火热之中的跳豆。快乐的误会与中暑的恐惧就形成了巨大的张力。而这种张力正是孵化儿童诗想所需要的。因此，我们教师要智慧地有分寸地利用好这种"无害"的误会，而不要急于终止儿童的自然式误会。在儿童关于跳豆的有趣误会飘上制高点之后，揭开谜底，在出人意料的反转中收获惊喜的发现。儿童诗需要误会，需要儿童的误会。下面的这首《跳豆》的诗想就是误会孵化出来的。

**跳豆**

我是跳豆

孩子们喜欢的玩具

他们都说我会跳舞

在平坦的桌子上像蜗牛一般蠕动

在温暖的手心里卖力地跳高

大家都说

烈日炙烤下的大地

是我疯狂的舞台

大家都说

我是着了魔的弹簧豆

跳得比蹦床运动员还出色

啊，朋友，你误会了

我们跳豆不会跳舞

那个懒惰、不负责任的飞蛾

把宝宝藏在我的肚子里

它们都快被骄阳蒸熟了

能不跳吗

那帮贪吃鬼吃光了我们的籽实

小胖子本来就特别怕热

在密封的罐头里

不知哪一刻就被烤焦

只能跳火热的桑巴舞了

## 十、蕊春之影趣

### （一）教学目标

1. 观察蕊春园里的影子，注意到影子在不同地点、不同时段的变化，并联系周围的景物展开想象，鼓励跟别人想得不一样。
2. 从填一句到自己创作，循序渐进地学会完整表达自己捕捉到的诗想。
3. 尝试用"躲猫猫""点金术"使表达更凝练、跳跃。

### （二）教学重点

围绕影子展开陌生化的想象，鼓励想得不寻常。

### （三）教学难点

引导孩子发现影子的特点，从不同方面发散思维，尝试用比较简练的语言表达自己的想象。

### （四）教学过程

课前谈话：

今天咱们换了一个地方上课，感觉新奇吧？我也觉得挺新奇，说话得拿着个话筒，挺神气的。你们听听，话筒里杨老师的声音和平时一样吗？我觉得自己的声音像鸟儿展开翅膀，自在地飞着，还能在会场里绕圈圈呢，你们想不想试试？来，说个谜语给大伙儿猜猜，听听自己的声音小鸟飞得高不高。

从话筒里传出来的声音好听极了，待会儿上课多争取几次拿话筒的机会。

第一版块：观察一组影子，让想象起飞

1. 猜谜语，了解影子的特点

你有我有他也有，

黑身黑腿黑黑头，

灯前月下跟你走，

就是从来不开口。

在这则谜语里，影子是怎样的？

影子是黑色的，不会说话，但是影子的世界里藏着很多秘密等我们去发现。今天我们继续走进蕊春园，走近园子里的影子，寻找美丽的诗想。（板书：影子）

前两次去蕊春园找诗，我都输了。今天我可要重整旗鼓，再与你们一比高下，敢不敢接受挑战？

2. 欣赏蕊春园一组影子，插上想象的翅膀

出示树在屋檐、池塘、石头上的影子，摇篮桥上的影子。

看，谁的影子跑到那儿？它要干什么？

原来影子都是有生命的。

影子还有不同的脾气呢，真有趣。

你看到了影子里藏着的故事，在一闪一闪。

总结：瞧，当你们的想象插上了翅膀，影子就有了生命，有了故事。（板书：有故事）

3. 把我们的想象连起来

出示：影子有脚，

　　　爬上屋檐_____，

　　　跳进池塘_____，

　　　坐上石头_____。

　　　云朵一来，

　　　_____。

哎呀，你们怎么不知不觉就写成了一首诗？我还没想好呢！五十几个人的智慧汇聚在一起可了不得，我哪是对手啊！不行，我们再来第二轮，自个儿想。

第二版块：观察单个影子，给想象加速

1. 出示花窗的静态影子，引导观察形状，展开想象

哎，这是谁的影子？我来看看它的形状，像什么呢？（叉叉，星星，火花，飞镖……）

像叉叉，是谁的题目答错了吗？

像星星，是送给谁的满地星光？

像火花，是来参加园子里的花会的吧！

像飞镖，散了一地，没有一支射中靶心，谁在捂着嘴巴笑？

你有本事把刚才的想法连起来说吗？

评价：

一个影子就是一个故事，会想象的孩子真神奇啊！

你有一双能捕捉诗意的眼睛，会联想，不简单。

我的想法都被你们说掉了，让我再仔细看看，咦，整个花窗的影子像什么呢？（灯，迷宫，手绢，明信片……）

评价：

你的脑袋瓜一定装着两个马达，转得好快。

给人带来惊喜的想象。

有时一个好的比喻就是一首诗的全部。

2. 看花窗的动态影子，感受影子明暗变化，展开想象

看，花窗的影子还会变化呢！（播放视频）

你看到了什么？这样一闪一闪的，是谁在干吗呢？

出示：

花窗的影子是＿＿＿＿＿＿＿，

一闪一闪，

＿＿＿＿＿＿＿＿＿＿＿＿＿。

总结：你瞧，我们先观察影子的形状，再注意到影子的变化，一句诗就这样在脑海里闪啊闪，跳了出来。

哎，自己看看想想也有本事说嘛！厉害啦，我的对手，我多么想把你们变成队友。

第三版块：观察一群影子，让想象飞舞，让表达凝练

听大家说得这么热闹，有个圆滚滚的影子也来了

1. 出示池塘里紫藤架的影子

"咕噜噜""咕噜噜",它滚到了池塘里。池塘里的伙伴可多了,有谁?

看看影子的形状,想想圆圆的影子来到池塘,做什么?这次我可不帮你们开头咯,难度升级。

2. 想象指导

A. 你看这圆溜溜的影子,可以给谁做什么?

这些句子都是诗的好材料啊,只要把它们裁裁齐,比如给谁干什么,陪谁干什么,带谁干什么,再连起来,不就是一首诗吗?

B. 你们把我想说的都说光了,让我无话可说。我得想想办法,换个角度想想,鱼儿虾儿虫儿们看到圆圆的影子,会怎么想?怎么做?(例子:鱼儿减肥)

C. 万一影子也很有个性呢?也许它很调皮,也许他很胆小,不同个性的影子做的事情应该不一样。

3. 表达指导

A. 补,教师补个金句。看,再加一句,更有诗的味道。

B. 改,教师换个说法。这样说更新奇有趣,我们写诗要用金手指点一点,把普通的句子变得金光闪闪,让人回味。(板书:点金术)

C. 删,教师删掉不必要的地方。我们要会"躲猫猫"。有些不说别人也知道的句子就让它藏起来,不说全,让别人去回味。(板书:躲猫猫)

D. 调,我的想象从哪儿开始说起好呢?记住一点,最新奇有趣的,一定要放在最后。就像猜谜语,你都公布答案了,谁还有兴趣猜啊?谜底一定要会躲猫猫。

总结:看来,我们观察影子的时候不仅要看形状、看变化,还要猜想它和周围的景物之间会发生什么。这样奇妙的诗想就咕嘟咕嘟冒了出来。(板书:有诗想)

第四版块:试写,展示,评点

1. 蕊春园里的其他影子都等急了,它们说:"怎么不看我,怎么不看我,我的

故事多！"好吧，放它们出来吧！（播放一组蕊春园影子图）

遇到自己有感觉的影子，目光就多停留一会儿，看看样子，找找故事。

2. 拿出稿纸，现场写

看你们亮亮的眼睛就知道，有很多诗想在脑海里跳跃，抓住它，写下来，别忘了：不说别人也知道的，躲猫猫；最有趣的部分，留在最后，用金手指点一点，变得闪闪亮。

3. 交流，教师随机指点

A. 还原比较法感受不说全，我会"躲猫猫"，针对啰唆拖沓的叙述。

这个厉害了，必须颁发诗人勋章。

只有诗人勋章才配得上你天真烂漫的心啊！

B. 修改法感受不直说，我会"点金术"，针对平淡的叙述。

不直说，让别人去回味。

C. 运用加拟声词、裁句子、押韵等方式用句子"奏音乐"，使诗句更有节奏感，更悦耳动听。

把句子裁整齐，读起来就更好听了！

加了模仿声音的词，句子更活泼了。

韵母相同的字反复出现，仿佛听到来自山谷的回响。

学会了"躲猫猫""点金术""奏音乐"，你也会拥有一支妙笔，写出来的句子就更有诗味儿啦！

4. 课堂小结

今天我们又一次游览了蕊春园的影子世界，在一般人的眼里影子是黑色的、无声的、可以忽略的。现在你可以用一个词形容一下对影子的感觉吗？

这个多姿多彩的影子世界是你们创造出来的，关于影子，大自然中还有更多美妙的诗想等待你去采撷。（出示一组校外的影子图）

生活中有了灵感就随时记录，不断锤炼诗艺，当然写诗的法子有很多，我们先把躲猫猫和点金术练练好，以后再学其他的，久而久之，你就是了不起的小诗人啦！

## 教学手记

在这节课上，我带领孩子们观察蕊春园里的影子，注意影子在不同地点、不同时段的变化，并联系周围的景物展开陌生化想象。引导孩子发现影子的特点，从不同方面发散思维，从填一句到给开头再到自己创作，循序渐进地教会孩子创意表达的方法。

这是一节童趣与诗情共舞的快意课堂。由"观察一组影子，让想象起飞"到"聚焦单个影子，给想象加速"，最后"观察一群影子，让想象飞舞"。诗想就这样恣意流淌，而儿童化的技巧指导让孩子的诗意表达显得更加灵动有趣。

在孩子有星点灵感，诗想呼之欲出的时候，我用追问滤去芜杂，深入挖掘，直至诗想之泉汩汩而涌。在教影子儿童诗时，张雅雯说紫藤架的影子是个幸运大转盘，鱼虾都来抽奖。这是个具有童话色彩的想象，是个很棒的开头，后面的故事是怎样的，我期待更多的惊喜，于是追问："那小鱼小虾们抽中的奖品是什么呢？"张雅雯想了想，就有了下面的小诗：

圆溜溜的影子滚进池塘/成了幸运大转盘/小鱼小虾来抽奖/三等奖是白云味棒棒糖/二等奖是树叶船/一等奖最好/可以免费坐水上摩天轮。

教学实践中发现，精心预设的追问既可以提供想象的方向，又不妨碍孩子的自由表达，是隐形的开放型支架。而针对临时生成的现场追问，则着力于孩

子的想象生发点，引导深入思考，由一点想象铺展开去，捕捞到闪光的句子，串成全篇。这非常考验教师的课堂调控能力，要在对话中迅速捕捉到有价值的想象点，通过自己的追问和孩子的回应将原来模糊、平常的想法进行提纯和调整，使其具有诗味。因势而导，飞溅快意的灵感。

《诗的八堂课》中江弱水根据西方文论中诗的发生学将诗人归为两派，一类主灵感，一类主技艺，前者是博，后者是弈。全凭灵感和天分的诗人毕竟是少数，普通人学写诗还是得遵照技法，更何况孩子。所以，在学会写一些有趣的长短句之后，我们试着将自己的句子小屋擦得更亮。

（一）作诗，和庸常挥手告别

诗是做出来的，就像捏泥人，刚开始，我们拥有的就是一团泥，要精雕细琢，才栩栩如生。低年级孩子在童诗创作过程中经常出现两种弊病：童话式冗长叙述，家常式平淡叙述。我教会孩子用"躲猫猫"的方法大力裁剪，精简语言。诗一般用短句，求跳跃，"躲猫猫"的方法就是教会孩子：不绕弯，啰唆的句子躲猫猫；不说全，谜底要躲猫猫；不重复，长话要会短说。用"点金术"锁定陌生化视角，凸显奇妙的想象，和庸常说不。

（二）磨诗，与自己同题异构

影子儿童诗，一个学期我带孩子写了三次，每次都有超越。就像老师磨课，在一次次的尝试修改中，教学设计趋向科学和完美。写诗也是如此，第一次写，由于课前读了一组影子儿童诗，仿照的痕迹比较浓重，还有一些童话体，句子比较冗长，还不像诗。第二次写，重点观察了花窗影子、紫藤架倒影，加入了玩影子的嬉乐活动，在我的追问下，有了不同的观察角度，生发了富有童趣的想象，不重样了，但金句还不多。第三次的课堂指导重点放在练习"躲猫猫"和"点金术"，优秀作品有了质的飞跃。

影子啊影子 / 你都那么大了 / 还跟在我的身后 / 真是个胆小的跟屁虫。——赵树远《跟屁虫》

竹叶的影子在石头上拼汉字/一撇一捺加一竖/一撇一捺加一竖/忙活了一个春天/拼出无数绿色的"个"字。——朱景悦《拼汉字》

孩子们乐此不疲,享受到"拼"汉字的乐趣,诗也越磨越光亮了。

(三)晒诗,让激情恒久绵长

诗写成了,我从不吝啬赞美,哪怕只是一个新鲜的词组,都理应得到欢呼。你想让孩子沉浸于一件事情而自得其乐吗?那就使劲夸他。记得管建刚老师在一次讲座中说指导孩子作文的一项秘诀就是使劲夸,夸得越好就写得越好。写诗,我不仅要狠狠夸,还要变着花样夸,让写出一句诗的喜悦一次又一次占满整个心房。发言超赞夸一夸,面批时候夸一夸,班级交流夸一夸,拍照传群夸一夸,美篇发圈夸一夸,家校共读夸一夸,写一首诗怎么的也得夸个五六回吧。在分享中感受写诗的幸福,让诗成为快乐的源泉。

## 十一、蕊春之纸趣——"小蔡伦"古法造纸物型课程开发

一纸轻鸿怀天下,<br/>千彩传说定风华。

悠悠华夏,浩瀚文章。千里飞盖之快马文书,经典传承之四书五经,生命诊疗之病论药典,天象探秘之学史历法,山水寄情之诗词歌赋……曾经彼时,我们终可将这璀璨文明置于万卷"素白"之上,附轴铃印,安存馆阁。思之,得古今大学;居之,养自然情趣;运之,达永恒真理。这肩负承载使命的耀眼素白,是中国古代

灿烂文明和劳动智慧的见证——

## （一）课程引言

传统文化，从未如此受到时代的垂青。当然，时代也已被传统文化的优美、智慧和张力深深吸引。传统文化，就像等待了数千年的"舞者"，逢了乐鸣光转，便鱼贯舞台，翩翩不歇。从遥远的古代款款而来，作为中华优秀传统文化之一的造纸文化，如何才能打动、启迪、澎湃新时代儿童的内心，甚至真正融入儿童的生命？

——夸美纽斯说："知识的开端永远必须来自感官。在可能的范围内，一切事物都应该尽量地放到感官面前。"

——卢梭说："以世界为唯一的书本，以事实为唯一的教材，使你的学生去观察种种现象，不久以后，可使他们变得充满好奇心。"

——颜元说："心中醒，口中说，纸上作，不从身上习过，皆无用也。"

——斯基贝尔克说："教师可以借助课程的编制使学生领悟文化的价值，这一'环境模式'即将文化置于课程中，以修正学生已有的文化价值经验。"

综上可得，感官观察易于接受，躬身实践易于掌握，课程濡染易于领悟。立足观察、关注体验、注重实践的"小蔡伦"古法造纸物型课程能够成为"老传统"与"新儿童"之间的沟通纽带，并且呈现传统文化价值上的勃发、儿童生命意义上的绽放……

## （二）课程规划与开展

物型课程开发，当以物为核心，探其史，察其表，践其理，明其义。物小并非位卑，相反，对于细微物态的挖掘、审思、放大，恰能展其渊源，窥其美貌，悟其精深。故而，"小蔡伦"古法造纸物型课程主要从"探寻""观察""实践""展示"这四个部分来推进。这四个部分，既是单个意义的区块，也是互相交叉、融合的有机整体，最终指向传统造纸文化对新时代儿童的吸引、感染和心灵扎根。

"探寻"是溯源，亦是寻根。探寻什么？想到的自然便是造纸文化的演变历史、纸对世界对国家的促进发展的作用、传统的造纸工艺……其实，纸文化与文字文化紧密相连，不能因为它是一种文字、符号、图画的载体，就忽略其相伴文明数千年的灵魂。所以，溯源，溯的是文化的源；寻根，寻的是文明的根。"探寻"部分主要开展了"文房四宝手抄报设计""文字的落脚点图片展""'纸的发明那天'微信交流站""纸张集锦赛"等微主题活动，意在通过查找资料、阅读历史、收集材料等形式，让儿童跨越时空，感受造纸文化的渊源，直至心存惊叹。

"观察"是察表，亦是思里。苏霍姆林斯基说："从观察中不仅可以汲取知识，而且知识在观察中可以活跃起来，知识借助观察而'进入周转'，像工具在劳动中得到运用一样。"观察与思考常伴，而思考就像在培养一株花，在逐渐积累生命的汁液。"观察"可以说是贯穿整个课程始末的，不奇怪，它本身就是学习的一种"工具"。纸作为文字载体的优点、造纸所用树皮的纹理、天然植物胶的特点、纸浆的黏稠度及在烈日下的变化……这些观察主题活动的开展，形成了"发现问题"，再以"小小技术员""科普园""最佳方案"等讲坛形式解密问题背后的科学道理，进而为顺利造纸相继铺垫。几乎被遗忘的寻根，有了观察这把利剑，就会"返璞归真"，古代劳动人民的智慧结晶跃然儿童心怀。

"实践"是践履，亦是达真。不去实踏，怎知空悬；近而踏之，格物致真。古法造纸物型课程的主要内容便是实践。陶行知说："在劳力上劳心，是一切发明之母。事事在劳力上劳心，便可知事物之真理。"由此可见，实践不是简单一味地"做"，而是既劳力又劳心的真心之行。如此而来，才能得到学之实、行之真。耗时29天，经过取枝、下皮、削皮、浸塘等16道工序，54颗好奇的童心共同完成的古法造纸物型课程过程完整、体验深刻、收获真切。通过勘察分队报告、小组活动记录、实践活动记载表、图片视频广播、实践心语日记等语文活动形式的助力，儿童获得的是劳动之真、表达之真、合作之真、文明力量之真、文化智慧之真，儿童生命之真。

"展示"是汇报，亦是珍藏。儿童具有欣赏美创造美的深刻而强烈的需要，然而，儿童也具有被尊重、被认同、被赏识的心理诉求。要知道，复杂对象在赏识教育中甚至可以完成人格的蜕变与飞跃。"展示"部分其实也是贯穿于课程开展过程的。从查找到的第一份造纸资料到植物纤维变化的原理，从现场取下第一根树枝到制成纸片在风里飘动，从纸的演变手抄报到钤好印的制片捧在手心……微信朋友圈、QQ群、班级晨会、教室园地、学校公众号等都因为这富有根土气息的课程推进而变得热闹不已、反响强烈。雁过留声应怜短，雪落无痕已沁心。这必定是一份"漫长"的展示，就像种下一粒种子，珍藏在儿童心中，不知哪年，沐雨花开。

### （三）课程反思

古法造纸物型课程这一较为"恢弘"的实践开展以来，一路耕心一路新，在师生共同沐浴传统文化的同时，也愈益感怀课程教育的宏大与细微、华丽与朴素、虚浮与真切。无论是蒙台梭利所说的"注意儿童的环境是教师的第一职责"，还是陶行知所说的"活的教师，要有农夫的身手、科学的头脑和改造社会的精神"，古法造纸物型课程多少都在给我们以启迪和反思，或许这可以帮助我们丢下一切的没有结果的纷扰忙碌。

儿童的好奇心确实帮助了课程顺利实施。从课程开展初期开始，孩子的好奇心便始终与课程相随。惊讶之好奇、疑惑之好奇、迫切之好奇、成功之好奇等都强有力地刺激着他们进行思考。

"古代人最开始竟然是在贝壳、青铜器、丝绸、纱布上写下文字的……"

"这树皮能做成纸？原先软软的，现在又硬硬的……"

"老师老师，把树皮浸在水里是为什么呀？还要浸那么多天……"

"这纸浆就像是碎碎的棉絮耶……"

"老师，我们什么时候才能做成纸啊……"

太多的好奇心！太多的小问号！它们频繁地出现在课程开展的每一天里，令人应接不暇。罗素说："智力需要机敏的好奇心。他们对知识的渴望常常使智慧的成年人感到惭愧。"确实，好奇心的背后，是带有兴趣的求知欲，而满足求知欲则只有通过教学和教育过程。对于孩子提出的问题，往往不必全部直接告诉结果，需要激发、引导，适当的"卖关子"会使儿童的好奇心升级，这也会转化成攻克知识难关的力量。比如，让孩子把问题记下来，思考其解决的办法；把问题放到交流群里，大家讨论、研究等等。正是由于无数好奇心的存在，才让课程始终充满悬念，能够饱满地进行，毕竟，每一步都是新的好奇之所在。

文化情长可以本真镌刻，且能在稚拙童语中觅得。文化的力量究竟落在何处？造纸文化对儿童的影响究竟到了何种程度？这些显然是难以捉摸的，毕竟不像物象可用标尺、斗罐测量计数。但情感也应有自己的落脚点，比如文字间的轻轻悠悠之处。

"我把剪好的树皮纤维托在手心，看着它们。耳畔，依旧是从同学指间传来的优美的咔嚓声，听上去令人十分舒畅……"（瞿浩然）

"树皮呀树皮，不要害怕，池塘里的睡莲会陪着你度过每一天的，你身旁的小鱼也会陪你嬉戏玩耍的……"（徐夕贻）

"把湿润的纸片夹在阳光下晾晒，微风吹过，纸片随风飘动，好像在对我说：'你们太棒了！谢谢你们让我来到这个世界。'"（陆远航）

"我拿着领到的纸片，视如珍宝。我小心地抚摸它，生怕碰坏了它。"（陈秦阳）

"这纸，就犹如我的孩子。我将永远珍藏。"（陆浩宇）

小小纸片，倾注了孩子的智慧和心血，所以才会如此关心、如此在乎。小小纸片成为孩子的朋友，刺激了他们的神经，牵引了他们的神思，所以才会如此真言，如此挚语。情感共鸣之处，便是文化落脚之处；情感显露之处，便是物象融心之处。儿童对纸片已经流露出慈母般的关怀，这是儿童的幸福，也必定是文化的幸福。由此可见，文化有一种神奇的滋养力，在兴趣的带领下，直至儿童热爱、依赖。

多学科融合，丰盈儿童综合素养。古法造纸物型课程是包含科学、劳动、语文、数学、技术、艺术、工程等学科的综合课程。学科之间互通顺畅，交叉合理，综合起来，又是一个完整、立体的整体。

——经过取枝、去皮、削皮、捣浆等16道工序造纸是劳动素养养成；

——收集资料、请教、制作手抄报、观察记录、创作造纸日记等是语文素养养成；

——网框设计与制作、滤网裁剪等是数学、工程素养养成；

——天然胶调制、树皮浸塘（与水反应）等是科学素养养成；

——纯天然染料着色、钤印等是艺术素养养成。

课程，是能力的情境熔炉。其中，多种学科知识与能力的养成，绝非简单的叠加，而应该做到自然、流畅、渐进和指向生活。课程会新鲜开启、转化，能力会多元裂变、融合，只有最终指向生活的，才能称之为有价值的能力。指向生活的有价值的能力，才更能深入儿童心灵，丰盈儿童生命。

作为优秀传统文化之一的造纸文化，如何才能跨越时光的壁垒，走进新时代儿童的内心？找到一种载体——古法造纸物型课程，现文明之智慧，润教育之初心。相反，儿童也在时光隧道上溯，跨越千年，问候直抵精神文化的原乡。

白如霜雪，正如布棋，滑如莹玉。

跨越千年问君心。

## 十二、蕊春之南山水趣

当下，面对喧嚣急躁的尘世，教育需要纯净安宁的圣地，需要一方澄明高远的桃园净土。作为蕊春课程开枝散叶的一方新田园，南山湖小学显得既独树一帜，又极有渊源。依偎在风景秀美的南山湖畔，坐落于自然生态的进鲜港一隅，闻着鲜花小镇的四季芳香，南山湖小学是一所融在自然山水中的学校。它以独特的品质、美丽的形象呈现在大众的视线里。

山湖园的物型课程建设是学校的亮点。在两组回字形书院式教学楼群中间，是微缩版的南山湖。湖水发端在进门广场东侧一角，向北穿越教学楼，延展到两回型楼群中间，向北再穿越综合楼，流至餐厅东南侧。湖边四周围有千层石，沿岸皆景，突兀有致；湖底卵石遍布，清澈湖水映照下，水草绰影与卵石相映成趣。池边，芦苇、蒲草、马尾、枸杞，呈现南通当地的植物生态；池里，菖蒲、睡莲、蕨菜、游鱼，充满自然的灵动美感；湖中心置一片陆地，上面布几棵树，几簇花，几块石，山水如画，我们把这处山水美景命名为"山湖园"。"山湖园"与实小"蕊春园"南北对望，遥相呼应，同样也是学校的精神文化的象征，是学校物型文化建设的核心阵地。

基于山湖园，学校开发了相关的物型课程。在山湖园里，学生感受四季之美，感受飞鸟游鱼的自然性灵，感受喷泉鸣涧的水韵风光，山湖园成为学生习作的物型资源。在山湖园里，学生按班级轮流喂养锦鲤、乌龟，放养田螺、河蚌，参与劳作，享受劳动的快乐；在山湖园里，学生进行美术风景的写生，山光水色，碧波荡漾，杨柳拂岸，映日荷花，画不尽一年四季的山水好风光；在山湖园里，临湖而立，吟诵诗歌，成为各班级展示背诵风采的重要舞台……

山湖园里的水化作喷泉，荡漾在孩子们的七彩童梦里。基于山湖园物型开发的水趣课程设计丰富多彩，涵盖五育，指向各个不同的学科——

【活动目标】

1. 感受山湖园的水之美，鱼之趣。
2. 了解水的酸碱性，知道水中可能含有哪些污染物和杂质。
3. 掌握水质检测的基本方法。
4. 在实践过程中培养学生爱护环境、与生物和谐共处的品质。

【重难点】

1. 教学重点：小组合作进行水质检测。

2. 教学难点：水质检测的基本操作要点。

【活动过程】

一、导入新课，激发兴趣

（一）介绍山湖园

1. 老师带领学生来到山湖园。

校园小导游介绍：同学们，让我们顺着回廊走向前，途经石桥，呈现在我们眼前的是微缩版的南山湖景致——山湖园。湖水来自南山湖水系，由南往北贯穿六楼楼宇，校园因此而充满流动的韵致。

湖边四周环绕千层石，湖底卵石遍布，清澈湖水映照下，水草与荷花、游鱼与卵石相映成趣。抬头望天，碧空澄澈；低头凝思，流泉潺潺；倚栏远眺，生机盎然。眼中之景，是山水氤氲；胸中所怀，是教育宜美。

2. 同学们，刚才大家看到的就是校园里美丽的景观——山湖园。我们眼前的这一泓碧波，让人流连忘返。水中的锦鲤成群结队地游来游去，张着嘴巴好像在欢迎我们的到来。那么，你觉得山湖园的池水清澈吗？

生1：我觉得水是清澈的，鱼儿们在里面生活得很快乐！

生2：我觉得水不是很适合鱼儿，需要增加氧气，湖里的三个喷泉就有这样的作用。

…………

3. 刚才老师好像听到了一些不同的声音。也许，湖水并没有视频上看起来那样清澈。好在我们现在正在科学实验室里，我们能够运用科学的方法来验证我们的猜想。

4. 出示预先取好的山湖园池水，分发给小组。

【设计意图】孩子们平时对于校园里的山湖园非常熟悉，池水里游动的锦鲤更是孩子们的最爱。本课从孩子们最熟悉的水体入手，旨在培养孩子对身边事物的观察能力和探究意识。

（二）讨论交流

1. 现在每个小组都拿到了一些池水，大家能不能想到什么办法来检测一下水质呢？小组交流一下。

2. 哪位同学有自己的看法？大胆说，不要怕错。

点评：同学们的想法很多，有的是通过物理的方法过滤，有的是通过观察、闻或者通过显微镜来检测。科学研究鼓励大家有自己的奇思妙想。

二、明确方法，科学测试

（一）掌握概念，提出猜想

1. 同学们，任何一种液体，包括我们身体里的体液，都有一个基本的性质，叫作酸碱性。

2. 出示酸性物质和碱性物质的图片。

3. 大家想不想知道，山湖园的池水是酸性的还是碱性的呢？（学生猜想，说明理由）

【设计意图】酸碱性是水质的基本属性之一，也是孩子们有所了解的知识，研究水质从酸碱性入手，孩子们比较容易接受。

（二）科学测试，方法多样

1. 科学上有很多测量液体酸碱性的方法，这不，有一种方法就藏在我们身边的菜市场里。（出示紫甘蓝）我们把紫甘蓝叶剥下来，放进密封的袋子里，再倒入温水，接着通过挤压让紫甘蓝汁液渗入温水中，稍等一会，紫甘蓝水就制成了。

学生自制紫甘蓝试剂，剩下的紫甘蓝菜叶子作为锦鲤的食物投放给鱼儿。

2. 大家看前面，老师分别把制好的紫甘蓝水倒入白醋（酸性）和苏打水（碱性）中，大家看看发生了什么？

3. 酸红碱蓝，现象是不是很明显呢？

4. 现在请大家同桌合作，试着制一制紫甘蓝水，然后，测一测池水究竟是酸性还是碱性。(学生操作)

5. 出现什么现象了？是紫甘蓝水失灵了吗？没关系，我们还有更厉害的检测方法呢。

6. 介绍 pH 试纸和 pH 试剂，教会读数方法。让每个小组任选一种进行测试，并做好记录。

7. 原来，紫甘蓝水检测虽然方便，但是如果要更精确地得到液体的 pH 值，我们还需要更规范的设备。

【设计意图】紫甘蓝汁是生活中容易收集到的材料，但它有一定的局限性，即对于弱碱性或弱酸性液体反应不太明显。因此，在这个环节里我另外还准备了两种实验室里常用的设备。这里我想要告诉孩子的是：科学探究中对于设备的选择一定要能够满足探究的需求，并适时调整，使用效果更好的设备对于探究活动大有裨益。

三、系统测量，实验升级

1. 下面，我们的测量要大升级啦！老师要带着你们好好调查一下山湖园的池水，像查户口一样调查它的方方面面。

2. 主要介绍池中检测杂质含量所需的时间：重金属（3~5 分钟）、有机杂质（3~5 分钟）、亚硝酸盐（3~5 分钟）、消毒剂（3~5 分钟）、软硬度（3~5 分钟）、矿物质（25 分钟）。

3. 看了这些指标的调查时间，有没有哪位同学能为大家规划一种最节省时间的测量顺序？（预设：先测矿物质，在等待时间里测另外 5 个）

4. 每项指标检测等待期间分别通过视频介绍有关这项指标的内容，出现结果就做好记录。

【设计意图】我查阅以往的水质检测案例时，发现了一个共同点：每每到了系统检测各项指标的环节，水样就被带到了专业的检测机构，学生无法接触到这些仪器，这就给课堂留下了遗憾。好在如今科技水平有了长足进步，系统检测水质的器材已经不是遥不可及了。在一番查找后,我发现了一款北京大学化学院研制的"食品安全饮用水快速检测盒"。这套器材使用方便,只需配合实验室常见的胶头滴管就能完成检测,等待时间最长的也不过是 25 分钟。这样方便快捷而又系统全面的检测不仅便于课堂上操作,对于居家饮用水健康自查也有着非同寻常的意义。科技之于生活的价值可见一斑。

课堂实录:

师:我们跟着视频中的大汉来到野外,大汉从小水沟里打了一瓶水。现在我们一起看看这瓶水,你有什么感觉?

生:浑浊!脏!

师:你敢喝吗?

生:不敢。

师:现在老师告诉你,这瓶水里有大量的有机杂质。回到我们之前的问题,你能告诉老师,有机杂质是什么吗?

生:我知道了,是泥沙,是土,是地上的脏东西。

师:有机杂质在水里的样子好看吗?

生:难看。

师:前面我们刚检测了重金属和亚硝酸盐,你觉得如果水里有哪些东西,水会变成这样吗?

生:好像不会吧,前面视频里有人喝了含有重金属的水生病了,如果水很难看,谁会去喝呢?

师:对啊,大汉手里的水,任凭你多么口干舌燥,也下不了狠心去喝。由此你想到了什么?

生:是不是有机杂质很容易被分辨出来,而重金属和亚硝酸盐藏得比较深呢?

师:这个"藏"字,你说到点子上了。

师:现在我们手边的池水看上去好像没有多少有机杂质的样子,但为了谨慎起见，我们还是要细细地检查一番。

四、保护环境，从我做起

1. 这节课我们的工作量很大，大家的收获也一定很多，谁能说一说这节课你学到了什么？（水质检测）

2. 是啊，保护水资源是个了不起的大事业，但如果我们从保护学校里的山湖园池水开始做起，相信我们周围的环境一定能越来越美好。

五、课后探索，拓展延伸

1. 课后，请大家深入山湖园的水系，实地调研一下：山湖园的水是用水泵从学校北边的河里抽上来的，经过了过滤，找一找，园林设计师是用什么来过滤的？

学生可以从食堂东边的虞美人池中看到表面上种植着鲜花，其实底层是由鹅卵石块、石子以及鲜花的根系进行过滤的。

2. 作业：自己尝试制作一个过滤器。（材料：可乐瓶、石子、黄沙、木炭、旧布……）

# 后　记

　　南通市通州区实验小学，是江苏省基础教育前瞻性教学改革实验项目（重大研究项目）"物型课程建设的研究与推广"执行学校。自加入项目起，我校努力寻找属我的研究点，逐步确立了"诗意蕊春，创美物型"的研究方向，开启了化物育人、重构学习、与美相遇的探索历程。

　　在国家督学成尚荣先生的指导下，我们确立了蕊春物型课程"立德树人审美范式"：以美育德，让立德树人在审美中鲜活起来、美丽起来；诗化童年，让儿童在沸腾的审美生活中站立起来、长大起来；美丽教师，让理想与使命、青春与智慧在立德树人审美范式中激荡起来、灿烂起来。

　　依照"立德树人审美范式"，我们对蕊春园物型进行了课程化改造。我们将蕊春园视作具有浓郁审美色彩与比德意蕴的时空结构，完整自足的课程群落，创美物型课程开发的原型。由此，我们将蕊春物型建设成为"实景化"的生态园课程——全化花树，集成一本"静美"的自然读物；诗化园林，合成一册"唯美"的自然诗集；阅读大地，养成一种"纯美"的自然情愫；自然嬉乐，育成一份"至美"的生命情缘。将蕊春物型建设成"开放化"的校史馆课程——以景石展现"智美"的校训文化；以雕塑讲述"醇美"的校园佳话；以碑刻记录"挚美"的创校历史；以古老校歌体现"宏美"的磅礴气势。建设成"创意化"的群落课程——铺展具有"创美"

风格的"实景课程群";建设具有"丰美"体征的"复合资源带";打造具有"灵美"特质的"绿色工作坊"。我们努力将课程化的蕊春物境、物理、物道聚合成一个有准备的环境——为了儿童生命的丰盈而创设的最纯净、最具召唤力的环境。

为了长线化推进蕊春物型课程的高品质建设,我们开展了蕊春物型研究系列化活动。2017年7月,我校承办了省物型课程论坛。王笑梅校长以"赏天地大美乃人生第一课程"为题向专家组做了报告,为蕊春物型课程的欣赏型教学提供了新思路。2017年至2019年,全校教师开展了"美学"主题定向阅读活动,有效提升了物型研究的起点。2018年7月的暑期培训,以"与美相遇,携美同行"为主题,安排了专家讲座、故事分享、学科研讨、探航沙龙等丰富的内容,为蕊春物型课程研究的整体化推进,在理论与实践两个层面打下了坚实的基础。2017年、2019年学校举办了以"诗意蕊春,以美育德""物型课程:重构儿童学习的意义"为主题的铿锵三人行研讨活动,对蕊春物型课程的实践研究进行全面的梳理与提升。

我们重视实践与理论的互转,重视研究成果的及时梳理。"第一课程:儿童美育集成课程"获江苏省中小学优秀校本课程评选一等奖。《赏天地大美乃人生第一课程》《让童年与美相遇》《指向美感创意力生长的小学语文"物型课程"》等近十篇主题论文发表于《人民教育》《江苏教育》等刊物上。《第一课程:让童年与美相遇》等多篇主题征文获江苏省教海探航特等奖、一等奖。在梳理实践成果的过程中,我们先后编写了《蕊春物型开发案例卷》《蕊春物语(直用型教学设计)》。有了上述基础,我们开始着手编写《蕊春物语 物型课程的探索与实践》一书。

本书由江苏省南通市通州区实验小学王笑梅编著、统稿。王笑梅名师工作室成员蒋晓飞、朱水平、陈志祥、王树峰、陆艳林、瞿卫华、朱国忠、邱洪艳、吴玲玲、杨玉林、陈桂萍,语文教研组陈李娟、邵汉华、张海燕、黄沛霞、朱新燕、张宏炎、张红煜、许魏、羌桂峰,数学教研组王俊、赵凌兵、高艳、于建,英语教研组黄伟慧,艺术教研组张桠、邱宁玲、季燕飞、陈梦迪、张红娟、陆燕,综合实践教研组周颖慧,体育教研组颜小琴,为本书的撰写提供了精彩的案例。

在本书的写作和出版过程中，江苏教育报刊总社的领导与专家，给予了许多细致的指导。另外，我们还得到包括全校教师在内的各方人士的关心、帮助和指导，在此一并表示诚挚的谢意！

受研究水平所限，本书编写中存在一些不足与问题，敬希读者批评指正。

著　者

2020 年 6 月 28 日